ベーシック
計量経済学 第2版

羽森茂之【著】
Hamori Shigeyuki

中央経済社

第2版によせて

　拙著『ベーシック計量経済学』を2009年に出版したが，幸いにも，読者の方々から一定の評価を得ることができ，その後，順調に刷数を重ねることができた。このたび，出版社からの要望もあり，内容を若干改訂して，第2版を出版することとなった。

　主要な改訂点としては，以下のとおりである。(1) 各章の例題の内容を改訂し数を増やしたこと，(2) 各章の練習問題の内容を改訂し数を増やしたこと，(3) 第6章の補論を付け加えたこと。

　今回の改訂に際しては，多くの読者の方々から頂いたコメントをできるだけ反映するようにしたつもりである。本書が，これから計量経済学を学ぼうとする方々にとって有益なものとなることを心から願っている。

2018年1月

羽森茂之

はしがき

　筆者は，2000年に中央経済社から『計量経済学』を出版した。同書では，前半を主に回帰分析の解説にあて，後半では主に時系列分析の解説を行った。出版当時，このような形式の本が少なかったこともあり，幸い，同書は一定の評価を得ることができた。しかし，実際に授業等で用いる中で，自分なりに改善点を数多く見つけることができ，全面的に内容を一新し，新たに『ベーシック計量経済学』として出版することとした。本書の基本的な特徴は，以下のとおりである。

（1）　計量経済学に関する基礎的知識をほとんど持たない人が，自分で実証分析を行う際に不可欠と考えられる必要最小限の内容に絞って，できる限りベクトルや行列を用いずに，簡潔かつ平易に解説を行っている。

（2）　前半で主に回帰分析の基本的な内容を簡潔にまとめ，後半で主に時系列分析の基本的な内容の解説を行っている。本書に書かれている内容を理解することができれば，学部レベルのレポートや卒業論文等の作成には対応できるものと思われる。さらに，研究論文を理解する際にもある程度の助力になるのではないかと筆者は期待している。

（3）　複雑な統計手法をStep1, Step2, … という箇条書きの形で説明することにより，読者の理解を容易にするための工夫を行っている。

（4）　読者が内容を理解しやすいように，各章に例題を設け，各例題に対応する類題を練習問題として章末に掲載している。また，練習問題をうまく解けなかった場合にすぐに例題に戻って確認できるように，各練習問題には対応する例題の番号が付けられている。さらに，読者が自学自習をしやすいように，練習問題には解答が巻末に掲載されている。

（5）　前著では取り扱っていなかった「操作変数法」「2段階最小自乗法」（第6章），「パネルデータの分析」（第7章），「非定常パネル分析」（第12章），等に関する解説が行われている。

　読者の方々が計量経済学を理解するために，本書がその一助となれば，筆者

としては望外の喜びである。

　今回の執筆は，神戸大学経済学部の学生，経済学研究科の大学院生の皆さんからの私の授業に対するフィードバックに負うところが大きい。学生の皆さんに対して感謝したい。また，本書執筆にあたって，中央経済社の納見伸之氏には大変お世話になった。最後に私事で恐縮ではあるが，本書執筆に際して協力を惜しまなかった家族に対して，心から感謝したい。

　2009年1月

羽森茂之

目　次

第 2 版によせて

はしがき

第 1 章　単純回帰モデル　　1
1.1　単純回帰モデル　　1
1.2　最小自乗法による推定　　3
1.3　残差の性質　　6
1.4　決定係数　　7
1.5　標本相関係数　　9
1.6　定数項のない回帰モデル　　10
■　練習問題　　13

第 2 章　推定量の性質と仮説検定　　17
2.1　最小自乗推定量の期待値　　17
2.2　最小自乗推定量の分散・共分散　　18
2.3　Gauss-Markov の定理　　19
2.4　最小自乗推定量の一致性　　20
2.5　誤差項の分散の推定量　　21
2.6　回帰係数の分散の推定量　　22
2.7　回帰係数の標本分布　　23
2.8　回帰係数の仮説検定　　25
2.9　最　尤　法　　27
2.10　数　学　注　　29
■　練習問題　　34

第3章　重回帰モデル　39

- 3.1　重回帰モデル 39
- 3.2　残差の性質 40
- 3.3　誤差項の分散の推定 40
- 3.4　回帰係数の推定量の解釈 42
- 3.5　決定係数と自由度修正済み決定係数 44
- 3.6　多重共線性 45
- 3.7　定式化の誤り 47
- 3.8　数　学　注 50
- ■　練習問題 53

第4章　線形制約の検定とダミー変数　57

- 4.1　線形制約の検定 57
- 4.2　ダミー変数 61
  - 4.2.1　異常値の処理 61
  - 4.2.2　季節調整への利用 61
  - 4.2.3　構造変化への利用 62
- ■　練習問題 65

第5章　不均一分散と系列相関　69

- 5.1　不均一分散 69
  - 5.1.1　不均一分散 69
  - 5.1.2　不均一分散の検定（White 検定） 71
  - 5.1.3　不均一分散への対応策（White の方法） 72
- 5.2　系列相関 74
  - 5.2.1　系列相関 74
  - 5.2.2　Cochrane-Orcutt 法 77
  - 5.2.3　系列相関の検定（Durbin-Watson 検定） 77
  - 5.2.4　Newey-West の方法 82

5.3	数学注	84
■	練習問題	85

第6章　確率的説明変数と操作変数法　　89

6.1	確率的説明変数	89
	6.1.1　最小自乗推定量の不偏性	89
	6.1.2　最小自乗推定量の一致性	90
6.2	操作変数法	94
	6.2.1　操作変数法	94
	6.2.2　IV 推定量の不偏性	95
	6.2.3　IV 推定量の一致性	95
6.3	2 段階最小自乗法	96
6.4	補論　定式化の誤りと不均一分散・系列相関	98
■	練習問題	99

第7章　パネルデータの分析　　103

7.1	パネルデータとは	103
7.2	パネルデータと OLS	104
	7.2.1　プール OLS	104
	7.2.2　グループ内推定量とグループ間推定量	105
	7.2.3　固定効果と変量効果	108
7.3	固定効果モデル	109
	7.3.1　固定効果モデルの推定	109
	7.3.2　個別効果の検定	111
7.4	変量効果モデル	112
7.5	Hausman 検定	114
■	練習問題	115

第 8 章　時系列分析への架け橋　　117

- 8.1　定 常 性 117
- 8.2　定常性の条件と反転可能性の条件 121
  - 8.2.1　定常性の条件 121
  - 8.2.2　反転可能性の条件 124
- 8.3　モデルの選択 125
  - 8.3.1　残差診断に基づく選択 125
  - 8.3.2　情報量基準に基づく選択 128
- 8.4　モデルの予測 129
- ■　練習問題 131

第 9 章　単位根の検定　　135

- 9.1　非 定 常 過 程 135
- 9.2　単 位 根 137
  - 9.2.1　ランダムウオーク 137
  - 9.2.2　Dickey-Fuller 検定 139
  - 9.2.3　KPSS 検定 143
- 9.3　単位根と回帰分析 145
- ■　練習問題 147

第 10 章　ベクトル自己回帰モデル　　151

- 10.1　ベクトル自己回帰モデル 151
  - 10.1.1　多変量時系列 151
  - 10.1.2　VAR モデル 151
  - 10.1.3　推定とモデルの選択 153
  - 10.1.4　因果関係の分析 153
  - 10.1.5　ブロック外生性 158
- 10.2　イノベーション会計 160
  - 10.2.1　VMA 表現 160

		10.2.2 インパルス応答関数	161

	10.2.3 予測の分散分解	164

10.3　構造的 VAR 166
　　10.3.1　VAR モデルの 1 つの解釈 166
　　10.3.2　ショックの識別と制約条件 168
　■　練習問題 173

第 11 章　共和分の分析　　177

11.1　共和分とは 177
11.2　共和分と誤差修正メカニズム 179
11.3　Engle-Granger 検定 181
　　11.3.1　共和分ベクトルが既知の場合 181
　　11.3.2　共和分ベクトルが未知の場合 183
11.4　Johansen の方法 186
　　11.4.1　共和分ランク 186
　　11.4.2　共和分ランクの検定 187
11.5　共和分ベクトルの推定 191
11.6　数　学　注 192
　■　練習問題 194

第 12 章　非定常パネル分析　　199

12.1　パネル単位根 199
　　12.1.1　共通単位根による検定 199
　　12.1.2　個々の単位根による検定 201
12.2　パネル共和分 203
　　12.2.1　共和分ベクトルが既知の場合 203
　　12.2.2　共和分ベクトルが未知の場合 206
12.3　パネル共和分ベクトルの推定 208
　■　練習問題 208

練習問題の解答	**211**
参考文献	**235**
ギリシャ文字	**237**
和記号	**238**
統計学の復習	**241**
分布表	**249**
索　引	**255**

第 1 章

単純回帰モデル

1.1 単純回帰モデル

いま，2 変数 x, y のデータがあるとする。回帰分析 (regression analysis) は，データから y を x で説明する**回帰式**を求めることを目的としている。ここで変数 y と x は，それぞれ，**被説明変数** (explained variable) および**説明変数** (explanatory variable) と呼ばれる。まず，説明変数が 1 つ（定数項を含めると 2 つ）のモデルを用いて，回帰分析の基礎を学習する。このような分析は**単純回帰分析** (simple regression analysis) と呼ばれ，用いられるモデルは**単純回帰モデル** (simple regression model) と呼ばれる。

被説明変数 (y) を説明変数 (x) によって説明できる部分と説明できない部分とに分けて分析を行う。いま，第 i 番目の観測値を (x_i, y_i) とし，説明できない部分を u_i とすると，回帰式は，

$$y_i = \beta_0 + \beta_1 x_i + u_i, \quad i = 1, 2, \cdots, n \tag{1.1}$$

と書くことができる。ここで，β_0 と β_1 は，それぞれ，回帰式の定数項と傾きを表す未知パラメーターであり，**回帰係数** (regression coefficient) と呼ばれる。u_i は**誤差項** (error term) または**撹乱項** (disturbance term) と呼ばれる。誤差項の存在は，経済理論自身が不完全であったり，モデルの定式化が不完全であることを反映している。また，n は**標本の大きさ** (sample size) を表している。

次の 4 つの仮定をおく。

仮定 1：説明変数 (x_i) は確率変数ではなく，固定された値をとる。このように，モデルの外部から値が指定される変数を**指定変数** (fixed variable)

と呼ぶ．

仮定 2：誤差項 (u_i) は確率変数で，期待値は 0 である．

$$E(u_i) = 0, \quad i = 1, 2, \cdots, n \tag{1.2}$$

仮定 3： 異なった誤差項は無相関である．

$$Cov(u_i, u_j) = E(u_i u_j) = 0, \quad i \neq j, \quad i, j = 1, 2, \cdots, n \tag{1.3}$$

仮定 4：誤差項の分散は一定 (σ^2) である．

$$V(u_i) = E(u_i^2) = \sigma^2, \quad i = 1, 2, \cdots, n \tag{1.4}$$

以上の仮定のもとで，y_i の期待値と分散は，それぞれ，次のようになる．

$$E(y_i) = E(\beta_0 + \beta_1 x_i + u_i) = \beta_0 + \beta_1 x_i \tag{1.5}$$

$$V(y_i) = E[\{y_i - E(y_i)\}^2] = E(u_i^2) = \sigma^2 \tag{1.6}$$

ここで，(1.1) 式で示される回帰式は**線形** (linear) であるといわれる．これは回帰係数 (β_0, β_1) に関して線形という意味であり，データ (x_i) に関して線形ではない．次のモデルを考えてみよう．

$$y_i = \beta_0 + \beta_1 x_i^2 + u_i \tag{1.7}$$

この式は x_i に関しての 2 次式（非線形）であるが，回帰係数に関しては 1 次式（線形）である．たとえば $x_i^2 = z_i$ とおくと，

$$y_i = \beta_0 + \beta_1 z_i + u_i \tag{1.8}$$

と変形できることから明らかである．

> **Point** 回帰モデルにおける「線形」は「回帰係数に関する線形」を意味し，「データに関する線形」を意味するわけではない．

例題 1-1

次の 2 つのモデルにおいて β_1 の持つ意味の違いについて説明しなさい。

(1) $y = \beta_0 + \beta_1 x$　線形モデル

(2) $\log(y) = \beta_0 + \beta_1 \log(x)$　対数線形モデル

例題 1-1 の解

(1) 式を全微分して整理すると，次式を得る。

$$\beta_1 = \frac{dy}{dx}$$

(2) 式を全微分して整理すると，次式を得る。

$$\beta_1 = \frac{dy}{dx}\frac{x}{y}$$

(1) の線形モデルでは，β_1 は，「x が 1 単位変化したときに y がいくら変化するか」を示している。(2) の対数線形モデルでは，β_1 は，「x が 1% 変化したときに y が何 % 変化するか」を示している。つまり，対数線形モデルでは β_1 は y の x に対する弾力性を示している。前者は，データの測定単位に依存するが，後者は依存しない。∎

1.2　最小自乗法による推定

(1.1) 式の β_0, β_1 は未知なので，得られたデータからその値を推定する必要がある。いま，β_0 と β_1 の推定量を，それぞれ，$\hat{\beta}_0, \hat{\beta}_1$ で表し，未知パラメーターをその推定量で置き換えた式，

$$\hat{y}_i = \hat{\beta}_0 + \hat{\beta}_1 x_i \tag{1.9}$$

を**推定回帰式** (estimated regression equation) と呼び，$\hat{y}_i$ を**理論値**または**予測値**と呼ぶ。y_i と $\hat{y}_i$ との差を，

$$e_i = y_i - \hat{y}_i \tag{1.10}$$

と表し，**回帰残差**，または単に**残差** (residual) と呼ぶ。ここで，誤差 (u_i) と残差 (e_i) とは異なった概念であることに注意する必要がある。誤差は，(1.1) 式

に基づく概念であり，残差は (1.9) 式の推定回帰式に基づく概念である。

(1.10) 式は，

$$y_i = \hat{y}_i + e_i \tag{1.11}$$

と書くこともできる。つまり，y_i の観察値は，理論値 ($\hat{y}_i$) と残差 (e_i) との和として表される。

未知パラメーターの推定量を得るためには，残差の値ができるだけ小さくなるように推定量を求めればよい。しかし，残差はプラスの値もマイナスの値もとるので，単純に足し合わせるとプラスの値とマイナスの値が相殺される。そこで，**残差自乗和** (residual sum of squares: RSS) を最小にすることを考える。

$$RSS = \sum_{i=1}^{n} e_i^2 = \sum_{i=1}^{n}(y_i - \hat{\beta}_0 - \hat{\beta}_1 x_i)^2 \tag{1.12}$$

このように，RSS を最小にするように，$\hat{\beta}_0, \hat{\beta}_1$ を求める方法を**最小自乗法** (least squares method) と呼び，そのようにして求められた $\hat{\beta}_0, \hat{\beta}_1$ を**最小自乗推定量** (least squares estimator) と呼ぶ。

$\hat{\beta}_0, \hat{\beta}_1$ は，RSS を微分して 0 とおいた次の式より求めることができる。

$$\frac{\partial RSS}{\partial \hat{\beta}_0} = -2\sum_{i=1}^{n}(y_i - \hat{\beta}_0 - \hat{\beta}_1 x_i) = 0 \tag{1.13}$$

$$\frac{\partial RSS}{\partial \hat{\beta}_1} = -2\sum_{i=1}^{n}(y_i - \hat{\beta}_0 - \hat{\beta}_1 x_i)x_i = 0 \tag{1.14}$$

これらを書きなおすと，

$$n\hat{\beta}_0 + \hat{\beta}_1 \sum_{i=1}^{n} x_i = \sum_{i=1}^{n} y_i \tag{1.15}$$

$$\hat{\beta}_0 \sum_{i=1}^{n} x_i + \hat{\beta}_1 \sum_{i=1}^{n} x_i^2 = \sum_{i=1}^{n} x_i y_i \tag{1.16}$$

となる。これらの式は，$\hat{\beta}_0$ および $\hat{\beta}_1$ に関する連立一次方程式であり，**正規方程式** (normal equation) と呼ばれる。つまり，任意の推定量の中で，(1.13) 式および (1.14) 式を満たす推定量が最小自乗推定量である。以下では混乱のない

限り，最小自乗推定量を $\hat{\beta}_0, \hat{\beta}_1$ で示している．

(1.15) 式と (1.16) 式を $\hat{\beta}_0, \hat{\beta}_1$ について解くと，

$$\hat{\beta}_1 = \frac{\sum_{i=1}^n (x_i - \bar{x})(y_i - \bar{y})}{\sum_{i=1}^n (x_i - \bar{x})^2} \quad \left(= \frac{\sum_{i=1}^n (x_i - \bar{x}) y_i}{\sum_{i=1}^n (x_i - \bar{x})^2} \right) \tag{1.17}$$

$$\hat{\beta}_0 = \bar{y} - \hat{\beta}_1 \bar{x} \tag{1.18}$$

となる．ここで，$\bar{x} = (1/n) \sum_{i=1}^n x_i, \bar{y} = (1/n) \sum_{i=1}^n y_i$ は，それぞれ，x_i, y_i の標本平均である．推定量に実際に得られたデータを代入して得られた数値を，**推定値** (estimate) と呼ぶ．つまり，推定量は確率変数であり，推定値はその一つの実現値と考えることができる．

ここで，(1.18) 式より，

$$\bar{y} = \hat{\beta}_0 + \hat{\beta}_1 \bar{x} \tag{1.19}$$

となるので，最小自乗法によって推定された回帰式は，必ず，x と y の標本平均を通ることが確かめられる．

> 例題 1-2

(x_i, y_i) のデータが次のように与えられている．

i	1	2	3
x_i	2	3	4
y_i	3	5	10

(1) このとき次の回帰式の回帰係数の値を最小自乗法で求めなさい．

$$y_i = \beta_0 + \beta_1 x_i + u_i, \quad i = 1, 2, 3$$

(2) $i = 1, 2, 3$ のときの，y_i の理論値 ($\hat{y}_i$) を求めなさい．

例題 1-2 の解

(1) 次の表を作成する．

	x_i	y_i	$x_i - \bar{x}$	$y_i - \bar{y}$	$(x_i - \bar{x})^2$	$(y_i - \bar{y})^2$	$(x_i - \bar{x})(y_i - \bar{y})$
	2	3	-1	-3	1	9	3
	3	5	0	-1	0	1	0
	4	10	1	4	1	16	4
和	9	18	0	0	2	26	7
	$\bar{x}=3$	$\bar{y}=6$					

したがって,
$$\hat{\beta}_1 = \frac{\sum(x_i - \bar{x})(y_i - \bar{y})}{\sum(x_i - \bar{x})^2} = \frac{7}{2} = 3.5$$
$$\hat{\beta}_0 = \bar{y} - \hat{\beta}_1 \bar{x} = 6 - 3.5 \times 3 = -4.5$$

(2) $\hat{y}_1 = -4.5 + 3.5 \times 2 = 2.5$, $\quad \hat{y}_2 = -4.5 + 3.5 \times 3 = 6.0$,
$\hat{y}_3 = -4.5 + 3.5 \times 4 = 9.5$ ∎

1.3 残差の性質

残差 (e_i) については,いくつかの重要な性質がある。

性質1:残差 (e_i) の総和は 0 である。

$$\sum_{i=1}^{n} e_i = 0 \tag{1.20}$$

これは,(1.13) 式より $\sum_{i=1}^{n} e_i = \sum_{i=1}^{n}(y_i - \hat{\beta}_0 - \hat{\beta}_1 x_i) = 0$ となることから明らかである。したがって,$\bar{e} = 0$ が成立する。また,(1.11) 式より,$\sum_{i=1}^{n} y_i = \sum_{i=1}^{n} \hat{y}_i$ となり,この両辺を n で割ると,$\bar{y} = \bar{\hat{y}}$ が得られる。

性質2:説明変数 (x_i) と残差 (e_i) の積和は 0 である。

$$\sum_{i=1}^{n} x_i e_i = 0 \tag{1.21}$$

これも,(1.14) 式より $\sum_{i=1}^{n} x_i e_i = \sum_{i=1}^{n} x_i(y_i - \hat{\beta}_0 - \hat{\beta}_1 x_i) = 0$ となること

から明らかである。

性質3：回帰式の理論値 ($\hat{y}_i$) と残差 (e_i) の積和は0である。

$$\sum_{i=1}^{n} \hat{y}_i e_i = 0 \quad (1.22)$$

(1.9) 式を用いると，

$$\sum_{i=1}^{n} \hat{y}_i e_i = \sum_{i=1}^{n} (\hat{\beta}_0 + \hat{\beta}_1 x_i) e_i = \hat{\beta}_0 \sum_{i=1}^{n} e_i + \hat{\beta}_1 \sum_{i=1}^{n} x_i e_i \quad (1.23)$$

となり，右辺のそれぞれの項は，性質1および性質2より0となることから明らかである。

例題 1-3

例題 1-2 で用いたデータに基づいて，次の各値を求めなさい。
(1) $\sum e_i$ (2) $\sum e_i x_i$ (3) $\sum e_i \hat{y}_i$

例題 1-3 の解

例題 1-2 より，$e_1 = y_1 - \hat{y}_1 = 3 - 2.5 = 0.5$, $e_2 = y_2 - \hat{y}_2 = 5 - 6.0 = -1.0$, $e_3 = y_3 - \hat{y}_3 = 10 - 9.5 = 0.5$

(1) $\sum e_i = 0.5 - 1.0 + 0.5 = 0.0$
(2) $\sum e_i x_i = 0.5 \times 2 - 1.0 \times 3 + 0.5 \times 4 = 0.0$
(3) $\sum e_i \hat{y}_i = 0.5 \times 2.5 - 1.0 \times 6.0 + 0.5 \times 9.5 = 0.0$

1.4 決定係数

回帰式の当てはまりの良さは，モデルの妥当性を考える際に重要な問題である。回帰式が被説明変数の変動の大きな割合いを説明できればモデルの価値が高いともいえるし，逆に小さな割合いしか説明できなければモデルの価値は低いともいえる。その当てはまりの良さをはかる基準として用いられるのが，**決**

定係数 (coefficient of determination) R^2 である。

いま被説明変数 (y_i) の標本平均 ($\bar{y}$) からの偏差の自乗和 ($\sum_{i=1}^{n}(y_i - \bar{y})^2$) を y_i の**全変動**と呼ぶ。y_i の全変動は，(1.11) 式より，次のように分解できる。

$$\sum_{i=1}^{n}(y_i - \bar{y})^2 = \sum_{i=1}^{n}(\hat{y}_i + e_i - \bar{y})^2$$
$$= \sum_{i=1}^{n}(\hat{y}_i - \bar{y})^2 + \sum_{i=1}^{n} e_i^2 + 2\sum_{i=1}^{n}(\hat{y}_i - \bar{y})e_i \quad (1.24)$$

ここで，右辺の第 3 項は残差の性質 1 と性質 3 を利用すると 0 となるので，

$$\sum_{i=1}^{n}(y_i - \bar{y})^2 = \sum_{i=1}^{n}(\hat{y}_i - \bar{y})^2 + \sum_{i=1}^{n} e_i^2 \quad (1.25)$$

となる。つまり，y_i の全変動は，回帰式で説明できる部分 ($\sum_{i=1}^{n}(\hat{y}_i - \bar{y})^2$) と説明できない部分 ($\sum_{i=1}^{n} e_i^2$) の和となることが分かる。

R^2 は，y_i の全変動の中で，説明できる部分の割合であり，

$$R^2 = \frac{\sum_{i=1}^{n}(\hat{y}_i - \bar{y})^2}{\sum_{i=1}^{n}(y_i - \bar{y})^2} = 1 - \frac{\sum_{i=1}^{n} e_i^2}{\sum_{i=1}^{n}(y_i - \bar{y})^2} \quad (1.26)$$

と定義される。R^2 は，$0 \leq R^2 \leq 1$ を満たし，モデルが完全に y_i の変動を説明している場合には 1，まったく説明していない場合には 0 となる。通常はこの 2 つのケースの間にあり，R^2 が 1 に近いほどモデルの説明力は高く，R^2 が 0 に近いほどモデルの説明力は低い。

決定係数については，次の点に注意する必要がある。

> **Point** 決定係数の大きさを比較する場合，被説明変数は同じ変数を用いる。

たとえば，$y_i = \beta_0 + \beta_1 x_i + u_i$ と $z_i = \beta_0 + \beta_1 x_i + u_i$ の 2 つの回帰式の決定係数の大きさを比較しても意味がない。

1.5 標本相関係数

(1.9) 式および (1.19) 式より，

$$\hat{y}_i - \bar{y} = \hat{\beta}_0 + \hat{\beta}_1 x_i - (\hat{\beta}_0 + \hat{\beta}_1 \bar{x}) = \hat{\beta}_1(x_i - \bar{x}) \quad (1.27)$$

となるので，(1.26) 式は，

$$R^2 = \frac{\hat{\beta}_1^2 \sum_{i=1}^n (x_i - \bar{x})^2}{\sum_{i=1}^n (y_i - \bar{y})^2} \quad (1.28)$$

となる。さらに，(1.17) を (1.28) 式に代入して整理すると次式が得られる。

$$R^2 = \frac{[\sum_{i=1}^n (x_i - \bar{x})(y_i - \bar{y})]^2}{\sum_{i=1}^n (x_i - \bar{x})^2 \sum_{i=1}^n (y_i - \bar{y})^2} \quad (1.29)$$

ここで，$\sum_{i=1}^n (x_i - \bar{x})(y_i - \bar{y})$ の符号をとる R^2 の平方根を r で示すと，次の**標本相関係数** (sample correlation coefficient) が得られる。

$$r = \frac{\sum_{i=1}^n (x_i - \bar{x})(y_i - \bar{y})}{\sqrt{\sum_{i=1}^n (x_i - \bar{x})^2 \sum_{i=1}^n (y_i - \bar{y})^2}} \quad (1.30)$$

例題 1-4

例題 1-2 で用いたデータに基づいて，決定係数 (R^2) と標本相関係数 (r) を求めなさい。

例題 1-4 の解

$$R^2 = \frac{\hat{\beta}_1^2 \sum (x_i - \bar{x})^2}{\sum (y_i - \bar{y})^2} = \frac{3.5^2 \times 2}{26} = 0.942$$

$\sum (x_i - \bar{x})(y_i - \bar{y}) = 7 > 0$ なので，

$$r = \sqrt{R^2} = 0.971$$

例題 1-5

(1) $R^2 = 1$ となるのはどのような場合か説明しなさい。

(2) $R^2 = 0$ となるのはどのような場合か説明しなさい.

例題 1-5 の解

(1) $R^2 = 1$ となるのは，(1.26) 式から明らかなように，$\sum_{i=1}^{n} e_i^2 = 0$ となる場合である．この関係が成立するのは，$e_i = 0 \ (i = 1, 2, \cdots, n)$ のときに限られる．ここで，

$$y_i = \hat{y}_i + e_i$$

より，$e_i = 0 \ (i = 1, 2, \cdots, n)$ となるのは $y_i = \hat{y}_i \ (i = 1, 2, \cdots, n)$ の場合であることが分かる．つまり，$R^2 = 1$ の場合には，すべての点が回帰直線上にある.

(2) $R^2 = 0$ となるのは，(1.26) 式から明らかなように，$\sum_{i=1}^{n}(\hat{y}_i - \bar{y})^2 = 0$ となる場合である．この関係が成立するのは，$\hat{y}_i = \bar{y} \ (i = 1, 2, \cdots, n)$ のときに限られる．ここで，(1.27) 式より，

$$\hat{y}_i - \bar{y} = \hat{\beta}_1(x_i - \bar{x})$$

が成立するので，任意の $(x_i - \bar{x})$ に対して $\hat{y}_i = \bar{y} \ (i = 1, 2, \cdots, n)$ となるのは，$\hat{\beta}_1 = 0$ の場合であることが分かる．つまり，$R^2 = 0$ の場合には，$\hat{y}_i = \bar{y} \ (i = 1, 2, \cdots, n)$ であり，$\hat{\beta}_1 = 0$ が成立する． ■

1.6 定数項のない回帰モデル

これまでは，回帰モデルにおいて，定数項が存在することが前提となっていた．しかし，分析によっては定数項がない場合も存在する．ここでは，定数項のない場合の決定係数の持つ意味について考える．

いま，回帰モデルを，

$$y_i = \beta_1 x_i + u_i \tag{1.31}$$

とすると，残差は，

$$e_i = y_i - \hat{y}_i = y_i - \hat{\beta}_1 x_i \tag{1.32}$$

と示される．したがって，最小自乗法により，$\hat{\beta}_1$ は次の残差自乗和を最小にするように求めることができる．

$$RSS = \sum_{i=1}^{n}(y_i - \hat{\beta}_1 x_i)^2 \tag{1.33}$$

これより，

$$\frac{dRSS}{d\hat{\beta}_1} = -2\sum_{i=1}^{n}(y_i - \hat{\beta}_1 x_i)x_i = 0 \tag{1.34}$$

となり，$\hat{\beta}_1$ は次のように求まる．

$$\hat{\beta}_1 = \frac{\sum_{i=1}^{n} x_i y_i}{\sum_{i=1}^{n} x_i^2} \tag{1.35}$$

ここで，残差の性質について注意することが必要である．この場合には，(1.34) 式より，$\sum_{i=1}^{n} x_i e_i = 0$ は成立するが，他方，$\sum_{i=1}^{n} e_i = 0$ は必ずしも成立しないことが分かる．定数項がある場合には $\sum_{i=1}^{n} e_i = 0$ は，定数項に関する最適化条件から導出されたものであり，定数項を持たないモデルにおいては，この関係が必ずしも保証されないからである．実は，このことが決定係数に対して大きな意味を持つ．

いま，y_i の全変動は，(1.24) 式より，

$$\sum_{i=1}^{n}(y_i - \bar{y})^2 = \sum_{i=1}^{n}(\hat{y}_i - \bar{y})^2 + \sum_{i=1}^{n} e_i^2 + 2\sum_{i=1}^{n}(\hat{y}_i - \bar{y})e_i \tag{1.36}$$

である．回帰モデルが定数項を持つ場合には，残差の性質から右辺の第3項が0となったが，定数項がない場合には，必ずしも0とはならない．その結果，

$$\frac{\sum_{i=1}^{n}(\hat{y}_i - \bar{y})^2}{\sum_{i=1}^{n}(y_i - \bar{y})^2} \neq 1 - \frac{\sum_{i=1}^{n} e_i^2}{\sum_{i=1}^{n}(y_i - \bar{y})^2} \tag{1.37}$$

となり，R^2 の定義の仕方により，決定係数の値が異なるという問題が生じる．したがって，回帰モデルが定数項を含まない場合には，R^2 の持つ意味には十分な注意を払う必要がある．この関係は，表 1.1 にまとめられている．

表 1.1　定数項の有無と決定係数

定数項のあるモデル ($y_i = \beta_0 + \beta_1 x_i + u_i$)	
$\hat{\beta}_0$ に関する最適条件 ($\partial RSS/\partial \hat{\beta}_0 = 0$)	$\hat{\beta}_1$ に関する最適条件 ($\partial RSS/\partial \hat{\beta}_1 = 0$)
⇓	⇓
$\sum e_i = 0$	$\sum e_i x_i = 0$

$$\Downarrow$$
$$\sum(y_i - \bar{y})^2 = \sum(\hat{y}_i - \bar{y})^2 + \sum e_i^2$$
$$\Downarrow$$
R^2 の適切な定義

定数項のないモデル ($y_i = \beta_1 x_i + u_i$)	
$\hat{\beta}_0$ に関する最適条件がない	$\hat{\beta}_1$ に関する最適条件 ($\partial RSS/\partial \hat{\beta}_1 = 0$)
⇓	⇓
$\sum e_i = 0$ が保証されない	$\sum e_i x_i = 0$

$$\Downarrow$$
$$\sum(y_i - \bar{y})^2 \neq \sum(\hat{y}_i - \bar{y})^2 + \sum e_i^2$$
$$\Downarrow$$
R^2 が適切に定義されない

例題 1-6

(1) 例題 1-2 で与えられたデータをもとに，次の回帰式の回帰係数の値を最小自乗法で求めなさい．

$$y_i = \beta x_i + u_i, \quad i = 1, 2, 3$$

(2) $i = 1, 2, 3$ のときの，y_i の理論値 ($\hat{y}_i$) を求めなさい．

(3) 残差の和を求めなさい．

例題 1-6 の解

(1) 次の表を作成する．

	x_i	y_i	x_i^2	y_i^2	$x_i y_i$
	2	3	4	9	6
	3	5	9	25	15
	4	10	16	100	40
和	9	18	29	134	61
	$\bar{x}=3$	$\bar{y}=6$			

したがって，$\hat{\beta} = \dfrac{\sum x_i y_i}{\sum x_i^2} = \dfrac{61}{29}$

(2) $\hat{y}_1 = \dfrac{61}{29} \times 2 = \dfrac{122}{29}$, $\hat{y}_2 = \dfrac{61}{29} \times 3 = \dfrac{183}{29}$, $\hat{y}_3 = \dfrac{61}{29} \times 4 = \dfrac{244}{29}$

(3) $e_1 = y_1 - \hat{y}_1 = 3 - \dfrac{122}{29} = -\dfrac{35}{29}$, $e_2 = y_2 - \hat{y}_2 = 5 - \dfrac{183}{29} = -\dfrac{38}{29}$,

$e_3 = y_3 - \hat{y}_3 = 10 - \dfrac{244}{29} = \dfrac{46}{29}$, $\sum e_i = -\dfrac{35}{29} - \dfrac{38}{29} + \dfrac{46}{29} = -\dfrac{27}{29}$ ∎

■ 練習問題

解答は p.211〜

練習 1-1 (→ 例題 1-1)

次のモデルを線形モデルに変換するためにはどのようにすればよいか説明しなさい。

(1) $y = \beta_0 e^{\beta_1 x}$
(2) $y = \dfrac{x}{\beta_0 + \beta_1 x}$

練習 1-2 (→ 例題 1-2)

(x_i, y_i) のデータが次のように与えられている。

i	1	2	3
x_i	1	2	3
y_i	2	5	11

(1) このとき次の回帰式の回帰係数の値を最小自乗法で求めなさい。

$$y_i = \beta_0 + \beta_1 x_i + u_i, \quad i = 1, 2, 3$$

(2) $i=1,2,3$ のときの y_i の理論値 $(\hat{y}_i)$ を求めなさい。

練習 1-3 (→ 例題 1-3)

練習 1-2 で用いたデータに基づいて，次の各値を求めなさい。

(1) $\sum e_i$ (2) $\sum e_i x_i$ (3) $\sum e_i \hat{y}_i$

練習 1-4 (→ 例題 1-4)

練習 1-2 で用いたデータに基づいて，決定係数 (R^2) と標本相関係数 (r) を求めなさい。

練習 1-5 (→ 例題 1-6)

(1) 練習 1-2 で与えられたデータをもとに，次の回帰式の回帰係数の値を最小自乗法で求めなさい。
$$y_i = \beta x_i + u_i, \quad i=1,2,3$$
(2) $i=1,2,3$ のときの，y_i の理論値 $(\hat{y}_i)$ を求めなさい。
(3) 残差の和を求めなさい。

練習 1-6 (→ 例題 1-6)

(x_i, y_i) のデータが次のように与えられている。

i	1	2	3
x_i	-1	0	1
y_i	-4	-1	5

(1) 次の回帰式の回帰係数の値を最小自乗法で求めなさい。
$$y_i = \beta x_i + u_i, \quad i=1,2,3$$
(2) $i=1,2,3$ のときの，y_i の理論値 $(\hat{y}_i)$ を求めなさい。
(3) 残差の和を求めなさい。

練習 1-7

次のモデルを考える。

$$y_i = \beta + u_i, \quad i = 1, 2, \cdots, n$$

(1) β の最小自乗推定量 ($\hat{\beta}$) を求めなさい。

(2) y_i のデータが次のように与えられるとき，β の最小自乗推定値を求めなさい。

i	1	2	3
y_i	-1	3	7

(3) 残差の和を求めなさい。

第 2 章

推定量の性質と仮説検定

2.1 最小自乗推定量の期待値

最小自乗推定量の統計的性質について考える。まず，推定量の期待値について考えてみよう。いま，次の回帰モデルを考える。

$$y_i = \beta_0 + \beta_1 x_i + u_i, \quad i = 1, 2, \cdots, n \tag{2.1}$$

$$E(u_i) = 0, \quad E(u_i^2) = \sigma^2, \quad E(u_i u_j) = 0 \quad (i \neq j)$$

前章での議論から明らかなように，(2.1) 式の β_0, β_1 の最小自乗推定量は，それぞれ，次のように与えられる。

$$\hat{\beta}_0 = \bar{y} - \hat{\beta}_1 \bar{x} \tag{2.2}$$

$$\hat{\beta}_1 = \frac{\sum_{i=1}^n (x_i - \bar{x})(y_i - \bar{y})}{\sum_{i=1}^n (x_i - \bar{x})^2} \tag{2.3}$$

(2.2) 式と (2.3) 式の期待値をとると次の関係が成立する（2.10 の数学注を参照）。

$$E(\hat{\beta}_1) = \beta_1 \tag{2.4}$$

$$E(\hat{\beta}_0) = \beta_0 \tag{2.5}$$

一般に，未知パラメーターに関する推定量の期待値が真の値と等しいとき，その推定量は**不偏推定量** (unbiased estimator) と呼ばれる。したがって，(2.4) 式と (2.5) 式とから，最小自乗推定量 ($\hat{\beta}_0$ および $\hat{\beta}_1$) は，不偏推定量である。

例題 2-1

次のモデルを考える。

$$y_i = \beta + u_i, \quad i = 1, 2, \cdots, n$$
$$E(u_i) = 0, \quad E(u_i^2) = \sigma^2, \quad E(u_i u_j) = 0 \quad (i \neq j)$$

(1) β の最小自乗推定量 ($\hat{\beta}$) を求めなさい。
(2) $\hat{\beta}$ の期待値を求めなさい。

例題 2-1 の解

(1) 残差自乗和は，$RSS = \sum_{i=1}^{n} e_i^2 = \sum_{i=1}^{n}(y_i - \hat{\beta})^2$ で与えられる。

$$\frac{dRSS}{d\hat{\beta}} = -2\sum_{i=1}^{n}(y_i - \hat{\beta}) = 0$$

より，次式を得る。

$$\hat{\beta} = \frac{1}{n}\sum_{i=1}^{n} y_i$$

(2)

$$E(\hat{\beta}) = E(\frac{1}{n}\sum_{i=1}^{n} y_i) = E[\frac{1}{n}\sum_{i=1}^{n}(\beta + u_i)] = \beta + \frac{1}{n}\sum_{i=1}^{n} E(u_i) = \beta$$

したがって，$\hat{\beta}$ は不偏推定量である。 ∎

2.2 最小自乗推定量の分散・共分散

次に，推定量の分散について考える。$\hat{\beta}_1$ の分散 $V(\hat{\beta}_1)$，および $\hat{\beta}_0$ の分散 $V(\hat{\beta}_0)$ は，それぞれ，次のようになる（2.10 の数学注を参照）。

$$V(\hat{\beta}_1) = E[(\hat{\beta}_1 - \beta_1)^2] = \frac{\sigma^2}{\sum_{i=1}^{n}(x_i - \bar{x})^2} \tag{2.6}$$

$$V(\hat{\beta}_0) = E[(\hat{\beta}_0 - \beta_0)^2]$$
$$= \sigma^2 \left\{ \frac{1}{n} + \frac{\bar{x}^2}{\sum_{i=1}^{n}(x_i - \bar{x})^2} \right\} \left(= \frac{\sigma^2 \sum_{i=1}^{n} x_i^2}{n\sum_{i=1}^{n}(x_i - \bar{x})^2} \right) \tag{2.7}$$

また，$\hat{\beta}_0$と$\hat{\beta}_1$の共分散$Cov(\hat{\beta}_0, \hat{\beta}_1)$は，次のようになる。

$$Cov(\hat{\beta}_0, \hat{\beta}_1) = E[(\hat{\beta}_0 - \beta_0)(\hat{\beta}_1 - \beta_1)] = -\frac{\sigma^2 \bar{x}}{\sum_{i=1}^{n}(x_i - \bar{x})^2} \quad (2.8)$$

2.3 Gauss-Markov の定理

最小自乗推定量 $\hat{\beta}_0, \hat{\beta}_1$ は，線形不偏推定量の中で最も分散の小さい推定量，つまり，**最良線形不偏推定量**（Best Linear Unbiased Estimator, BLUE）であることが知られている。これを **Gauss-Markov の定理** と呼ぶ（2.10 の数学注を参照）。

Gauss-Markov の定理：第 1 章の仮定 1〜4 のもとで，最小自乗推定量 ($\hat{\beta}_0$, $\hat{\beta}_1$) は最良線形不偏推定量（BLUE）である。

このように，最小自乗推定量は望ましい性質を持っていることが分かる。これが最小自乗法が幅広く使われる大きな理由である。なお，（線形に限らず）任意の不偏推定量の中で最小の分散を持つ推定量は**有効推定量** (efficient estimator) と呼ばれる。誤差項に正規分布を仮定すると，最小自乗推定量は，有効推定量である。

> 例題 2-2

次の回帰モデルを考える。

$$y_i = \beta x_i + u_i, \quad i = 1, 2, \cdots, n$$
$$E(u_i) = 0, \quad E(u_i^2) = \sigma^2, \quad E(u_i u_j) = 0 \quad (i \neq j)$$

β の推定量として，

$$b = \frac{1}{n} \sum_{i=1}^{n} \frac{y_i}{x_i}$$

を考える。

(1) b の期待値を求め，不偏推定量であるかどうか説明しなさい．
(2) b の分散を求めなさい．
(3) b の分散と最小自乗推定量 ($\hat{\beta}$) の分散とを比較しなさい．

例題 2-2 の解
(1)
$$b = \frac{1}{n}\sum_{i=1}^{n}\frac{y_i}{x_i} = \frac{1}{n}\sum_{i=1}^{n}\frac{\beta x_i + u_i}{x_i} = \beta + \frac{1}{n}\sum_{i=1}^{n}\frac{u_i}{x_i}$$

より，

$$E(b) = \beta + \frac{1}{n}\sum_{i=1}^{n}\frac{E(u_i)}{x_i} = \beta$$

したがって，b は不偏推定量である．

(2)
$$V(b) = E[(b-\beta)^2] = E\left[\left(\frac{1}{n}\sum_{i=1}^{n}\frac{u_i}{x_i}\right)^2\right] = \frac{\sigma^2}{n^2}\sum_{i=1}^{n}\frac{1}{x_i^2}$$

(3) $\hat{\beta}_1$ と b はともに線形不偏推定量なので，Gauss-Markov の定理より，$V(\hat{\beta}) < V(b)$ である．

2.4 最小自乗推定量の一致性

あるパラメーター θ の推定量 $\hat{\theta}$ が任意の $\epsilon > 0$ について，

$$\lim_{n\to\infty} P(|\hat{\theta} - \theta| \geq \epsilon) = 0 \tag{2.9}$$

が成立するとき，$\hat{\theta}$ を θ の**一致推定量**（consistent estimator）と呼ぶ．また，$\hat{\theta}$ が θ の一致推定量であることを，$\hat{\theta}$ が θ に**確率収束**するといい，

$$\text{plim}\hat{\theta} = \theta \tag{2.10}$$

と書く．$\hat{\theta}$ が θ の一致推定量であるための十分条件は，

$$\lim_{n \to \infty} E(\hat{\theta}) = \theta \tag{2.11}$$

$$\lim_{n \to \infty} V(\hat{\theta}) = 0 \tag{2.12}$$

が成立することである。

最小自乗推定量に関しては，

$$\text{plim}\hat{\beta}_0 = \beta_0 \tag{2.13}$$

$$\text{plim}\hat{\beta}_1 = \beta_1 \tag{2.14}$$

が成立する。つまり，最小自乗推定量は，Gauss-Markov の定理に加えて，一致推定量という望ましい性質を持っていることが分かる。

> 例題 2-3

いま，$x_i, i = 1, 2, \cdots, n$ は期待値が μ 分散が σ^2 の分布から得られた無作為標本とする。このとき，標本平均 $\bar{x} = (1/n)\sum_{i=1}^{n} x_i$ は μ の一致推定量であることを示しなさい。

> 例題 2-3 の解

$\bar{x}$ の期待値と分散は，それぞれ，$E(\bar{x}) = \mu, V(\bar{x}) = (1/n)\sigma^2$ で与えられる。したがって，

$$\lim_{n \to \infty} E(\bar{x}) = \lim_{n \to \infty} \mu = \mu$$

$$\lim_{n \to \infty} V(\bar{x}) = \lim_{n \to \infty} \frac{1}{n}\sigma^2 = 0$$

より，十分条件が成立するので，$\bar{x}$ は μ の一致推定量である。∎

2.5 誤差項の分散の推定量

誤差項の分散 (σ^2) の推定量には，残差自乗和を自由度 ($n-2$) で割った

$$s^2 = \frac{\sum_{i=1}^{n} e_i^2}{n-2} \tag{2.15}$$

を用いる。s^2 は**残差分散** (residual variance) と呼ばれる。ここで，**自由度** (degrees of freedom: DF) については，若干の説明が必要である。残差については，第 1 章で説明された性質 1 と性質 2 より，次の 2 つの制約を受けている。

$$\sum_{i=1}^{n} e_i = 0 \tag{2.16}$$

$$\sum_{i=1}^{n} x_i e_i = 0 \tag{2.17}$$

(性質 3 は，基本的に，性質 1 および性質 2 から導かれることに注意。) したがって，$e_1, e_2, \cdots, e_n$ の中で，$n-2$ 個だけが独立である。つまり，自由度は，残差の数 (標本の大きさ) である n から 2 を引いた $n-2$ で与えられる。一般的には，標本の大きさ (n) から回帰係数の数を引いた値が，自由度となる。

s^2 は σ^2 の不偏推定量である。つまり，

$$E(s^2) = E\left(\frac{\sum_{i=1}^{n} e_i^2}{n-2}\right) = \sigma^2 \tag{2.18}$$

が成立する (2.10 の数学注を参照)。

> **Point**　自由度 (DF)=標本の大きさ (n) − 回帰係数の数 (2)

2.6　回帰係数の分散の推定量

$\hat{\beta}_0$ および $\hat{\beta}_1$ の分散の不偏推定量を $\hat{V}(\hat{\beta}_0), \hat{V}(\hat{\beta}_1)$ と表すと，(2.6) 式と (2.7) 式で得られた $V(\hat{\beta}_o)$ と $V(\hat{\beta}_1)$ の σ^2 を s^2 で置き換えて，それぞれ，次のように示される。

$$\hat{V}(\hat{\beta}_0) = s^2 \left\{ \frac{1}{n} + \frac{\bar{x}^2}{\sum_{i=1}^{n}(x_i - \bar{x})^2} \right\} \tag{2.19}$$

$$\hat{V}(\hat{\beta}_1) = \frac{s^2}{\sum_{i=1}^{n}(x_i - \bar{x})^2} \tag{2.20}$$

(2.19) 式と (2.20) 式の期待値をとると，

$$E[\hat{V}(\hat{\beta}_0)] = \left\{ \frac{1}{n} + \frac{\bar{x}^2}{\sum_{i=1}^n (x_i - \bar{x})^2} \right\} E(s^2)$$

$$= \sigma^2 \left\{ \frac{1}{n} + \frac{\bar{x}^2}{\sum_{i=1}^n (x_i - \bar{x})^2} \right\} = V(\hat{\beta}_0) \quad (2.21)$$

$$E[\hat{V}(\hat{\beta}_1)] = \frac{E(s^2)}{\sum_{i=1}^n (x_i - \bar{x})^2} = \frac{\sigma^2}{\sum_{i=1}^n (x_i - \bar{x})^2} = V(\hat{\beta}_1) \quad (2.22)$$

となり，それぞれが，不偏推定量であることが確認できる。

母分散の不偏推定量が与えられたときに，その正の平方根のことを**標準誤差** (Standard Error: SE) と呼ぶ。つまり，標準誤差は標準偏差の推定量である。したがって，(2.19) 式と (2.20) 式とから，$\hat{\beta}_0$ と $\hat{\beta}_1$ の標準誤差 ($SE(\hat{\beta}_0)$, $SE(\hat{\beta}_1)$) は，それぞれ，次のように与えられる。

$$SE(\hat{\beta}_0) = \sqrt{s^2 \left\{ \frac{1}{n} + \frac{\bar{x}^2}{\sum_{i=1}^n (x_i - \bar{x})^2} \right\}} \quad (2.23)$$

$$SE(\hat{\beta}_1) = \sqrt{\frac{s^2}{\sum_{i=1}^n (x_i - \bar{x})^2}} \quad (2.24)$$

2.7 回帰係数の標本分布

回帰係数の推定を行った後，回帰係数について仮説検定を行うことも重要である。そのためには，$\hat{\beta}_0$ および $\hat{\beta}_1$ の標本分布を導出する必要がある。そのために，第 1 章で説明された 4 つの仮定に加えて，次の仮定を追加する。

仮定 5：誤差項は正規分布に従う，つまり，仮定 2 から仮定 4 を考慮すると，

$$u_i \sim N(0, \sigma^2) \quad (2.25)$$

である。

このように正規分布の仮定を追加した場合の単純回帰モデルは，**単純正規回帰モデル** (simple normal regression model) と呼ばれる。

> **Point** 誤差項の正規性の仮定は，最小自乗推定量の導出のためには必要ではないが，検定を行うためには必要である。

$\hat{\beta}_0$ と $\hat{\beta}_1$ は，(2.2) 式と (2.3) 式とから，それぞれ，

$$\hat{\beta}_1 = \frac{\sum (x_i - \bar{x})(y_i - \bar{y})}{\sum (x_i - \bar{x})^2}$$
$$= \frac{\sum (x_i - \bar{x})[\beta_1 (x_i - \bar{x}) + u_i - \bar{u}]}{\sum (x_i - \bar{x})^2}$$
$$= \beta_1 + \frac{\sum_{i=1}^n (x_i - \bar{x}) u_i}{\sum_{i=1}^n (x_i - \bar{x})^2} \tag{2.26}$$

$$\hat{\beta}_0 = \beta_0 - (\hat{\beta}_1 - \beta_1)\bar{x} + \bar{u}$$
$$= \beta_0 - \bar{x} \frac{\sum_{i=1}^n (x_i - \bar{x}) u_i}{\sum_{i=1}^n (x_i - \bar{x})^2} + \frac{1}{n} \sum_{i=1}^n u_i$$
$$= \beta_0 - \sum_{i=1}^n \left\{ \frac{\bar{x}(x_i - \bar{x})}{\sum_{i=1}^n (x_i - \bar{x})^2} - \frac{1}{n} \right\} u_i \tag{2.27}$$

となり，正規分布に従う確率変数 u_i の線形結合であることが分かる。一般に正規分布に従う確率変数の線形結合は，正規分布に従う。したがって，$\hat{\beta}_0, \hat{\beta}_1$ も正規分布に従う。

これまでの分析から明らかなように，最小自乗推定量 $\hat{\beta}_0, \hat{\beta}_1$ は不偏推定量であり，その期待値は，それぞれ，β_0, β_1 で与えられる。また，それぞれの分散も，(2.21) 式と (2.22) 式とで与えられている。これらのことから，$\hat{\beta}_0, \hat{\beta}_1$ の分布は，最終的に次のようになることが分かる。

$$\hat{\beta}_0 \sim N\left(\beta_0, \sigma^2 \left\{ \frac{1}{n} + \frac{\bar{x}^2}{\sum_{i=1}^n (x_i - \bar{x})^2} \right\} \right) \tag{2.28}$$

$$\hat{\beta}_1 \sim N\left(\beta_1, \frac{\sigma^2}{\sum_{i=1}^n (x_i - \bar{x})^2} \right) \tag{2.29}$$

2.8　回帰係数の仮説検定

回帰分析の結果得られた推定値が，経済学的に意味のある値であるかどうかを検証することは重要である．このために，**仮説検定** (hypothesis testing) が行われる．

いま，帰無仮説を，

$$H_0 : \beta_1 = \beta_1^0 \tag{2.30}$$

とする．ここで，β_1^0 は指定された特定の値である．

対立仮説としては，状況に応じて，次の3つの中から適当なものを選択する．

$$両側検定 \quad H_A : \beta_1 \neq \beta_1^0 \tag{2.31}$$

$$右片側検定 \quad H_A : \beta_1 > \beta_1^0 \tag{2.32}$$

$$左片側検定 \quad H_A : \beta_1 < \beta_1^0 \tag{2.33}$$

もし β_1 と β_1^0 の大小関係に関する情報がなければ両側検定を用いればよい．他方，大小関係について先験的な情報がある場合には，右片側検定または左片側検定を用いればよい．

いま帰無仮説が正しければ，(2.29) 式から，

$$\frac{\hat{\beta}_1 - \beta_1^0}{\sqrt{V(\hat{\beta}_1)}} \sim N(0, 1) \tag{2.34}$$

が成立する．ただし，$V(\hat{\beta}_1) = \sigma^2 / \sum_{i=1}^{n}(x_i - \bar{x})^2$ である．しかし，この分母は未知母数 (σ^2) を含むので，分母を標準誤差で置き換えると次の関係が成立する．

$$t = \frac{\hat{\beta}_1 - \beta_1^0}{SE(\hat{\beta}_1)} \sim t(n-2) \tag{2.35}$$

実際の検定では，まず $\hat{\beta}_1$ と $SE(\hat{\beta}_1)$ を計算して，検定統計量 (t) を求める．有意水準 α のもとでの各検定の棄却域は以下のとおりである．

両側検定 $\quad |t| = \left| \dfrac{\hat{\beta}_1 - \beta_1^0}{SE(\hat{\beta}_1)} \right| > t_{\alpha/2}(n-2)$ (2.36)

右片側検定 $\quad t = \dfrac{\hat{\beta}_1 - \beta_1^0}{SE(\hat{\beta}_1)} > t_\alpha(n-2)$ (2.37)

左片側検定 $\quad t = \dfrac{\hat{\beta}_1 - \beta_1^0}{SE(\hat{\beta}_1)} < -t_\alpha(n-2)$ (2.38)

ここで，$t_\alpha(n-2)$ は自由度 $n-2$ の t 分布の上側 $100\alpha\%$ 点であり，**臨界値** (critical value) と呼ばれる．両側検定の場合を例にとると，検定統計量の絶対値が臨界値よりも大きければ，**帰無仮説を棄却**し (reject)，臨界値よりも小さければ，**帰無仮説を採択する** (accept)．

実証研究において重要なのは，帰無仮説として，$\beta_1^0 = 0$ とおく場合である．その場合には，帰無仮説が採択されると，x と y との理論的関係は成立しないことになる．この検定は，**回帰係数の有意性の検定**と呼ばれる．ここで**有意**とは，回帰係数が 0 ではないと判断されるという意味である．このように，帰無仮説 $H_0 : \beta_1^0 = 0$ を検定するための t 統計量 $(\hat{\beta}_1/SE(\hat{\beta}_1))$ は重要な意味を持っており，この値はとくに t 値 (t-value) と呼ばれる．

以上の議論では，与えられた有意水準のもとで帰無仮説の検定を行うことが説明されていた．しかし，有意水準を 1% にするのか，5% あるいは 10% にするのかは，判断の分かれるところである．そこで，より多くの情報を与えるために，p 値（probability value，**確率値**）が示されることも多い．p 値は，右片側検定では，帰無仮説のもとで検定統計量の値を超える確率を示している．換言すれば，p 値とは帰無仮説を棄却する最小の有意水準である．たとえば，p 値が 2% であれば，帰無仮説が 2% 以上の有意水準で棄却されることを意味している．

例題 2-4

1974 年から 2015 年の日本の年次データ（暦年）に基づき，次の回帰式を用いて消費関数の推定を行った ($n = 42$)．

$$c_i = \beta_0 + \beta_1 y_i + u_i, \quad i = 1, 2, \cdots, n$$

ただし，c は実質消費，y は実質所得であり，用いたデータは，実質 GDP と実質家計

最終消費支出(出所:世界銀行)である。推定結果は次のとおり。

$$c_i = 83358.92 + 0.550 y_i, \quad R^2 = 0.995$$
$$(25493.02) \quad (0.006)$$

ただし,括弧内の数字は標準誤差である。このとき,有意水準 5% のもとで以下の帰無仮説を対立仮説に対して検定しなさい。

(1) $H_0 : \beta_0 = 0, \quad H_A : \beta_0 \neq 0$
(2) $H_0 : \beta_1 = 0, \quad H_A : \beta_1 \neq 0$

例題 2-4 の解

(1)
$$|t| = \left| \frac{83358.92}{25493.02} \right| = 3.270 > t_{0.025}(40) = 2.021$$

したがって,帰無仮説は棄却される。

(2)
$$|t| = \left| \frac{0.550}{0.006} \right| = 91.667 > t_{0.025}(40) = 2.021$$

したがって,帰無仮説は棄却される。 ∎

2.9 最 尤 法

次の単純回帰モデルを考える。

$$y_i = \beta_0 + \beta_1 x_i + u_i, \quad i = 1, 2, \cdots, n \tag{2.39}$$

ただし,u_i は正規分布に従うと仮定する。すると,y_i は,平均 $\beta_0 + \beta_1 x_i$,分散 σ^2 の正規分布に従う。

いま,正規母集団 $N(\beta_0 + \beta_1 x_i, \sigma^2)$ からの大きさ n の無作為標本の実現値を $y_1, y_2, \cdots, y_n$ とする。各 y_i に対する確率密度関数 $f(y_i)$ の積,

$$f(y_1)f(y_2) \cdots f(y_n) = \prod_{i=1}^{n} \frac{1}{\sqrt{2\pi\sigma^2}} \exp\left[-\frac{1}{2\sigma^2}(y_i - \beta_0 - \beta_1 x_i)^2 \right]$$

$$= \frac{1}{(2\pi\sigma^2)^{n/2}} \exp\left[-\frac{1}{2\sigma^2}\sum_{i=1}^{n}(y_i - \beta_0 - \beta_1 x_i)^2\right] \tag{2.40}$$

を未知パラメーター $\beta_0, \beta_1, \sigma^2$ の関数としてみたとき，これを**尤度関数**(likelihood function) といい，$L(\beta_0, \beta_1, \sigma^2)$ と表す．この尤度関数を最大にするように未知パラメーターの推定量を求めるという推定法が**最尤法** (maximum likelihood method) であり，求められた推定量が**最尤推定量** (maximum likelihood estimator) である．尤度関数の対数をとった関数を**対数尤度関数** (log likelihood function) と呼ぶ．尤度関数の対数をとるのは，そのほうが数学的に扱いやすいためである．いま，最尤推定量を $\hat{\beta}_0, \hat{\beta}_1, \hat{\sigma}^2$ と表すと，対数尤度はそれらの関数として次のように書ける．

$$L(\hat{\beta}_0, \hat{\beta}_1, \hat{\sigma}^2) = -\frac{n}{2}\ln(2\pi) - \frac{n}{2}\ln(\hat{\sigma}^2) - \frac{1}{2\hat{\sigma}^2}\sum_{i=1}^{n}(y_i - \hat{\beta}_0 - \hat{\beta}_1 x_i)^2 \tag{2.41}$$

したがって，

$$\frac{\partial L}{\partial \hat{\beta}_0} = \frac{1}{\hat{\sigma}^2}\sum_{i=1}^{n}(y_i - \hat{\beta}_0 - \hat{\beta}_1 x_i) = 0 \tag{2.42}$$

$$\frac{\partial L}{\partial \hat{\beta}_1} = \frac{1}{\hat{\sigma}^2}\sum_{i=1}^{n}x_i(y_i - \hat{\beta}_0 - \hat{\beta}_1 x_i) = 0 \tag{2.43}$$

$$\frac{\partial L}{\partial \hat{\sigma}^2} = -\frac{n}{2\hat{\sigma}^2} + \frac{1}{2\hat{\sigma}^4}\sum_{i=1}^{n}(y_i - \hat{\beta}_0 - \hat{\beta}_1 x_i)^2 = 0 \tag{2.44}$$

より，次の最尤推定量が得られる．

$$\hat{\beta}_0 = \bar{y} - \hat{\beta}_1 \bar{x} \tag{2.45}$$

$$\hat{\beta}_1 = \frac{\sum_{i=1}^{n}(x_i - \bar{x})(y_i - \bar{y})}{\sum_{i=1}^{n}(x_i - \bar{x})^2} \tag{2.46}$$

$$\hat{\sigma}^2 = \frac{\sum_{i=1}^{n}(y_i - \hat{\beta}_0 - \hat{\beta}_1 x_i)^2}{n} \tag{2.47}$$

これから，β_0 と β_1 の推定量に関しては，OLS 推定量と最尤推定量とは同じであるが，σ^2 の推定量に関しては異なることが分かる．

2.10 数 学 注

最小自乗推定量の期待値

いま，次の回帰モデルを考える。

$$y_i = \beta_0 + \beta_1 x_i + u_i, \quad i = 1, 2, \cdots, n \tag{2.48}$$

(2.48) 式で示されるモデルの標本平均を考えると，

$$\bar{y} = \beta_0 + \beta_1 \bar{x} + \bar{u} \tag{2.49}$$

となる。ただし，$\bar{y} = (1/n)\sum_{i=1}^{n} y_i$, $\bar{x} = (1/n)\sum_{i=1}^{n} x_i$, $\bar{u} = (1/n)\sum_{i=1}^{n} u_i$ である。(2.48) 式から (2.49) 式を引くと，

$$y_i - \bar{y} = \beta_1(x_i - \bar{x}) + (u_i - \bar{u}) \tag{2.50}$$

を得る。この (2.50) 式を利用すると，$\hat{\beta}_1$ は次のように書くことができる。

$$\begin{aligned}
\hat{\beta}_1 &= \frac{\sum_{i=1}^{n}(x_i - \bar{x})(y_i - \bar{y})}{\sum_{i=1}^{n}(x_i - \bar{x})^2} \\
&= \frac{\sum_{i=1}^{n}(x_i - \bar{x})\{\beta_1(x_i - \bar{x}) + u_i - \bar{u}\}}{\sum_{i=1}^{n}(x_i - \bar{x})^2} \\
&= \beta_1 + \frac{\sum_{i=1}^{n}(x_i - \bar{x})(u_i - \bar{u})}{\sum_{i=1}^{n}(x_i - \bar{x})^2} \\
&= \beta_1 + \frac{\sum_{i=1}^{n}(x_i - \bar{x})u_i}{\sum_{i=1}^{n}(x_i - \bar{x})^2}
\end{aligned} \tag{2.51}$$

また，(2.49) 式を用いると $\hat{\beta}_0$ は次のように書ける。

$$\hat{\beta}_0 = \bar{y} - \hat{\beta}_1 \bar{x} = \beta_0 - (\hat{\beta}_1 - \beta_1)\bar{x} + \bar{u} \tag{2.52}$$

このように $\hat{\beta}_0$ や $\hat{\beta}_1$ を誤差項 u_i の関数として表した (2.51) 式と (2.52) 式を，$\hat{\beta}_0$ や $\hat{\beta}_1$ の確率的表現と呼ぶ。ここで，(2.51) 式の期待値をとると，

$$E(\hat{\beta}_1) = \beta_1 + \frac{\sum_{i=1}^{n}(x_i - \bar{x})E(u_i)}{\sum_{i=1}^{n}(x_i - \bar{x})^2} = \beta_1 \tag{2.53}$$

となり，(2.52) 式の期待値をとると，

$$E(\hat{\beta}_0) = \beta_0 - E(\hat{\beta}_1 - \beta_1)\bar{x} + E(\bar{u}) = \beta_0 \tag{2.54}$$

となる。

最小自乗推定量の分散と共分散

まず，$\hat{\beta}_1$ の分散 $V(\hat{\beta}_1)$ は，(2.51) 式より次のようになる。

$$\begin{aligned}V(\hat{\beta}_1) &= E[(\hat{\beta}_1 - \beta_1)^2] \\ &= E\left[\left\{\frac{\sum_{i=1}^n (x_i - \bar{x})u_i}{\sum_{i=1}^n (x_i - \bar{x})^2}\right\}^2\right] \\ &= \frac{1}{\{\sum_{i=1}^n (x_i - \bar{x})^2\}^2} \sum_{i=1}^n \sum_{j=1}^n (x_i - \bar{x})(x_j - \bar{x})E(u_i u_j) \end{aligned} \quad (2.55)$$

ここで，第1章の仮定3および仮定4を考慮すると，

$$V(\hat{\beta}_1) = \frac{1}{\{\sum_{i=1}^n (x_i - \bar{x})^2\}^2} \sum_{i=1}^n \sigma^2 (x_i - \bar{x})^2 = \frac{\sigma^2}{\sum_{i=1}^n (x_i - \bar{x})^2} \quad (2.56)$$

となる。

他方，$\hat{\beta}_0$ の分散 $V(\hat{\beta}_0)$ は，(2.52) 式より次のように書ける。

$$\begin{aligned}V(\hat{\beta}_0) &= E[(\hat{\beta}_0 - \beta_0)^2] \\ &= E[\{-(\hat{\beta}_1 - \beta_1)\bar{x} + \bar{u}\}^2] \\ &= E[(\hat{\beta}_1 - \beta_1)^2 \bar{x}^2 - 2(\hat{\beta}_1 - \beta_1)\bar{x}\bar{u} + \bar{u}^2] \end{aligned} \quad (2.57)$$

ここで，右辺の第1項は $\bar{x}^2 V(\hat{\beta}_1)$ であり，第3項は u_i の標本平均の分散なので σ^2/n である。また，第2項は，(2.51) 式より，

$$\begin{aligned}E[(\hat{\beta}_1 - \beta_1)\bar{x}\bar{u}] &= E\left[\bar{x}\frac{\sum_{i=1}^n (x_i - \bar{x})u_i}{\sum_{i=1}^n (x_i - \bar{x})^2} \frac{1}{n}\sum_{i=1}^n u_i\right] \\ &= \frac{\bar{x}}{n\sum_{i=1}^n (x_i - \bar{x})^2} E\left[\sum_{i=1}^n (x_i - \bar{x})u_i \sum_{j=1}^n u_j\right] \\ &= \frac{\bar{x}}{n\sum_{i=1}^n (x_i - \bar{x})^2} \sum_{i=1}^n \sum_{j=1}^n (x_i - \bar{x}) E(u_i u_j) \\ &= \frac{\bar{x}}{n\sum_{i=1}^n (x_i - \bar{x})^2} \sigma^2 \sum_{i=1}^n (x_i - \bar{x}) \\ &= 0 \end{aligned} \quad (2.58)$$

となる。したがって，(2.56) 式を用いて，

$$V(\hat{\beta}_0) = \sigma^2 \left\{ \frac{1}{n} + \frac{\bar{x}^2}{\sum_{i=1}^{n}(x_i - \bar{x})^2} \right\} \left(= \frac{\sigma^2 \sum_{i=1}^{n} x_i^2}{n \sum_{i=1}^{n}(x_i - \bar{x})^2} \right) \tag{2.59}$$

が得られる。

$\hat{\beta}_0, \hat{\beta}_1$ の共分散 $Cov(\hat{\beta}_0, \hat{\beta}_1)$ は，(2.52) 式を用いると次のようになる。

$$\begin{aligned}Cov(\hat{\beta}_0, \hat{\beta}_1) &= E[(\hat{\beta}_0 - \beta_0)(\hat{\beta}_1 - \beta_1)] \\ &= E[\{-(\hat{\beta}_1 - \beta_1)\bar{x} + \bar{u}\}(\hat{\beta}_1 - \beta_1)] \\ &= -E[(\hat{\beta}_1 - \beta_1)^2]\bar{x} + E[\bar{u}(\hat{\beta}_1 - \beta_1)] \end{aligned} \tag{2.60}$$

ここで，右辺の第 1 項は $-\bar{x}V(\hat{\beta}_1)$ である。また，第 2 項に関しては，(2.58) 式より $E[(\hat{\beta}_1-\beta_1)\bar{x}\bar{u}] = 0$ であるが，$\bar{x}$ が確率変数でないことに注意すると $E[(\hat{\beta}_1-\beta_1)\bar{u}] = 0$ となり，右辺第 2 項も 0 となることが分かる。そこで，(2.56) 式を用いると，

$$Cov(\hat{\beta}_0, \hat{\beta}_1) = -\frac{\sigma^2 \bar{x}}{\sum_{i=1}^{n}(x_i - \bar{x})^2} \tag{2.61}$$

を得る。

Gauss-Markov 定理

Gauss-Markov 定理を $\hat{\beta}_1$ について示す ($\hat{\beta}_0$ についても同様に示される)。いま，任意の線形推定量 ($\tilde{\beta}_1$) を，

$$\tilde{\beta}_1 = \sum_{i=1}^{n} c_i y_i \tag{2.62}$$

で表すと，線形不偏推定量は，

$$\tilde{\beta}_1 = \sum_{i=1}^{n} c_i y_i \tag{2.63}$$

$$E(\tilde{\beta}_1) = \beta_1 \tag{2.64}$$

を満たす推定量である。ここで，最小自乗推定量は，

$$\hat{\beta}_1 = \sum_{i=1}^{n} w_i y_i, \quad w_i = \frac{x_i - \bar{x}}{\sum_{i=1}^{n}(x_i - \bar{x})^2} \tag{2.65}$$

となるので，線形推定量であることが分かる。また，すでに明らかになったように，$\hat{\beta}_1$ は不偏推定量であるので，線形不偏推定量である。

ここで，任意の線形推定量 $\tilde{\beta}_1$ が不偏推定量となるための係数 c_i に関する条件につ

いて考えてみる。いま,

$$E(\tilde{\beta}_1) = E(\sum_{i=1}^{n} c_i y_i)$$
$$= E(\beta_0 \sum_{i=1}^{n} c_i + \beta_1 \sum_{i=1}^{n} c_i x_i + \sum_{i=1}^{n} c_i u_i)$$
$$= \beta_0 \sum_{i=1}^{n} c_i + \beta_1 \sum_{i=1}^{n} c_i x_i \tag{2.66}$$

となるので, (2.66) 式において任意の β_0, β_1 に対して $E(\tilde{\beta}_1) = \beta_1$ が成立するためには,

$$\sum_{i=1}^{n} c_i = 0 \tag{2.67}$$

$$\sum_{i=1}^{n} c_i x_i = 1 \tag{2.68}$$

が満たされなければならないことが分かる。

ここで, $\hat{\beta}_1$ と $\tilde{\beta}_1$ との係数の差を,

$$d_i = c_i - \frac{x_i - \bar{x}}{\sum_{i=1}^{n}(x_i - \bar{x})^2} \tag{2.69}$$

とおくと, (2.67) 式および (2.68) 式を利用して,

$$\sum_{i=1}^{n} d_i^2 = \sum_{i=1}^{n} c_i^2 - 2\frac{\sum_{i=1}^{n} c_i(x_i - \bar{x})}{\sum_{i=1}^{n}(x_i - \bar{x})^2} + \frac{1}{\sum_{i=1}^{n}(x_i - \bar{x})^2}$$
$$= \sum_{i=1}^{n} c_i^2 - \frac{1}{\sum_{i=1}^{n}(x_i - \bar{x})^2} \tag{2.70}$$

となり, これから,

$$\sum_{i=1}^{n} c_i^2 = \sum_{i=1}^{n} d_i^2 + \frac{1}{\sum_{i=1}^{n}(x_i - \bar{x})^2} \tag{2.71}$$

を得る。

$\tilde{\beta}_1$ の分散は, (2.71) 式を用いて, 次のように計算できる。

$$V(\tilde{\beta}_1) = V(\sum_{i=1}^{n} c_i y_i)$$

$$= \sum_{i=1}^{n} c_i^2 V(y_i)$$

$$= \sigma^2 \left\{ \sum_{i=1}^{n} d_i^2 + \frac{1}{\sum_{i=1}^{n}(x_i - \bar{x})^2} \right\}$$

$$\geq \frac{\sigma^2}{\sum_{i=1}^{n}(x_i - \bar{x})^2} = V(\hat{\beta}_1) \tag{2.72}$$

したがって，$\hat{\beta}_1$ は線形不偏推定量の中で最も分散の小さい最良線形不偏推定量であることが分かる．また，(2.72) 式において等号が成立するのは，

$$c_i = \frac{x_i - \bar{x}}{\sum_{i=1}^{n}(x_i - \bar{x})^2} \tag{2.73}$$

となる場合であるので，線形不偏推定量の中で最小分散を与える推定量は，最小自乗推定量である．

残差分散の期待値

s^2 は σ^2 の不偏推定量である．これは，次のように示される．まず，

$$\begin{aligned} e_i &= y_i - \hat{y}_i \\ &= \beta_0 + \beta_1 x_i + u_i - (\hat{\beta}_0 + \hat{\beta}_1 x_i) \\ &= u_i - (\hat{\beta}_0 - \beta_0) - (\hat{\beta}_1 - \beta_1) x_i \end{aligned} \tag{2.74}$$

であるので，(2.74) 式より次式を得る．

$$u_i = (\hat{\beta}_0 - \beta_0) + (\hat{\beta}_1 - \beta_1) x_i + e_i \tag{2.75}$$

(2.75) 式の自乗和を考えると，

$$\begin{aligned} \sum_{i=1}^{n} u_i^2 &= \sum_{i=1}^{n} (\hat{\beta}_0 - \beta_0)^2 + (\hat{\beta}_1 - \beta_1)^2 \sum_{i=1}^{n} x_i^2 + \sum_{i=1}^{n} e_i^2 \\ &\quad + 2(\hat{\beta}_0 - \beta_0)(\hat{\beta}_1 - \beta_1) \sum_{i=1}^{n} x_i \\ &\quad + 2(\hat{\beta}_1 - \beta_1) \sum_{i=1}^{n} x_i e_i + 2(\hat{\beta}_0 - \beta_0) \sum_{i=1}^{n} e_i \end{aligned} \tag{2.76}$$

となるが，ここで右辺の第 5 項と第 6 項は，第 1 章で述べられた残差の性質 1 と性質 2 より，それぞれ 0 となる．また，第 4 項に関して $n\bar{x} = \sum_{i=1}^{n} x_i$ の関係を用いると，

$$\sum_{i=1}^{n} u_i^2 = n(\hat{\beta}_0 - \beta_0)^2 + (\hat{\beta}_1 - \beta_1)^2 \sum_{i=1}^{n} x_i^2$$
$$+ \sum_{i=1}^{n} e_i^2 + 2n\bar{x}(\hat{\beta}_0 - \beta_0)(\hat{\beta}_1 - \beta_1) \tag{2.77}$$

を得る。

(2.77) 式の期待値をとると,次式を得る。

$$E(\sum_{i=1}^{n} u_i^2) = nE[(\hat{\beta}_0 - \beta_0)^2] + \sum_{i=1}^{n} x_i^2 E[(\hat{\beta}_1 - \beta_1)^2]$$
$$+ E(\sum_{i=1}^{n} e_i^2) + 2n\bar{x}E[(\hat{\beta}_0 - \beta_0)(\hat{\beta}_1 - \beta_1)] \tag{2.78}$$

(2.78) 式において,$E(\sum_{i=1}^{n} u_i^2) = n\sigma^2$ であり,右辺の第 1 項,第 2 項,および第 4 項は,それぞれ,$nV(\hat{\beta}_0)$,$\sum_{i=1}^{n} x_i^2 V(\hat{\beta}_1)$,$2n\bar{x}Cov(\hat{\beta}_0, \hat{\beta}_1)$ である。そこで,(2.56) 式,(2.59) 式および (2.61) 式を (2.78) 式に代入し,$\sum_{i=1}^{n} x_i^2 - n\bar{x}^2 = \sum_{i=1}^{n} (x_i - \bar{x})^2$ であることに注意して整理すると,次式を得る。

$$(n-2)\sigma^2 = E(\sum_{i=1}^{n} e_i^2) \tag{2.79}$$

したがって,(2.79) 式より,

$$E(s^2) = E\left(\frac{\sum_{i=1}^{n} e_i^2}{n-2}\right) = \sigma^2 \tag{2.80}$$

となり,s^2 が σ^2 の不偏推定量であることが分かる。

■ 練習問題

解答は p.213〜

練習 2-1 (→ 例題 2-1)

次の回帰モデルを考える。

$$y_i = \beta x_i + u_i, \quad i = 1, 2, \cdots, n$$
$$E(u_i) = 0, \quad E(u_i^2) = \sigma^2, \quad E(u_i u_j) = 0 \quad (i \neq j)$$

(1) β の最小自乗推定量 ($\hat{\beta}$) を求めなさい。
(2) $\hat{\beta}$ の期待値を求めなさい。

練習 2-2 (→ 例題 2-2)

次のモデルを考える。
$$y_i = \beta + u_i, \quad i = 1, 2, \cdots, n$$

ただし，n は標本の大きさ，β は未知の定数，u_i は確率変数で，$E(u_i) = 0, E(u_i^2) = \sigma^2$，$E(u_i u_j) = 0 \ (i \neq j)$ と仮定する。以下の問いに答えなさい。

(1) β の最小自乗推定量（$\hat{\beta}$）を求めなさい。
(2) $\hat{\beta}$ の期待値を求めなさい。
(3) $\text{plim}(\hat{\beta})$ を求めなさい。
(4) β の推定量として，$\tilde{\beta} = \dfrac{1}{n-1} \sum_{i=1}^n y_i$ を考える。$\tilde{\beta}$ の期待値を求めなさい。
(5) $\text{plim}(\tilde{\beta})$ を求めなさい。

練習 2-3 (→ 例題 2-2)

次の回帰モデルを考える。
$$y_i = \beta_0 + \beta_1 x_i + u_i, \quad i = 1, 2, \cdots, n$$
$$E(u_i) = 0, \quad E(u_i^2) = \sigma^2, \quad E(u_i u_j) = 0 \quad (i \neq j)$$

β_1 に対して次の推定量を考えるとき，以下の問いに答えなさい。
$$b = \frac{y_n - y_1}{x_n - x_1}$$

(1) b の期待値を求め，これが不偏推定量であるかどうか調べなさい。
(2) b の分散を求めなさい。
(3) b の分散を最小自乗推定量 ($\hat{\beta}_1$) の分散と比べなさい。

練習 2-4 (→ 例題 2-2)

次の回帰モデルを考える。
$$y_i = \beta_0 + \beta_1 x_i + u_i, \quad i = 1, 2, \cdots, n$$

ただし，n は標本の大きさ，x_i は非確率変数，β_0, β_1 は未知の回帰係数，u_i は確率変数で，$E(u_i) = 0, E(u_i^2) = \sigma^2, E(u_i u_j) = 0 \ (i \neq j)$ と仮定する。以下の問いに答えなさい。

(1) β_1 の最小自乗推定量（$\hat{\beta}_1$）を求めなさい。

(2) $\hat{\beta}_1$ の期待値を求めなさい。

(3) β_1 の推定量として，$\tilde{\beta}_1 = \dfrac{y_n + y_{n-1} - y_2 - y_1}{x_n + x_{n-1} - x_2 - x_1}$ を考える。$\tilde{\beta}_1$ の期待値を求めなさい。

(4) $\tilde{\beta}_1$ の分散を求めなさい。

(5) $\hat{\beta}_1$ の分散（$V(\hat{\beta}_1)$）の大きさと $\tilde{\beta}_1$ の分散（$V(\tilde{\beta}_1)$）の大きさを比べなさい。

練習 2-5 (→ 例題 2-3)

x_i ($i = 1, 2, \cdots, n$) は，$E(x_i) = \mu$, $V(x_i) = \sigma^2$ の分布からの無作為標本である。μ の推定量として，次の統計量を考える。

$$\tilde{x} = \frac{1}{n-1}\sum_{i=1}^{n} x_i, \quad (n > 1)$$

(1) $\tilde{x}$ の期待値 ($E(\tilde{x})$) を求めなさい。

(2) $\tilde{x}$ の分散 ($V(\tilde{x})$) を求めなさい。

(3) $\lim_{n \to \infty} E(\tilde{x})$ を求めなさい。

(4) $\lim_{n \to \infty} V(\tilde{x})$ を求めなさい。

(5) $\tilde{x}$ の性質について適切なものを選択しなさい。

① 不偏推定量であり，一致推定量である。② 不偏推定量ではないが，一致推定量である。③ 不偏推定量であるが，一致推定量ではない。④ 不偏推定量でも一致推定量でもない。

練習 2-6 (→ 例題 2-3)

正規母集団 $N(\mu, \sigma^2)$ からの大きさ n の無作為標本を $x_1, x_2, \cdots, x_n$ とする。μ と σ^2 の最尤推定量を求めなさい。

練習 2-7 (→ 例題 2-4)

1974 年から 2015 年の日本の年次データ（暦年）に基づき，次の回帰式を用いて消費関数の推定を行った ($n = 42$)。

$$\ln(c_i) = \beta_0 + \beta_1 \ln(y_i) + u_i, \quad i = 1, 2, \cdots, n$$

ただし c は実質消費，y は実質所得であり，用いたデータは，実質 GDP と実質家計最終消費支出である。推定結果は次のとおり。

$$\ln(c_i) = 0.280 + 0.945 \ln(y_i), \quad R^2 = 0.996$$

$$(0.143) \quad (0.009)$$

ただし，括弧内の数字は標準誤差である．このとき，有意水準 5% のもとで以下の帰無仮説を対立仮説に対して検定しなさい．
(1) $H_0 : \beta_0 = 0, \quad H_A : \beta_0 \neq 0$
(2) $H_0 : \beta_1 = 0, \quad H_A : \beta_1 \neq 0$

練習 2-8 (→ 例題 2-4)

先進諸国を対象に CO_2 排出量と GDP との関係について分析を行うために，経済協力開発機構 (Organization for Economic Cooperation and Development: OECD) に所属する 34ヶ国の 2014 年のデータを用いて，次の回帰式を推定した．

$$\ln(CO_{2i}) = \beta_0 + \beta_1 \ln(y_i) + u_i, \quad i = 1, 2, \cdots, n$$

ただし，CO_2 は CO_2 排出量，y は GDP（購買力平価基準）であり，データの出所は Key World Energy Statistics 2016 (International Energy Agency) である．推定結果は次のとおり．

$$\ln(CO_{2i}) = -1.736 + 1.024 \ln(y_i), \quad R^2 = 0.937$$
$$\qquad\qquad\quad (0.297) \quad (0.047)$$

括弧内の数字は標準誤差である．このとき，有意水準 5% のもとで次の帰無仮説を対立仮説に対して検定しなさい．
(1) $H_0 : \beta_0 = 0, \quad H_A : \beta_0 \neq 0$
(2) $H_0 : \beta_1 = 0, \quad H_A : \beta_1 \neq 0$
(3) 先進諸国における 1% の GDP の増加は何% の CO_2 排出量の増加につながるか．

練習 2-9 (→ 例題 2-4)

賃金上昇率と失業率との間には，Phillips 曲線と呼ばれる負の相関関係があることが知られている．1971 年から 2016 年の日本における年次データ（暦年）を用いて，Phillips 曲線の分析を行う．
(1) まず，次の回帰式を用いて推定を行った．

$$WI_i = \beta_0 + \beta_1 UNE_i + u_i, \quad i = 1, 2, \cdots, n$$

ただし，WI_i は賃金上昇率，UNE_i は失業率であり，用いたデータは，現金給与総額伸び率，完全失業率（出所：『平成 29 年度年次経済財政報告』（内閣府））である．推

定結果は次のとおり。

$$WI_i = 16.372 - 3.988 UNE_i, \quad R^2 = 0.576$$
$$(9.375) \quad (-7.727)$$
$$[0.000] \quad [0.000]$$

( ) 内の数字は t 値，[ ] 内の数字は p 値である．有意水準 5% のもとで，帰無仮説 ($H_0 : \beta_1 = 0$) を，対立仮説 ($H_A : \beta_1 \neq 0$) に対して検定しなさい．

(2) 次に，失業率の逆数を用いて，次の回帰式に基づき推定を行った．

$$WI_i = \beta_0 + \beta_1 \frac{1}{UNE_i} + u_i, \quad i = 1, 2, \cdots, n$$

推定結果は次のとおりである．

$$WI_i = -9.382 + 35.468 \frac{1}{UNE_i}, \quad R^2 = 0.802$$
$$(-8.783) \quad (13.360)$$
$$[0.000] \quad [0.000]$$

( ) 内の数字は t 値，[ ] 内の数字は p 値である．有意水準 5% のもとで，帰無仮説 ($H_0 : \beta_1 = 0$) を，対立仮説 ($H_A : \beta_1 \neq 0$) に対して検定しなさい．

(3) 上の 2 つのモデルのうち，どちらのモデルの当てはまりがより良いと考えられるか．

練習 2-10

次の回帰モデルを考える．

$$y_i = \beta_0 + \beta_1 x_i + u_i, \cdots, i = 1, 2, \cdots, n$$
$$E(u_i) = 0, \quad E(u_i^2) = \sigma^2, \quad E(u_i u_j) = 0 \ (i \neq j)$$

(1) β_1 の最小自乗推定量 ($\hat{\beta}_1$) を求めなさい．

(2) $\{x_i\}$ の各値が 10 倍，つまり $\{10 x_i\}$ となったとき，$\hat{\beta}_1$ はどのような影響を受けるか．

(3) $\{x_i\}$ の各値が k 倍，つまり $\{k x_i\}$ となったとき，$\hat{\beta}_1$ はどのような影響を受けるか．

第 3 章

重回帰モデル

3.1 重回帰モデル

　経済分析においては，複数の説明変数が被説明変数に影響すると考えられる場合が多い．たとえば，貨幣需要や消費は所得や利子率の関数であると考えられるし，株価は配当や利子率の関数であると考えられる．このように2つ以上（定数項を含めると3つ以上）の説明変数がある場合の分析を**重回帰分析** (multiple regression analysis) と呼び，用いられるモデルを**重回帰モデル** (multiple regression model) と呼ぶ．

　重回帰分析では，複数の説明変数 $x_1, x_2, \cdots, x_p$ が含まれ，モデルが次のように表される．

$$y_i = \beta_0 + \beta_1 x_{i1} + \cdots + \beta_p x_{ip} + u_i, \quad i = 1, 2, \cdots, n \tag{3.1}$$

となる．ここで，$\beta_0, \beta_1, \cdots, \beta_p$ は未知パラメーター，x_{ij} $(j = 1, 2, \cdots, p)$ は非確率変数，u_i は誤差項である．u_i に関しては，$E(u_i) = 0$, $E(u_i^2) = \sigma^2$, $E(u_i u_j) = 0$ $(i \neq j)$ を仮定する．

　いま，未知パラメーター $\beta_0, \beta_1, \cdots \beta_p$ に対する推定量を $\hat{\beta}_0, \hat{\beta}_1, \cdots, \hat{\beta}_p$ で表す．このとき，**推定回帰式**は，

$$\hat{y}_i = \hat{\beta}_0 + \hat{\beta}_1 x_{i1} + \cdots + \hat{\beta}_p x_{ip} \tag{3.2}$$

となり，**残差**は，

$$e_i = y_i - \hat{y}_i = y_i - \hat{\beta}_0 - \hat{\beta}_1 x_{i1} - \cdots - \hat{\beta}_p x_{ip} \tag{3.3}$$

と表される。

最小自乗推定量は，次の**残差自乗和**を最小にするような推定量である。

$$RSS = \sum_{i=1}^{n} e_i^2 = \sum_{i=1}^{n}(y_i - \hat{\beta}_0 - \hat{\beta}_1 x_{i1} - \cdots - \hat{\beta}_p x_{ip})^2 \tag{3.4}$$

したがって，各パラメーターに関して微分して 0 とおくと，

$$\frac{\partial RSS}{\partial \hat{\beta}_0} = -2\sum_{i=1}^{n}(y_i - \hat{\beta}_0 - \hat{\beta}_1 x_{i1} - \cdots - \hat{\beta}_p x_{ip}) = 0$$

$$\frac{\partial RSS}{\partial \hat{\beta}_1} = -2\sum_{i=1}^{n}(y_i - \hat{\beta}_0 - \hat{\beta}_1 x_{i1} - \cdots - \hat{\beta}_p x_{ip})x_{i1} = 0$$

$$\cdots\cdots\cdots\cdots\cdots\cdots\cdots\cdots\cdots\cdots\cdots\cdots\cdots\cdots$$

$$\frac{\partial RSS}{\partial \hat{\beta}_p} = -2\sum_{i=1}^{n}(y_i - \hat{\beta}_0 - \hat{\beta}_1 x_{i1} - \cdots - \hat{\beta}_p x_{ip})x_{ip} = 0$$

を得る。これらを解いて，**最小自乗推定量** $\hat{\beta}_0, \hat{\beta}_1, \cdots, \hat{\beta}_p$ が求まる。

3.2 残差の性質

重回帰モデルにおいて，残差については，次の関係が成立する。

$$\sum_{i=1}^{n} e_i = 0 \tag{3.5}$$

$$\sum_{i=1}^{n} e_i x_{ij} = 0, \quad j = 1, 2, \cdots, p \tag{3.6}$$

したがって，重回帰モデルにおいても，残差について，単純回帰モデルの場合と同様の性質が満たされることが分かる。

3.3 誤差項の分散の推定

誤差項の分散 (σ^2) の推定量には，残差自乗和 ($\sum_{i=1}^{n} e_i^2$) を自由度 ($n-p-1$) で割った次の値が用いられる。

$$s^2 = \frac{\sum_{i=1}^n e_i^2}{n-p-1} \tag{3.7}$$

s^2 は，**残差分散**と呼ばれる．また，s^2 の正の平方根は，**回帰の標準誤差** (standard error of the regression) と呼ばれる．重回帰モデルにおける自由度は，単純回帰モデルの場合と同様に，次のように考えればよい．

> **Point** 自由度 (DF)=標本の大きさ (n) – 回帰係数の数 $(p+1)$

重回帰モデルにおいても，単純回帰モデルの場合と同様に，最小二乗推定量は不偏性と一致性を有している．また，最小二乗推定量は，線形不偏推定量の中で最小分散を持つ推定量（誤差項の正規性を仮定すると有効推定量）であるという Gauss-Markov の定理も成立する．

さらに，個別の回帰係数に関する仮説検定を考える．

$$H_0 : \beta_i = \beta_i^0, \quad H_A : \beta_i \neq \beta_i^0 \tag{3.8}$$

ここで，β_i^0 は，特定の値である．誤差項に正規分布の仮定をおくと，帰無仮説のもとでは次の関係が成立するので，単純回帰モデルの場合と同様に，t 検定を行えばよい．

$$t = \frac{\hat{\beta}_i - \beta_i^0}{SE(\hat{\beta}_i)} \sim t(n-p-1) \tag{3.9}$$

> **例題 3-1**

1973 年から 2015 年の日本の年次データ（暦年）に基づき，次の回帰式を用いて消費関数の推定を行った $(n = 43)$．

$$c_i = \beta_0 + \beta_1 y_i + \beta_2 r_i + u_i, \quad i = 1, 2, \cdots, n$$

ただし，c は実質消費，y は実質所得，r は金利であり，用いたデータは，実質 GDP，実質家計最終消費支出（出所：世界銀行），および国内銀行貸出約定平均金利（出所：平成 29 年度年次経済財政報告，内閣府）である．推定結果は次のとおり．

$$c_i = 393858.4 + 0.497 y_i - 23212.0 r_i$$
$$(68156.72) \quad (0.012) \quad (4876.326)$$

ただし,括弧内の数字は標準誤差である.このとき,有意水準 5% のもとで次の帰無仮説を対立仮説に対して検定しなさい.

(1) $H_0: \beta_1 = 0, \quad H_A: \beta_1 \neq 0$
(2) $H_0: \beta_2 = 0, \quad H_A: \beta_2 \neq 0$

例題 3-1 の解

(1) 自由度は,$DF = n - p - 1 = 43 - 2 - 1 = 40$ である.

$$|t| = \left|\frac{0.497}{0.012}\right| = 41.417 > t_{0.025}(40) = 2.021$$

したがって,帰無仮説は棄却される.

(2)

$$|t| = \left|\frac{-23212.00}{4876.326}\right| = 4.760 > t_{0.025}(40) = 2.021$$

したがって,帰無仮説は棄却される. ■

3.4 回帰係数の推定量の解釈

次の回帰モデルを考える.

$$y_i = \beta_0 + \beta_1 x_{i1} + \beta_2 x_{i2} + u_i, \quad i = 1, 2, \cdots, n \tag{3.10}$$
$$E(u_i) = 0, \quad E(u_i^2) = \sigma^2, \quad E(u_i u_j) = 0 \quad (i \neq j)$$

すでに説明したように,(3.10) 式の各回帰係数の最小自乗推定量は,残差自乗和を最小にするように求められる.これは別の観点から解釈することも可能である.これを,β_1 の推定量を例にとって考えてみよう.

Step 1 y_i から x_{i2} の影響を取り除くために,y_i を定数項と x_{i2} に回帰し,その残差を w_i とする.

$$w_i = y_i - \hat{a}_0 - \hat{a}_1 x_{i2}, \quad i = 1, 2, \cdots, n \tag{3.11}$$

Step 2 x_{i1} から x_{i2} の影響を取り除くために，x_{i1} を定数項と x_{i2} に回帰し，その残差を v_i とする．

$$v_i = x_{i1} - \hat{b}_0 - \hat{b}_1 x_{i2}, \quad i = 1, 2, \cdots, n \tag{3.12}$$

Step 3 w_i を v_i に回帰した最小自乗推定量は，

$$\tilde{\beta}_1 = \frac{\sum_{i=1}^n v_i w_i}{\sum_{i=1}^n v_i^2} \tag{3.13}$$

となるが，これは (3.10) 式の最小自乗推定量 ($\hat{\beta}_1$) と一致することが知られている．つまり，重回帰モデルにおける x_{i1} の係数 (β_1) の推定量は，x_{i2} の影響を取り除いた場合の，x_{i1} と y_i との間の単純回帰係数の推定量と等しいことが分かる．

一般に，重回帰モデルにおける回帰係数の推定量は，モデルに含まれる他の変数の影響を取り除いた場合の，その説明変数と被説明変数との間の単純回帰係数の推定量と等しい．

〈応用例 3-1〉

例題 3-1 で用いた消費関数の推定について，金利 (r_i) の係数を例にとって考える．例題 3-1 では次の結果が得られている．

$$c_i = 393858.4 + 0.497 y_i - 23212.0 r_i$$

Step 1 c_i から y_i の影響を取り除くために，c_i を定数項と y_i に回帰すると，次の結果を得る．

$$c_i = 82837.73 + 0.550 y_i$$

その残差を w_i とする．

Step 2 r_i から y_i の影響を取り除くために，r_i を定数項と y_i に回帰すると，次の結果を得る．

$$r_i = 13.399 - 2.29 \times 10^{-6} y_i$$

その残差を v_i とする。

Step 3 w_i を v_i に回帰すると，次の結果を得る。

$$w_i = -23212.0 v_i$$

この推定値 (-23212.0) は，重回帰モデルにおける金利の係数の推定値と一致することが分かる。

3.5 決定係数と自由度修正済み決定係数

決定係数 (R^2) は，y_i の全変動の中でモデルで説明できる部分の割合であり，

$$R^2 = \frac{\sum_{i=1}^{n}(\hat{y}_i - \bar{y})^2}{\sum_{i=1}^{n}(y_i - \bar{y})^2} = 1 - \frac{\sum_{i=1}^{n} e_i^2}{\sum_{i=1}^{n}(y_i - \bar{y})^2} \tag{3.14}$$

と定義される。R^2 は，$0 \leq R^2 \leq 1$ を満たし，モデルが完全に y_i の変動を説明している場合には1，まったく説明していない場合には0となる。

重回帰分析において注意しなければいけない点は，説明変数を増やすにつれて残差自乗和 ($\sum_{i=1}^{n} e_i^2$) が小さくなり，それに伴い決定係数が大きくなるという問題である（3.8 の数学注を参照）。たとえ意味のない説明変数を追加したとしても決定係数が増加することになり，R^2 を利用することは必ずしも適切とはいえない。

この問題に対処するために，次の**自由度修正済み決定係数**を用いる。

$$\bar{R}^2 = 1 - \frac{\sum_{i=1}^{n} e_i^2 / (n-p-1)}{\sum_{i=1}^{n}(y_i - \bar{y})^2 / (n-1)} \tag{3.15}$$

ここで，右辺の第2項の分母は，y_i の分散の不偏推定量であり，分子は σ^2 の不偏推定量である。ここで，$n-1$ および $n-p-1$ は，それぞれ，不偏推定量を求めるための自由度に対応している。いま，説明変数の数 (p) を増やすと，$\sum_{i=1}^{n} e_i^2$ は減少するが，$(n-1)/(n-p-1)$ は増加する。したがって，$\bar{R}^2$ は増加する可能性もあるし，減少する可能性もある。

また，(3.14) 式を (3.15) 式に代入して整理すると，

$$\bar{R}^2 = \frac{(n-1)R^2 - p}{n - p - 1} \tag{3.16}$$

と書きなおすことができるので，R^2 が $p/(n-1)$ より小さいときには，$\bar{R}^2$ がマイナスになることもあり得る。

> **Point**　重回帰分析においては，自由度修正済みの決定係数 ($\bar{R}^2$) を用いる。

例題 3-2

次の各問いに答えなさい。
(1)　$n = 5$, $p = 3$, $R^2 = 0.8$ のとき，$\bar{R}^2$ を求めなさい。
(2)　$n = 5$, $p = 3$, $\bar{R}^2 = 0.8$ のとき，R^2 を求めなさい。

例題 3-2 の解
(1)　$\bar{R}^2 = \dfrac{(5-1)0.8 - 3}{5 - 3 - 1} = 0.2$
(2)　$0.8 = \dfrac{(5-1)R^2 - 3}{5 - 3 - 1}$ より $R^2 = \dfrac{0.8 + 3}{4} = 0.95$

3.6 多重共線性

いま，次の回帰式を考える。

$$y_i = \beta_0 + \beta_1 x_{i1} + \beta_2 x_{i2} + u_i \quad i = 1, 2, \cdots, n \tag{3.17}$$

ここで，

$$x_{i2} = \gamma x_{i1} \tag{3.18}$$

のように説明変数の間に線形の関係が成立するとき，説明変数間に**完全な多重共線性** (multicollinearity) があるという。また，この関係が近似的に成立するときに，**多重共線性**があるという。

完全な多重共線性がある場合には，

$$y_i = \beta_0 + (\beta_1 + \gamma\beta_2)x_{i1} + u_i \quad i = 1, 2, \cdots, n \tag{3.19}$$

となるので，β_1 と β_2 を別々に推定することができなくなる．実際には，説明変数の間に完全な線形関係があることは少ないが，近似的な状況が発生することはしばしばある．たとえば，強いトレンドを持つ説明変数が 2 つ以上ある場合には，このような状況に陥りやすい．多重共線性のもとでは，次のような状況が発生することが知られている．

(1) 標本の大きさの増減により，回帰係数の推定値が大きく変化する傾向がある．
(2) 説明変数の増減により，回帰係数の推定値が大きく変化する傾向がある．
(3) 回帰係数の推定値の符号が理論と合わない．
(4) 回帰係数の推定値の分散 (標準誤差) が大きくなるために，t 値が小さくなってしまう．その結果，重要な説明変数を統計的に有意でないと誤って判断する傾向がある．

多重共線性は，基本的に標本データの問題である．この問題に対しては，根本的な解決方法は存在しないが，モデルを定式化しなおすことにより，推定可能な形にすることも 1 つの方法である．

◇応用例 3-2◇

賃金の変動を分析するために，次の回帰式を考える．

$$w_i = \beta_0 + \beta_1 S_i + \beta_2 E_i + \beta_3 A_i + u_i, \quad i = 1, 2, \cdots, n$$

ただし，w_i は賃金，S_i は就学年数，E_i は仕事の経験年数，A_i は年齢，u_i は誤差項である．もし卒業後すぐに勤務し始め，途中で中断がなければ次の関係が成立する．

$$A_i = 6 + S_i + E_i$$

したがって，この回帰式には完全な多重共線性が生じる．

◇応用例 3-3◇

1973 年から 2015 年の日本の年次データ（暦年）に基づき，次の回帰式を用いて消費関数の推定を行う ($n = 43$)．

$$c_i = \beta_0 + \beta_1 y_i + \beta_2 r_i + u_i, \quad i = 1, 2, \cdots, n$$

ただし，c は実質消費，y は実質所得，r は金利である．ここで，金利として，国内銀行貸出約定平均金利および国債流通利回り（出所：平成 29 年度年次経済財政報告，内閣府）の 2 つの金利を考える．両者には密接な関係があると考えられる（相関係数は 0.978）．

まず，金利として国内銀行貸出約定平均金利 (r^S) を用いた推定結果は，次のとおりである（以下，括弧内は t 値）．

$$c_i = 393858.4 + 0.497 y_i - 23212.00 r_i^S, \quad \bar{R}^2 = 0.997$$
$$(5.779) \quad (40.981) \quad (-4.760)$$

所得と利子率はともに符号条件を満たしており，有意水準 5% で統計的に有意である ($t_{0.025}(40) = 2.021$)．

次に，金利として国債流通利回り (r^L) を用いた推定結果は，次のとおりである．

$$c_i = 385133.6 + 0.496 y_i - 20958.58 r_i^L, \quad \bar{R}^2 = 0.996$$
$$(4.411) \quad (30.754) \quad (-3.569)$$

所得と利子率はともに符号条件を満たしており，有意水準 5% で統計的に有意である．

最後に，2 つの金利を同時に用いた推定結果は次のとおりである．

$$c = 387420.6 + 0.498 y_i - 24343.44 r_i^S + 1497.424 r_i^L, \quad \bar{R}^2 = 0.997$$
$$(4.777) \quad (33.217) \quad (-2.714) \quad (0.151)$$

この場合には，r^L の係数は符号条件を満たしておらず，統計的有意性もない ($t_{0.025}(39) = 2.023$)．つまり，変数を個別に考慮した場合には，符号条件が満たされており統計的に有意であるが，同時に用いた場合には符号条件が満たされず有意性もなくなってしまう．これは典型的な多重共線性の症状である．

3.7 定式化の誤り

実際の実証分析を行うときには，回帰式を誤って定式化することがしばしば生じる．これを**定式化の誤り** (specification error) と呼ぶ．定式化の誤りには，

必要な変数を含めない場合と不必要な変数を含める場合の 2 種類がある。前者は**過少定式化** (under specification)，後者は**過剰定式化** (over specification) と呼ばれる。これらの最小自乗推定量に与える影響について例題を用いて考えてみよう。

例題 3-3（過少定式化の影響）

真の回帰モデルが次のように与えられている。

$$y_i = \beta_1 x_{i1} + \beta_2 x_{i2} + u_i, \quad i = 1, 2, \cdots, n$$

$$E(u_i) = 0, \quad E(u_i^2) = \sigma^2, \quad E(u_i u_j) = 0 \quad (i \neq j)$$

ところが，分析者が誤って回帰モデルを次のように定式化した。

$$y_i = \beta_1 x_{i1} + v_i, \quad i = 1, 2, \cdots, n$$

(1) β_1 の最小自乗推定量 (b_1) を求めなさい。
(2) b_1 の期待値を求め，不偏推定量であるかどうか確かめなさい。

例題 3-3 の解

(1) 残差自乗和 $RSS = \sum_{i=1}^{n} e_i^2 = \sum_{i=1}^{n}(y_i - b_1 x_{i1})^2$ より次式を得る。

$$\frac{\partial RSS}{\partial b_1} = -2\sum_{i=1}^{n}(y_i - b_1 x_{i1})x_{i1} = 0$$

したがって，b_1 は次のようになる。

$$b_1 = \frac{\sum_{i=1}^{n} x_{i1} y_i}{\sum_{i=1}^{n} x_{i1}^2}$$

(2)
$$E(b_1) = E\left(\frac{\sum_{i=1}^{n} x_{i1} y_i}{\sum_{i=1}^{n} x_{i1}^2}\right)$$
$$= E\left(\frac{\sum_{i=1}^{n} x_{i1}(\beta_1 x_{i1} + \beta_2 x_{i2} + u_i)}{\sum_{i=1}^{n} x_{i1}^2}\right)$$
$$= \beta_1 + \beta_2 \frac{\sum_{i=1}^{n} x_{i1} x_{i2}}{\sum_{i=1}^{n} x_{i1}^2} + \frac{\sum_{i=1}^{n} x_{i1} E(u_i)}{\sum_{i=1}^{n} x_{i1}^2}$$
$$= \beta_1 + \beta_2 \frac{\sum_{i=1}^{n} x_{i1} x_{i2}}{\sum_{i=1}^{n} x_{i1}^2}$$

したがって，$\sum_{i=1}^{n} x_{i1} x_{i2} \neq 0$ であれば b_1 は不偏推定量ではない。■

例題 3-4(過剰定式化の影響)

真の回帰モデルが次のように与えられている。

$$y_i = \beta_1 x_i + u_i, \quad i = 1, 2, \cdots, n$$
$$E(u_i) = 0, \quad E(u_i^2) = \sigma^2, \quad E(u_i u_j) = 0 \quad (i \neq j)$$

ところが,分析者が誤って回帰モデルを次のように定式化した。

$$y_i = \beta_0 + \beta_1 x_i + v_i, \quad i = 1, 2, \cdots, n$$

(1) β_1 の最小自乗推定量 (b_1) を求めなさい。
(2) b_1 の期待値を求め,不偏推定量であるかどうか確かめなさい。

例題 3-4 の解

(1) b_1 は次のようになる。

$$b_1 = \frac{\sum_{i=1}^{n}(x_i - \bar{x})(y_i - \bar{y})}{\sum_{i=1}^{n}(x_i - \bar{x})^2} = \frac{\sum_{i=1}^{n}(x_i - \bar{x})y_i}{\sum_{i=1}^{n}(x_i - \bar{x})^2}$$

(2)

$$\begin{aligned}
E(b_1) &= E\left(\frac{\sum_{i=1}^{n}(x_i - \bar{x})y_i}{\sum_{i=1}^{n}(x_i - \bar{x})^2}\right) \\
&= E\left(\frac{\sum_{i=1}^{n}(x_i - \bar{x})(\beta_1 x_i + u_i)}{\sum_{i=1}^{n}(x_i - \bar{x})^2}\right) \\
&= \beta_1 + \frac{\sum_{i=1}^{n}(x_i - \bar{x})E(u_i)}{\sum_{i=1}^{n}(x_i - \bar{x})^2} \\
&= \beta_1
\end{aligned}$$

したがって,b_1 は不偏推定量である。 ∎

以上のことは説明変数を増やしても成立する(表 3.1 を参照)。

表 3.1 定式化の誤りと最小自乗推定量

回帰モデルの定式化	最小自乗推定量の不偏性
過剰定式化	○
過少定式化	×

3.8 数 学 注

最小自乗推定量の行列表記

各ベクトルおよび行列を以下のように定義する。

$$\boldsymbol{y} = \begin{bmatrix} y_1 \\ y_2 \\ \vdots \\ y_n \end{bmatrix}, \quad \boldsymbol{X} = \begin{bmatrix} 1 & x_{11} & \ldots & x_{1p} \\ 1 & x_{21} & \ldots & x_{2p} \\ \vdots & \vdots & \ddots & \vdots \\ 1 & x_{n1} & \ldots & x_{np} \end{bmatrix}, \quad \boldsymbol{\beta} = \begin{bmatrix} \beta_0 \\ \beta_1 \\ \vdots \\ \beta_p \end{bmatrix}, \quad \boldsymbol{u} = \begin{bmatrix} u_1 \\ u_2 \\ \vdots \\ u_n \end{bmatrix},$$

$$\hat{\boldsymbol{y}} = \begin{bmatrix} \hat{y_1} \\ \hat{y_2} \\ \vdots \\ \hat{y_n} \end{bmatrix}, \quad \hat{\boldsymbol{\beta}} = \begin{bmatrix} \hat{\beta}_0 \\ \hat{\beta}_1 \\ \vdots \\ \hat{\beta}_p \end{bmatrix}, \quad \boldsymbol{e} = \begin{bmatrix} e_1 \\ e_2 \\ \vdots \\ e_n \end{bmatrix}$$

回帰式および残差は,それぞれ,次のように示される。

$$\boldsymbol{y} = \boldsymbol{X}\boldsymbol{\beta} + \boldsymbol{u} \tag{3.20}$$

$$\boldsymbol{e} = \boldsymbol{y} - \hat{\boldsymbol{y}} = \boldsymbol{y} - \boldsymbol{X}\hat{\boldsymbol{\beta}} \tag{3.21}$$

残差自乗和 (RSS) は次のようになる。

$$RSS = \boldsymbol{e}'\boldsymbol{e} = (\boldsymbol{y} - \boldsymbol{X}\hat{\boldsymbol{\beta}})'(\boldsymbol{y} - \boldsymbol{X}\hat{\boldsymbol{\beta}}) = \boldsymbol{y}'\boldsymbol{y} - 2\hat{\boldsymbol{\beta}}'\boldsymbol{X}'\boldsymbol{y} + \hat{\boldsymbol{\beta}}'\boldsymbol{X}'\boldsymbol{X}\hat{\boldsymbol{\beta}} \tag{3.22}$$

最小自乗推定量に対しては,次式が成立する。

$$\frac{\partial RSS}{\partial \hat{\boldsymbol{\beta}}} = -2\boldsymbol{X}'(\boldsymbol{y} - \boldsymbol{X}\hat{\boldsymbol{\beta}}) = \boldsymbol{0} \tag{3.23}$$

これより,正規方程式は,

$$\boldsymbol{X}'\boldsymbol{X}\hat{\boldsymbol{\beta}} = \boldsymbol{X}'\boldsymbol{y} \tag{3.24}$$

となり,最小自乗推定量 ($\hat{\boldsymbol{\beta}}$) は,

$$\hat{\boldsymbol{\beta}} = (\boldsymbol{X}'\boldsymbol{X})^{-1}\boldsymbol{X}'\boldsymbol{y} \tag{3.25}$$

で与えられる。

単純相関係数と偏相関係数

3変数 y_i, x_{1i}, x_{2i} の関係について考える．まず，**単純相関係数**を定義する．各変数間の単純相関係数は，それぞれ，次のように定義される．

$$r_{y1} = \frac{\sum(y_i - \bar{y})(x_{1i} - \bar{x_1})}{\sqrt{\sum(y_i - \bar{y})^2}\sqrt{\sum(x_{1i} - \bar{x_1})^2}} : y_i \text{ と } x_{1i} \text{ の単純相関係数}$$

$$r_{y2} = \frac{\sum(y_i - \bar{y})(x_{2i} - \bar{x_2})}{\sqrt{\sum(y_i - \bar{y})^2}\sqrt{\sum(x_{2i} - \bar{x_2})^2}} : y_i \text{ と } x_{2i} \text{ の単純相関係数}$$

$$r_{12} = \frac{\sum(x_{1i} - \bar{x_1})(x_{2i} - \bar{x_2})}{\sqrt{\sum(x_{1i} - \bar{x_1})^2}\sqrt{\sum(x_{2i} - \bar{x_2})^2}} : x_{1i} \text{ と } x_{2i} \text{ の単純相関係数}$$

次に，ある変数を固定した時の，変数間の相関係数を**偏相関係数**と呼ぶ．たとえば，y_i と x_{1i} との関係をみる際に，両者に共通に影響を与える x_{2i} の影響を除外したのちの，変数間の影響を考えるわけである．3変数 y_i, x_{1i}, x_{2i} の関係では次の各偏相関係数を定義することができる．

$r_{y1,2}$：x_{2i} を固定したときの y_i と x_{1i} の偏相関係数

$r_{y2,1}$：x_{1i} を固定したときの y_i と x_{2i} の偏相関係数

$r_{12,y}$：y_i を固定したときの x_{1i} と x_{2i} の偏相関係数

偏相関係数と単純相関係数との間には次の関係が成立する[1]．

$$r_{y1,2} = \frac{r_{y1} - r_{y2}r_{12}}{\sqrt{(1 - r_{y2}^2)(1 - r_{12}^2)}} \tag{3.26}$$

このことから，次の関係が成立する．

(1) $r_{y1,2} \neq r_{y1}$
(2) もし $r_{y2} = r_{12} = 0$ であれば，$r_{y1,2} = r_{y1}$
(3) もし $r_{y1} > 0$ であっても $r_{y1} - r_{y2}r_{12} < 0$ であれば，$r_{y1,2} < 0$

この(3)はとくに重要である．たとえば，y_i を消費，x_{1i} を利子率として，r_{y1} がプラスであったとしよう．しかし，x_{2i} として所得を考慮し，所得上昇の影響を消費と利子率の双方から除去すると，消費と利子率の偏相関係数 $r_{y1,2}$ はマイナスとなる可能性がある．

---

[1] たとえば，蓑谷 (1997)『計量経済学』(東洋経済新報社，pp.104-105) を参照．

説明変数の追加と残差自乗和の関係

説明変数を追加することが残差自乗和に対して与える影響について考える。そのために，次の2つの回帰式を考える。

$$y_i = \beta_0 + \beta_1 x_{i1} + u_i, \quad i = 1, 2, \cdots, n \tag{3.27}$$

$$y_i = \beta_0 + \beta_1 x_{i1} + \beta_2 x_{i2} + u_i, \quad i = 1, 2, \cdots, n \tag{3.28}$$

(3.28) 式は (3.27) 式に説明変数 x_{i2} を追加したものである。

回帰の残差自乗和は，$RSS = S_{yy}(1 - R^2)$ で得られる。ただし，$S_{yy} = \sum(y_i - \bar{y})^2$ である。したがって，x_{i1} だけを考慮した場合 ((3.27) 式) の残差自乗和は，$S_{yy}(1-r_{y1}^2)$ と書け，x_{i1}, x_{i2} の双方を考慮した場合 ((3.28) 式) の残差自乗和は，$S_{yy}(1-R_{y12}^2)$ と書くことができる。ただし，R_{y12}^2 は x_{i1}, x_{i2} の双方を考慮した場合の決定係数である。

ここで，$r_{y2,1}^2$ は x_{i1} を固定したときの x_{i2} によって説明された残差自乗和の割合であるので，x_{i2} を説明変数に加えた場合の説明されない残差自乗和は，

$$(1 - r_{y2,1}^2) S_{yy}(1 - r_{y1}^2) \tag{3.29}$$

となる。(3.29) 式は，

$$S_{yy}(1 - R_{y12}^2) \tag{3.30}$$

に等しいので，

$$(1 - R_{y12}^2) = (1 - r_{y1}^2)(1 - r_{y2,1}^2) \tag{3.31}$$

を得る。したがって，(3.31) 式の両辺に S_{yy} をかけると，

$$S_{yy}(1 - R_{y12}^2) = S_{yy}(1 - r_{y1}^2)(1 - r_{y2,1}^2) \tag{3.32}$$

が成立する。ここで $0 \leqq r_{y2,1}^2 \leqq 1$ なので，次の関係が成り立つ。

$$S_{yy}(1 - R_{y12}^2) \leqq S_{yy}(1 - r_{y1}^2) \tag{3.33}$$

(3.33) 式の左辺は x_{i1}, x_{i2} の双方を説明変数とした場合 ((3.28) 式) の残差自乗和であり，右辺は x_{i1} だけを説明変数とした場合 ((3.27) 式) の残差自乗和である。したがって，説明変数 x_{i2} を追加することにより，残差自乗和の大きさは減少する（または同じ）ことが分かる。一般的に説明変数の数を増加すると，それに伴い残差自乗和

は減少する（または同じである）。

■ 練習問題

解答は p.217～

練習 3-1 (→ 例題 3-1)

1973 年から 2015 年の日本の年次データ（暦年）に基づき，次の回帰式を用いて消費関数の推定を行った ($n = 43$)．

$$\log(c_i) = \beta_0 + \beta_1 \log(y_i) + \beta_2 r_i + u_i, \quad i = 1, 2, \cdots, n$$

ただし，c は実質消費，y は実質所得，r は金利であり，用いたデータは，実質 GDP，実質家計最終消費支出，および国内銀行貸出約定平均金利である．推定結果は次のとおり．

$$\log(c_i) = 1.536 + 0.865 \log(y_i) - 0.0104 r_i, \quad \bar{R}^2 = 0.998$$
$$\quad\quad\quad (0.235) \quad (0.015) \quad\quad\quad (0.0017)$$

ただし，括弧内の数字は標準誤差である．このとき，有意水準 5% のもとで次の帰無仮説を対立仮説に対して検定しなさい．

(1) $H_0 : \beta_1 = 0, \quad H_A : \beta_1 \neq 0$
(2) $H_0 : \beta_2 = 0, \quad H_A : \beta_2 \neq 0$

練習 3-2 (→ 例題 3-2)

次の各問いに答えなさい．

(1) $n = 10, p = 4, R^2 = 0.4$ のとき，$\bar{R}^2$ を求めなさい．
(2) $n = 10, p = 4, \bar{R}^2 = 0.4$ のとき，R^2 を求めなさい．

練習 3-3 (→ 応用例 2)

1973 年から 2015 年の日本の年次データ（暦年）に基づき，次の回帰式を用いて消費関数の推定を行った ($n = 43$)．

$$\log(c_i) = \beta_0 + \beta_1 \log(y_i) + \beta_2 r_i + u_i, \quad i = 1, 2, \cdots, n$$

ただし，c は実質消費，y は実質所得，r は金利である．

(1) 金利として国内銀行貸出約定平均金利 (r^S) を用いた結果は，次のとおりであ

る（以下，括弧内は標準誤差）．有意水準 5% のもとで，金利の係数の有意性を検定しなさい．

$$\log(c_i) = 1.536 + 0.865\log(y_i) - 0.0104 r_i^S, \quad \bar{R}^2 = 0.998$$
$$\quad\quad (0.235) \quad (0.015) \quad\quad (0.0017)$$

(2) 金利として国債流通利回り (r^L) を用いた結果は，次のとおりである．有意水準 5% のもとで，金利の係数の有意性を検定しなさい．

$$\log(c_i) = 1.520 + 0.865\log(y_i) - 0.0091 r_i^L, \quad \bar{R}^2 = 0.997$$
$$\quad\quad (0.301) \quad (0.019) \quad\quad (0.0020)$$

(3) 2 つの金利を同時に用いた結果は次のとおりである．有意水準 5% のもとで，それぞれの金利の係数の有意性を検定しなさい．

$$\log(c_i) = 1.495 + 0.867\log(y_i) - 0.0113 r_i^S + 0.0011 r_i^L, \quad \bar{R}^2 = 0.998$$
$$\quad\quad (0.272) \quad\quad (0.017) \quad\quad (0.0036) \quad\quad (0.0037)$$

(4) 以上の状況が発生した原因について考えられることを述べなさい．

練習 3-4 (→ 例題 3-3)

真の回帰モデルが次のように与えられている．

$$y_i = \beta_0 + \beta_1 x_i + u_i, \quad i = 1, 2, \cdots, n$$
$$E(u_i) = 0, \quad E(u_i^2) = \sigma^2, \quad E(u_i u_j) = 0 \quad (i \neq j)$$

ところが，分析者が誤って回帰モデルを次のように定式化した．

$$y_i = \beta_1 x_i + v_i, \quad i = 1, 2, \cdots, n$$

(1) β_1 の最小自乗推定量 (b_1) を求めなさい．
(2) b_1 の期待値を求め，不偏推定量であるかどうか確かめなさい．

練習 3-5 (→ 例題 3-4)

真の回帰モデルが次のように与えられている．

$$y_i = \beta_1 x_{i1} + u_i, \quad i = 1, 2, \cdots, n$$

$$E(u_i) = 0, \quad E(u_i^2) = \sigma^2, \quad E(u_i u_j) = 0 \quad (i \neq j)$$

ところが，分析者が誤って回帰モデルを次のように定式化した．

$$y_i = \beta_1 x_{i1} + \beta_2 x_{i2} + v_i, \quad i = 1, 2, \cdots, n$$

(1) β_1 の最小自乗推定量 (b_1) を求めなさい．
(2) b_1 の期待値を求め，不偏推定量であるかどうか確かめなさい．

第 4 章

線形制約の検定とダミー変数

4.1 線形制約の検定

次の回帰モデルを考える。

$$y_i = \beta_0 + \beta_1 x_{i1} + \cdots + \beta_p x_{ip} + u_i, \quad i = 1, 2, \cdots, n \tag{4.1}$$
$$E(u_i) = 0, \quad E(u_i^2) = \sigma^2, \quad E(u_i u_j) = 0 \quad (i \neq j)$$

ただし，誤差項は正規分布に従う。経済分析においては，複数の回帰係数に関して線形制約が課されることがある。そのような線形制約に関する検定は，次のように行うことができる。

Step 1 無制約での推定を行い，残差自乗和 (RSS^u) を計算する (u は unrestricted の略)。

Step 2 制約付の推定を行い，残差自乗和 (RSS^r) を計算する (r は restricted の略)。

Step 3 制約の数 (q) を，次のように計算する。
$q =$ (無制約モデルの回帰係数の数) $-$ (制約付きモデルの回帰係数の数)

Step 4 検定統計量 F

$$F = \frac{(RSS^r - RSS^u)/q}{RSS^u/(n-p-1)} \tag{4.2}$$

を計算する。検定統計量は自由度 $(q, n-p-1)$ の F 分布に従うので，次のように判断すればよい。

$F \geq F_\alpha(q, n-p-1)$ のとき，有意水準 $100\alpha\%$ で帰無仮説を棄却

$F < F_\alpha(q, n-p-1)$ のとき，有意水準 $100\alpha\%$ で帰無仮説を採択

ここで，$F_\alpha(q, n-p-1)$ は自由度 $(q, n-p-1)$ の F 分布の上側 $100\alpha\%$ 点である．また，$n-p-1$ は無制約の回帰式における自由度である．

例題 4-1

次の回帰モデルを考える．

$$y_i = \beta_0 + \beta_1 x_{i1} + \beta_2 x_{i2} + u_i, \quad i = 1, 2, \cdots, n$$
$$E(u_i) = 0, \quad E(u_i^2) = \sigma^2, \quad E(u_i u_j) = 0 \quad (i \neq j)$$

ただし，誤差項は正規分布に従う．次の帰無仮説を対立仮説に対して検定する方法を説明しなさい．

$$H_0 : \beta_1 + \beta_2 = 1, \quad H_A : \beta_1 + \beta_2 \neq 1$$

例題 4-1 の解

Step 1 まず，無制約の回帰モデル

$$y_i = \beta_0 + \beta_1 x_{i1} + \beta_2 x_{i2} + u_i$$

に基づいて推定を行い，残差自乗和 (RSS^u) を計算する．ここでの回帰係数の数は 3 である．

Step 2 制約を考慮に入れると，$\beta_2 = 1 - \beta_1$ が成立するので，回帰モデルは次のように変形できる．

$$y_i - x_{i2} = \beta_0 + \beta_1(x_{i1} - x_{i2}) + u_i$$

$\{y_i - x_{i2}\}$ を被説明変数と考えてこのモデルの推定を行い，残差自乗和 (RSS^r) を計算する．

Step 3 無制約モデルの回帰係数の数が 3 であり，制約付きモデルの回帰係数の数が 2 であるので，制約の数は，$q = 3 - 2 = 1$ である．

Step 4 検定統計量 F

$$F = \frac{(RSS^r - RSS^u)/1}{RSS^u/(n-3)}$$

を計算する．これは，自由度 $(1, n-3)$ の F 分布に従うので，F 分布表を用いて，帰

無仮説の検定を行う。

例題 4-2

次の回帰モデルを考える。

$$y_i = \beta_0 + \beta_1 x_{i1} + \beta_2 x_{i2} + u_i, \quad i = 1, 2, \cdots, n$$

$$E(u_i) = 0, \quad E(u_i^2) = \sigma^2, \quad E(u_i u_j) = 0 \quad (i \neq j)$$

ただし，誤差項は正規分布に従う。次の帰無仮説を対立仮説に対して検定する方法を説明しなさい。

$$H_0 : \beta_1 = \beta_2 = 0, \quad H_A : \beta_1 \neq 0 \text{ or } \beta_2 \neq 0$$

例題 4-2 の解

Step 1　まず，無制約の回帰モデル，

$$y_i = \beta_0 + \beta_1 x_{i1} + \beta_2 x_{i2} + u_i$$

に基づいて推定を行い，残差自乗和 (RSS^u) を計算する。ここでの回帰係数の数は 3 である。

Step 2　制約を考慮に入れると，回帰モデルは，

$$y_i = \beta_0 + u_i$$

となるので，このモデルの推定を行い，残差自乗和 ($RSS^r = \sum_{i=1}^n e_i^2$) を計算する。ここで，容易に確認できるように，$\beta_0$ の最小自乗推定量は $\bar{y}$ である。したがって，残差自乗和は，$RSS^r = \sum_{i=1}^n (y_i - \bar{y})^2$ である。

Step 3　無制約のモデルの回帰係数の数が 3 であり，制約付きのモデルの回帰係数の数が 1 であるので，制約の数は $q = 3 - 1 = 2$ である。

Step 4　検定統計量 F は決定係数の定義を用いると，

$$F = \frac{(\sum_{i=1}^n (y_i - \bar{y})^2 - \sum_{i=1}^n e_i^2)/2}{\sum_{i=1}^n e_i^2/(n-3)} = \frac{R^2/2}{(1-R^2)/(n-3)}$$

と書くことができる。これは，自由度 $(2, n-3)$ の F 分布に従うので，F 分布表を用いて，帰無仮説の検定を行えばよい。つまり，定数項以外の回帰係数が 0 であるという帰無仮説の場合には，無制約のモデルのみを推定して，その決定係数に基づいて検定統計量を計算できることが分かる。

一般的に，定数項を含めて $p+1$ 個の説明変数が存在する場合には，検定統計量は次のように書くことができる．

$$F = \frac{R^2/p}{(1-R^2)/(n-p-1)} \sim F(p, n-p-1) \tag{4.3}$$

ここで，制約の数は定数項以外の回帰係数の数であるので，$q = p$ である．帰無仮説は，定数項以外のすべての変数が被説明変数に影響を与えていないことを示し，もしこの仮説が採択されれば回帰式は全体として統計的に意味のないものと判断される．多くの計量ソフトで最小自乗法を用いた際に自動的に出力される F 値はこの値である．

例題 4-3

1973 年から 2015 年の日本の年次データ（暦年）に基づき，次の回帰式を用いて消費関数の推定を行った $(n = 43)$．

$$c_i = \beta_0 + \beta_1 y_i + \beta_2 r_i + u_i, \quad i = 1, 2, \cdots, n$$

ただし，c は実質消費，y は実質所得，r は金利であり，用いたデータは，実質 GDP，実質家計最終消費支出（出所：世界銀行），および国内銀行貸出約定平均金利（出所：平成 29 年度年次経済財政報告，内閣府）である．推定結果は次のとおり．

$$c_i = 393858.4 + 0.497 y_i - 23212.00 r_i, \quad R^2 = 0.997, \quad \bar{R}^2 = 0.997$$
$$\quad (68156.72) \quad (0.012) \quad (4876.326)$$

ただし，括弧内の数字は標準誤差である．このとき，有意水準 5% のもとで次の帰無仮説を対立仮説に対して検定しなさい．

$$H_0 : \beta_1 = \beta_2 = 0, \quad H_A : \beta_1 \neq 0 \quad \text{or} \quad \beta_2 \neq 0$$

例題 4-3 の解

$$F = \frac{0.997/2}{(1-0.997)/(43-3)} = 6646.667 > F_{0.05}(2, 40) = 3.23$$

したがって，帰無仮説は棄却される．

4.2 ダミー変数

4.2.1 異常値の処理

データに突発的な異常値が存在したり,構造変化が起こったと考えられる場合には,**ダミー変数** (dummy variable) を用いて,分析を行うことがある。いま,次の回帰式を考える。

$$y_i = \beta_0 + \beta_1 x_i + u_i, \quad i = 1, 2, \cdots, n \tag{4.4}$$

データの第 m 期に異常値がある場合には,次のダミー変数を定義することにより,対応することが可能である。

$$D_i = \begin{cases} 0, & i = 1, 2, \cdots, m-1, m+1, \cdots, n \\ 1, & i = m \end{cases} \tag{4.5}$$

これを用いて,回帰式を次のように定式化すればよい。

$$y_i = \beta_0 + \beta_1 x_i + \gamma D_i + u_i \tag{4.6}$$

この方法では,第 1 期から第 $(m-1)$ 期までの定数項が β_0 となり,第 m 期の定数項は $\beta_0 + \gamma$ である。また,第 $(m+1)$ 期以降は再び,定数項は β_0 となる。つまり,定数項の変化によって,異常値への対応が行われる。

4.2.2 季節調整への利用

計量経済分析では,四半期や月次での時系列データを用いることが多い。このような場合,季節変動の処理にもダミー変数を用いることがある。たとえば,消費関数の推定を行う場合には,夏・冬のボーナス期(第 2・第 4 四半期)の所得および消費は非常に大きくなるので,こうしたデータの季節性を取り除くためにダミー変数が用いられる(月次データであれば,7 月と 12 月に対して同様の議論が当てはまる)。いま,四半期データにおいて,D_1, D_2, D_3, D_4 を第 1 四半期,第 2 四半期,第 3 四半期,第 4 四半期の季節ダミー変数とする。したがって次のように,D_i は,i が第 i 四半期のときに 1,そうでないときに 0 の値

をとる。

$$D_i = \begin{cases} 1, & i = \text{第}\, i \,\text{四半期}\ (i=1,2,3,4) \\ 0, & i = \text{それ以外} \end{cases} \quad (4.7)$$

次の回帰式を考える。

$$y_i = \beta_0 + \gamma_1 D_1 + \gamma_2 D_2 + \gamma_3 D_3 + \beta_1 x_i + u_i, \quad i = 1, 2, \cdots, n \quad (4.8)$$

(4.8) 式より明らかなように，第 1 四半期から第 4 四半期の定数項は，それぞれ，第 1 四半期: $\beta_0 + \gamma_1$，第 2 四半期: $\beta_0 + \gamma_2$，第 3 四半期: $\beta_0 + \gamma_3$，第 4 四半期: β_0 となる。

また，回帰式を次のように定式化することも可能である。

$$y_i = \gamma_1 D_1 + \gamma_2 D_2 + \gamma_3 D_3 + \gamma_4 D_4 + \beta_1 x_i + u_i, \quad i = 1, 2, \cdots, n \quad (4.9)$$

この場合には，(4.9) 式より，第 1 四半期から第 4 四半期の定数項は，それぞれ，第 1 四半期: γ_1，第 2 四半期: γ_2，第 3 四半期: γ_3，第 4 四半期: γ_4 となる。ここで，注意しなければいけない点は，完全な多重共線性が生じることを避けるために，すべてのダミー変数と定数項を同時に用いてはいけないという点である。つまり，① 定数項を含めて，季節ダミーの数を 1 つ減らす，または，② 定数項を含めずに，季節ダミーをすべて含める，のいずれかを選択する必要がある。

> **Point**　定数項とすべての季節ダミーを説明変数として同時に用いてはいけない。

4.2.3 構造変化への利用

次の回帰式を考える。

$$y_i = \beta_0 + \beta_1 x_i + u_i, \quad i = 1, 2, \cdots, n \quad (4.10)$$

いま，第 m 期において**構造変化**が発生したとする。構造変化には，① 定数項のシフト，② 傾きのシフト，③ 定数項と傾きの両方のシフト の 3 種類を考え

ることができる．いずれの場合にも，次のようなダミー変数 D_i を定義することによって対応することができる．

$$D_i = \begin{cases} 0, & i=1,2,\cdots,m-1 \\ 1, & i=m,m+1,\cdots,n \end{cases} \tag{4.11}$$

まず，定数項のシフトの場合から考える．ダミー変数を用いて，回帰式を次のように定式化すればよい．

$$y_i = \beta_0 + \beta_1 x_i + \gamma D_i + u_i, \quad i=1,2,\cdots,n \tag{4.12}$$

(4.12) 式のもとでは，第 1 期から第 $m-1$ 期までの定数項が β_0 となり，第 m 期以降の定数項は $\beta_0 + \gamma$ である．構造変化が発生したかどうかは，γ の有意性の検定により分析できる．つまり，

$$H_0 : \gamma = 0 \quad (\text{構造変化なし}) \tag{4.13}$$

$$H_A : \gamma \neq 0 \quad (\text{構造変化あり}) \tag{4.14}$$

に対して，次のように判断すればよい．

$|t| \geq t_{\alpha/2}(n-3)$ のとき，有意水準 $100\alpha\%$ で帰無仮説を棄却

$|t| < t_{\alpha/2}(n-3)$ のとき，有意水準 $100\alpha\%$ で帰無仮説を採択

ここで，$n-3$ は (4.12) 式における自由度である．

次に，傾きに関しても同様の議論が当てはまる．傾きが第 m 期以降に変化することを考慮するためには，回帰式を次のように定式化すればよい．

$$y_i = \beta_0 + (\beta_1 + \gamma D_i)x_i + u_i, \quad i=1,2,\cdots,n \tag{4.15}$$

(4.15) 式のもとでは，第 1 期から第 $m-1$ 期までの傾きは，β_1 であり，それ以降は，$\beta_1 + \gamma$ である．この場合も，構造変化が発生したかどうかは，γ の有意性の検定により分析できる．つまり，

$$H_0 : \gamma = 0 \quad (\text{構造変化なし}) \tag{4.16}$$

$$H_A : \gamma \neq 0 \quad (\text{構造変化あり}) \tag{4.17}$$

に対して，次のように判断すればよい。

$|t| \geq t_{\alpha/2}(n-3)$ のとき，有意水準 $100\alpha\%$ で帰無仮説を棄却

$|t| < t_{\alpha/2}(n-3)$ のとき，有意水準 $100\alpha\%$ で帰無仮説を採択

さらに，定数項と傾きの両方のシフトを同時に考慮することも可能である。この場合には，回帰式を次のように定式化すればよい。

$$y_i = \beta_0 + \gamma_0 D_i + (\beta_1 + \gamma_1 D_i)x_i + u_i, \quad i = 1, 2, \cdots, n \qquad (4.18)$$

(4.18) 式のもとでは，第 1 期から第 $m-1$ 期までの定数項が β_0 となり，第 m 期以降の定数項は $\beta_0 + \gamma_0$ である。第 1 期から第 $m-1$ 期までの傾きは，β_1 であり，それ以降は，$\beta_1 + \gamma_1$ である。この場合には，個別の回帰係数に関して構造変化が発生したかどうかは，γ_0, γ_1 の個々の有意性を t 検定によって分析すればよい。また，複数の回帰係数の変化に関しては，F 統計量を用いて，

$$H_0 : \gamma_0 = \gamma_1 = 0 \quad (構造変化なし) \qquad (4.19)$$

$$H_A : \gamma_0 \neq 0 \quad \text{or} \quad \gamma_1 \neq 0 \quad (構造変化あり) \qquad (4.20)$$

に対して，次のように判断すればよい。

$F \geq F_\alpha(2, n-4)$ のとき，有意水準 $100\alpha\%$ で帰無仮説を棄却

$F < F_\alpha(2, n-4)$ のとき，有意水準 $100\alpha\%$ で帰無仮説を採択

ここで 2 は制約の数，$n-4$ は (4.18) 式における自由度に対応している。このように，ダミー変数を用いることにより，経済における構造変化の問題も容易に分析することが可能となる。

例題 4-4

1973 年から 2015 年の日本の年次データ（暦年）を用いて次の消費関数の推定を行う ($n=43$)。構造変化の可能性を考慮に入れて，次のダミー変数を考え，

$$D_i = \begin{cases} 0, & \text{for } 1973 \text{ 年から } 1994 \text{ 年} \\ 1, & \text{for } 1995 \text{ 年から } 2015 \text{ 年} \end{cases}$$

次の回帰式を推定した。

$$c_i = \beta_0 + \beta_1 y_i + \gamma_0 D_i + \gamma_1 D_i y_i + u_i, \quad i = 1, 2, \cdots, n$$

ただし，c は実質消費，y は実質所得である．用いたデータは，実質 GDP および実質家計最終消費支出である（出所：内閣府ホームページ）．

係数の構造変化の検定を考える．

$$H_0: \gamma_0 = \gamma_1 = 0, \quad H_A: \gamma_0 \neq 0 \text{ or } \gamma_1 \neq 0$$

次の各問いに答えなさい．

(1) 検定統計量はどのような分布に従うか．

(2) 検定統計量と p 値は，それぞれ，13.071 と 0.000 で与えられる．このとき，有意水準 5% で帰無仮説を対立仮説に対して検定しなさい．

例題 4-4 の解

(1) $F(2, 39)$

(2) $0.000 < 0.05$ なので，帰無仮説は有意水準 5% で棄却される． ∎

■ 練習問題

解答は p.218〜

練習 4-1 (→ 例題 4-1)

次の回帰モデルを考える．

$$y_i = \beta_0 + \beta_1 x_{i1} + \beta_2 x_{i2} + \beta_3 x_{i3} + u_i, \quad i = 1, 2, \cdots, n$$
$$E(u_i) = 0, \quad E(u_i^2) = \sigma^2, \quad E(u_i u_j) = 0 \quad (i \neq j)$$

ただし，誤差項は正規分布に従う．次の帰無仮説を対立仮説に対して検定する方法を説明しなさい．

$$H_0: \beta_0 = 0 \ \beta_1 = 1 \ \beta_2 = 1, \quad H_A: \beta_0 \neq 0 \text{ or } \beta_1 \neq 1 \text{ or } \beta_2 \neq 1$$

練習 4-2 (→ 例題 4-1)

次の回帰モデルを考える．

$$y_i = \beta_0 + \beta_1 x_{i1} + \beta_2 x_{i2} + u_i, \quad i = 1, 2, \cdots, n$$
$$E(u_i) = 0, \quad E(u_i^2) = \sigma^2, \quad E(u_i u_j) = 0 \quad (i \neq j)$$

ただし，誤差項は正規分布に従う．次の帰無仮説を対立仮説に対して検定する方法を

説明しなさい。
$$H_0: \beta_1 - \beta_2 = 0, \quad H_A: \beta_1 - \beta_2 \neq 0$$

練習 4-3 (→ 例題 4-3)

1973 年から 2015 年の日本の年次データ（暦年）に基づき，次の回帰式を用いて消費関数の推定を行った $(n = 43)$。

$$\log(c_i) = \beta_0 + \beta_1 \log(y_i) + \beta_2 r_i + u_i, \quad i = 1, 2, \cdots, n$$

ただし，c は実質消費，y は実質所得，r は金利である。用いたデータは，実質 GDP，実質家計最終消費支出，および国内銀行貸出約定平均金利である。

推定結果は次のとおり。

$$\log(c_i) = 1.536 + 0.865 \log(y_i) - 0.0104 r_i, \quad R^2 = 0.9981, \quad \bar{R}^2 = 0.9980$$
$$(0.235) \quad (0.015) \qquad (0.0017)$$

ただし，括弧内の数字は標準誤差である。このとき，有意水準 5% のもとで次の帰無仮説を対立仮説に対して検定しなさい。

$$H_0: \beta_1 = \beta_2 = 0, \quad H_A: \beta_1 \neq 0 \text{ or } \beta_2 \neq 0$$

練習 4-4 (→ 例題 4-3)

先進諸国を対象に CO_2 排出量と GDP との関係について分析を行うために，経済協力開発機構 (Organization for Economic Cooperation and Development: OECD) に所属する 34 ヶ国の 2014 年のデータを用いて，次の回帰式を推定した。

$$CO_{2_i} = \beta_0 + \beta_1 y_i + \beta_2 y_i^2 + u_i, \quad i = 1, \cdots, n$$

ただし，CO_2 は CO_2 排出量，y は GDP（購買力平価基準），y^2 は GDP の自乗の値であり，データの出所は Key World Energy Statistics 2016 (International Energy Agency) である。推定結果は次のとおり。

$$CO_{2_i} = 3.507 + 0.2025 y_i + 7.29 \times 10^{-6} y_i^2, \quad R^2 = 0.9902, \quad \bar{R}^2 = 0.9896$$
$$\phantom{CO_{2_i} = }(21.803) \quad (0.0190) \quad (1.20 \times 10^{-6})$$

括弧内の数字は標準誤差である。このとき，有意水準 5% のもとで以下の帰無仮説を対立仮説に対して検定しなさい。

(1) $H_0 : \beta_1 = 0, \quad H_A : \beta_1 \neq 0$
(2) $H_0 : \beta_2 = 0, \quad H_A : \beta_2 \neq 0$
(3) $H_0 : \beta_1 = \beta_2 = 0, \quad H_A : \beta_1 \neq 0 \text{ or } \beta_2 \neq 0$

練習 4-5 (→ 例題 4-4)

1973 年から 2015 年の日本の年次データ（暦年）を用いて，次の消費関数の推定を行う ($n = 43$)。構造変化の可能性を考慮に入れて，ダミー変数

$$D_i = \begin{cases} 0, & \text{for 1973 年から 1994 年} \\ 1, & \text{for 1995 年から 2015 年} \end{cases}$$

を用いて，次の回帰式を推定した。

$$\log(c_i) = \beta_0 + \beta_1 \log(y_i) + \gamma_0 D_i + \gamma_1 D_i \log(y_i) + u_i, \quad i = 1, 2, \cdots, n$$

ただし，c は実質消費，y は実質所得である。用いたデータは，実質 GDP および実質家計最終消費支出である。

推定結果は次のとおり。

$$\log(c_i) = 1.023 + 0.894 \log(y_i) - 2.386 D_i + 0.157 D_i \times \log(y_i),$$
$$\qquad\quad (0.160) \quad (0.011) \qquad (0.911) \qquad (0.059)$$
$$R^2 = 0.9982, \quad \bar{R}^2 = 0.9980$$

ただし，括弧内の数字は標準誤差である。次の各問いに答えなさい。

(1) 有意水準 5% のもとで，次の帰無仮説を対立仮説に対して検定しなさい。

$$H_0 : \gamma_0 = 0, \quad H_A : \gamma_0 \neq 0$$

(2) 有意水準 5% のもとで，次の帰無仮説を対立仮説に対して検定しなさい。

$$H_0 : \gamma_1 = 0, \quad H_A : \gamma_1 \neq 0$$

(3) 次の帰無仮説を対立仮説に対して検定する。

$$H_0 : \gamma_0 = \gamma_1 = 0, \quad H_A : \gamma_0 \neq 0 \text{ or } \gamma_1 \neq 0$$

検定統計量はどのような分布に従うか。検定統計量の値とその p 値が，それぞれ，18.816 と 0.000 で与えられる。このとき，有意水準 5% で帰無仮説を対立仮説に対して検定

しなさい。

練習 4-6

標本の大きさが 20 のデータに対して，次の回帰モデルを用いて分析を行う。

$$y_i = \beta_0 + \beta_1 x_{i1} + \beta_2 x_{i2} + u_i$$

推定結果は，以下のとおりである。

$$y_i = 1.305 + 0.730 x_{i1} - 0.128 x_{i2}, \quad \bar{R}^2 = 0.950$$
$$\quad\quad (0.701) \quad (0.051) \quad\quad (0.043)$$

ただし，括弧内の数字は標準誤差である。

有意水準 5%のもとで，帰無仮説：$H_0 : \beta_1 = 0$ を対立仮説：$H_A : \beta_1 \neq 0$ に対して検定を行う。

(1) 検定統計量の値を求めなさい。
(2) 検定統計量はどのような分布に従うか。
(3) 検定の臨界値を求めなさい。
(4) 検定結果はどのようになるか。

有意水準 10%のもとで，帰無仮説：$H_0 : \beta_2 = 0$ を対立仮説：$H_A : \beta_2 < 0$ に対して検定を行う。

(5) 検定統計量の値を求めなさい。
(6) 検定統計量はどのような分布に従うか。
(7) 検定の臨界値を求めなさい。
(8) 検定結果はどのようになるか。

有意水準 5%のもとで，帰無仮説：$H_0 : \beta_1 = \beta_2 = 0$ を対立仮説：$H_A : \beta_1 \neq 0 \text{ or } \beta_2 \neq 0$ に対して，検定を行う。

(9) 検定統計量の値を求めなさい。
(10) 検定統計量はどのような分布に従うか。
(11) 検定の臨界値を求めなさい。
(12) 検定結果はどのようになるか。

第 5 章

不均一分散と系列相関

5.1 不均一分散

5.1.1 不均一分散

回帰式の誤差項が，互いに無相関ではあるが，必ずしも同一の分散を持たない場合がある．このような場合は，**不均一分散** (heteroscedasticity) と呼ばれる．これに対して，同一の分散を持つ場合は**均一分散** (homoscedasticity) と呼ばれる．

不均一分散のある回帰モデルは，

$$y_i = \beta_0 + \beta_1 x_{i1} + \cdots + \beta_p x_{ip} + u_i, \quad i = 1, 2, \cdots, n \tag{5.1}$$

$$E(u_i) = 0, \quad E(u_i^2) = \sigma_i^2, \quad E(u_i u_j) = 0, \quad (i \neq j)$$

と表すことができる．つまり，分散の値が一定でない点 (σ_i^2) に特徴がある．誤差項に前章まで用いられていた標準的な仮定をおいたもとで最小自乗推定法を適応して得られる推定量は，**通常最小自乗推定量** (ordinary least squares estimator: **OLS 推定量**) と呼ばれる．(5.1) 式で示されるような不均一分散の存在するモデルでは，Gauss-Markov 定理が成立せず，OLS 推定量は不偏性は持つが BLUE ではない．

> **Point** 誤差項に不均一分散がある場合，OLS 推定量は不偏推定量ではあるが BLUE ではない．

各分散の値 (σ_i^2) が既知であれば，比較的容易に対処することが可能である．

(5.1) 式の両辺を σ_i で割ると次式を得る。

$$\frac{y_i}{\sigma_i} = \beta_0 \frac{1}{\sigma_i} + \beta_1 \frac{x_{i1}}{\sigma_i} + \cdots + \beta_p \frac{x_{ip}}{\sigma_i} + \frac{u_i}{\sigma_i} \tag{5.2}$$

すると,

$$E\left[\frac{u_i}{\sigma_i}\right] = \frac{1}{\sigma_i} E(u_i) = 0 \tag{5.3}$$

$$E\left[\left(\frac{u_i}{\sigma_i}\right)^2\right] = \frac{1}{\sigma_i^2} E(u_i^2) = 1 \tag{5.4}$$

となり, 分散の均一性が保たれる。したがって, (5.2) 式に最小自乗推定法を応用すればよいことが分かる。これは,

$$\sum_{i=1}^{n} \frac{1}{\sigma_i^2} (y_i - \hat{\beta}_0 - \hat{\beta}_1 x_{i1} - \cdots - \hat{\beta}_p x_{ip})^2 \tag{5.5}$$

を最小にすることと同じである。つまり, ウエイトをつけた残差自乗和を最小にしているので, **加重最小自乗法** (weighted least squares method) と呼ばれる。

例題 5-1

いま, 次の回帰モデルを考える。

$$y_i = \beta_0 + \beta_1 x_i + u_i, \quad i = 1, 2, \cdots, n$$

$$E(u_i) = 0, \quad E(u_i^2) = \sigma^2 x_i^2, \quad E(u_i u_j) = 0 \quad (i \neq j)$$

このとき, 誤差の分散を均一にするためにはどのように変換を行えばよいか説明しなさい。

例題 5-1 の解

この場合, 両辺を x_i で割ると次式を得る。

$$\frac{y_i}{x_i} = \beta_0 \frac{1}{x_i} + \beta_1 + \frac{u_i}{x_i}$$

このとき,

$$E\left(\frac{u_i}{x_i}\right) = \frac{1}{x_i} E(u_i) = 0$$

$$E\left[\left(\frac{u_i}{x_i}\right)^2\right] = \frac{1}{x_i^2} E(u_i^2) = \sigma^2$$

となり, 分散の均一性が保たれる。

5.1.2 不均一分散の検定（White 検定）

分散の均一性を検定する方法として，**White 検定**がある[1]。White 検定は，不均一分散の原因を特定することが困難な場合にでも応用できる便利な手法であり，次のように行われる。

Step 1 次の回帰式を考える。

$$y_i = \beta_0 + \beta_1 x_i + u_i, \quad i = 1, 2, \cdots, n \tag{5.6}$$

これを OLS で推定し，その結果得られる残差を $e_i(i=1,2,\cdots,n)$ とする。

Step 2 残差に対して次の補助回帰を考える。

$$e_i^2 = \gamma_0 + \gamma_1 x_i + \gamma_2 x_i^2 + v_i \tag{5.7}$$

これを OLS で推定し，決定係数 (R^2) を求める。ここで，補助回帰の説明変数としては，(5.6) 式の説明変数，説明変数の自乗項，説明変数の交差項を用いる。

Step 3 次の帰無仮説と対立仮説を考える。

$$H_0 : \gamma_1 = \gamma_2 = 0 \text{（均一分散）} \tag{5.8}$$

$$H_A : \gamma_1 \neq 0 \text{ or } \gamma_2 \neq 0 \text{（不均一分散）} \tag{5.9}$$

Step 4 帰無仮説のもとで，標本数が大きいときには，次の関係が成立する。

$$nR^2 \sim \chi^2(2) \tag{5.10}$$

ここで，自由度は (5.7) 式で示される補助回帰の定数項以外の説明変数の数に対応している。R^2 は (5.7) 式の決定係数である。次のように判断を行う。

$nR^2 \geq \chi_\alpha^2(2)$ のとき，有意水準 $100\alpha\%$ で帰無仮説を棄却

$nR^2 < \chi_\alpha^2(2)$ のとき，有意水準 $100\alpha\%$ で帰無仮説を採択

ただし，$\chi_\alpha^2(2)$ は自由度 2 のカイ自乗分布の上側 $100\alpha\%$ 点である。

White 検定では，補助回帰の説明変数はもとの回帰式の説明変数の 1 次の項，2 次の項，および交差項を用いる。したがって，もとの回帰式の説明変数の数が増えると，補助回帰の説明変数の数が飛躍的に増加することに注意する必要

---

[1] White, H. (1980) A heteroskesdasticity-consistent covariance matrix estimators and a direct test for heteroskedasticity, *Econometrica*, **48**, 817-838.

がある（表 5.1 を参照）。

表 5.1 White 検定の説明変数

もとの回帰式の説明変数		補助回帰の説明変数
定数項, x_1	$\Rightarrow$	定数項, x_1, x_1^2
定数項, x_1, x_2	$\Rightarrow$	定数項, $x_1, x_2, x_1^2, x_2^2, x_1 x_2$
定数項, x_1, x_2, x_3	$\Rightarrow$	定数項, $x_1, x_2, x_3,$ $x_1^2, x_2^2, x_3^2, x_1 x_2, x_1 x_3, x_2 x_3$

例題 5-2

先進諸国を対象に CO_2 排出量と GDP との関係について分析を行うために，経済協力開発機構（Organization for Economic Cooperation and Development: OECD）に所属する 34 ヶ国の 2014 年のデータを用いて，次の回帰式を推定した。

$$CO_{2i} = \beta_0 + \beta_1 y_i + u_i$$

ただし，CO_{2i} は CO_2 排出量，y_i は GDP（購買力平価基準）であり，データの出所は Key World Energy Statistics 2016 (International Energy Agency) である。

不均一分散の検定を行うために，残差に対して次の補助回帰を考える。

$$e_i^2 = \gamma_0 + \gamma_1 y_i + \gamma_2 y_i^2 + v_i$$

これを OLS で推定し，決定係数 (R^2) を求めたところ，$R^2 = 0.4068$ であった。このとき，有意水準 5% で次の帰無仮説を対立仮説に対して検定しなさい。

$$H_0 : \gamma_1 = \gamma_2 = 0 \text{ (均一分散)}$$
$$H_A : \gamma_1 \neq 0 \text{ or } \gamma_2 \neq 0 \text{ (不均一分散)}$$

例題 5-2 の解

$nR^2 = 13.831 > \chi_{0.05}^2(2) = 5.991$ なので帰無仮説は棄却される。つまり，分散は不均一である。 ■

5.1.3 不均一分散への対応策（White の方法）

不均一分散の形態が既知でない場合には，OLS を応用すると標準誤差が適切ではなく，誤った統計的推論を行うことになる。White は，そのような場合の

対応方法を提案した[2]。

いま，次の回帰式を考える。

$$y_i = \beta_0 + \beta_1 x_i + u_i, \quad i = 1, 2, \cdots, n \tag{5.11}$$

分散が均一な場合 $(V(u_i) = \sigma^2)$，β_1 の OLS 推定量 $(\hat{\beta}_1)$ の分散は，

$$V(\hat{\beta}_1) = \frac{\sigma^2}{\sum_{i=1}^n (x_i - \bar{x})^2} \tag{5.12}$$

で与えられる。これに対して，分散が不均一の場合 $(V(u_i) = \sigma_i^2)$，β_1 の OLS 推定量 $(\hat{\beta}_1)$ の分散は，

$$V(\hat{\beta}_1) = \frac{\sum_{i=1}^n (x_i - \bar{x})^2 \sigma_i^2}{(\sum_{i=1}^n (x_i - \bar{x})^2)^2} \tag{5.13}$$

となる。

(5.13) 式には (5.12) 式とは異なり，未知パラメーター $(\sigma_i^2, i = 1, 2, \cdots, n)$ が存在する。White は，σ_i^2 の代わりに，OLS 残差 $(e_i = y_i - \hat{\beta}_0 - \hat{\beta}_1 x_i)$ を用いて，(5.13) 式を次のように推定することを提唱した。

$$\hat{V}(\hat{\beta}_1) = \frac{\sum_{i=1}^n (x_i - \bar{x})^2 e_i^2}{(\sum_{i=1}^n (x_i - \bar{x})^2)^2} \tag{5.14}$$

ここで，興味深い点は，White の修正方法は，たとえ不均一分散の型が分からなくとも，一致性が成立する点である。(5.14) 式に基づいて，計算される標準誤差は，Heteroscedasticity Consistent Standard Error (HCSE) と呼ばれる。

$$HCSE(\hat{\beta}_1) = \sqrt{\frac{\sum_{i=1}^n (x_i - \bar{x})^2 e_i^2}{(\sum_{i=1}^n (x_i - \bar{x})^2)^2}} \tag{5.15}$$

不均一分散の疑いのあるときには，(5.15) 式を用いて t 検定を行えばよい。HCSE を用いても 回帰係数の推定値それ自体は影響を受けないが，標準誤差の値，およびその結果として t 検定等の統計的推論は影響を受ける。

---

[2] White, H. (1980) A heteroskesdasticity-consistent covariance matrix estimators and a direct test for heteroskedasticity, *Econometrica*, **48**, 817-838.

応用例 5-1

例題 5-2 のデータを用いて CO_2 排出量と GDP の関係について分析を行った ($n = 30$)。

$$CO_{2_i} = \beta_0 + \beta_1 y_i + u_i$$

ただし，CO_{2_i} は CO_2 排出量，y_i は GDP である。OLS の推定結果は次のとおり。

通常の標準誤差を用いた場合，

$$CO_{2_i} = -76.734 + 0.313 y_i, \quad R^2 = 0.979$$
$$\qquad\quad (25.290) \quad (0.008)$$

HCSE を用いた場合，

$$CO_{2_i} = -76.734 + 0.313 y_i, \quad R^2 = 0.979$$
$$\qquad\quad (21.531) \quad (0.012)$$

ただし，括弧内の数字は標準誤差を示している。したがって，各パラメーターの推定値や決定係数には影響はなく，標準誤差の値だけが変化していることが確認できる。

5.2 系列相関

5.2.1 系列相関

次に，分散が互いに等しいが，誤差項に**系列相関** (serial correlation) (または，**自己相関** (auto correlation)) がある場合を考察する。系列相関が存在する回帰モデルの例として次のモデルを考える。

$$y_t = \beta_0 + \beta_1 x_{t,1} + \cdots + \beta_p x_{t,p} + u_t, \quad t = 1, 2, \cdots, T \tag{5.16}$$

$$u_t = \rho u_{t-1} + \epsilon_t, \quad |\rho| < 1 \tag{5.17}$$

ここでは，時系列データであることを強調するために，添え字を t で示している。ただし，$|\rho| < 1$ であり，ϵ については，次の性質が満たされていると仮定する。

$$E(\epsilon_t) = 0, \tag{5.18}$$

$$E(\epsilon_t \epsilon_s) = \begin{cases} \sigma_\epsilon^2 & \text{for} \quad t = s \\ 0 & \text{for} \quad t \neq s \end{cases} \tag{5.19}$$

u_t に対するこのようなモデルは，**1 階の自己回帰過程** (first order autoregressive process: AR process) と呼ばれ，AR(1) と示される。この場合には，Gauss-Markov 定理が成立せず，OLS 推定量は不偏性は持つが BLUE ではない。

> **Point** 誤差項に系列相関がある場合，OLS 推定量は不偏推定量ではあるが BLUE ではない。

系列相関が発生する原因の 1 つにモデルの定式化を誤っている場合があげられる。いま，推定を行う際に，誤ってある重要な説明変数を含めずにモデルを定式化したとしよう。その場合，もしその変数に系列相関がある場合には，その影響がすべて誤差項に含まれることとなり，誤差項に系列相関が発生することとなる。したがって，もし回帰分析の結果，残差項に系列相関があると思われる場合には，他の説明変数を加えることも検討する必要がある。

ρ の値が既知であれば，推定は比較的簡単に行うことが可能である。いま，(5.16) 式の両辺に ρ を掛け，1 期ずらすと，

$$\rho y_{t-1} = \rho\beta_0 + \rho\beta_1 x_{t-1,1} + \cdots + \rho\beta_p x_{t-1,p} + \rho u_{t-1} \tag{5.20}$$

を得る。(5.16) 式から (5.20) 式を引くと，

$$y_t' = \beta_0' + \beta_1 x_{t,1}' + \cdots + \beta_p x_{t,p}' + \epsilon_t \tag{5.21}$$

が得られる。ただし，$y_t' = y_t - \rho y_{t-1}$，$\beta_0' = \beta_0 - \rho\beta_0$，$x_{t,j}' = x_t - \rho x_{t-1,j}$，$(j = 1, 2, \cdots, p)$ である。(5.18) 式と (5.19) 式から明らかなように，(5.21) 式の誤差項 (ϵ_t) は回帰モデルの標準的仮定を満たしているので，(5.21) 式に対して OLS を適応すればよい。

例題 5-3

4 半期データを用いて，次の回帰モデルを用いて消費関数の推定を行う．

$$c_t = \beta_0 + \beta_1 y_t + u_t, \quad t = 1, 2, \cdots, T \tag{1a}$$
$$E(u_t) = 0, \quad E(u_t^2) = \sigma^2, \quad E(u_t u_s) = 0, \quad (t \neq s)$$

ただし，c_t は消費，y_t は所得である．いま，消費と所得のデータが，次のように過去 4 期のデータの平均として季節調整が行われているものと仮定する．

$$c_t^s = (c_t + c_{t-1} + c_{t-2} + c_{t-3})/4 \tag{1b}$$
$$y_t^s = (y_t + y_{t-1} + y_{t-2} + y_{t-3})/4 \tag{1c}$$

季節調整済みデータを用いてモデルの推定を行うと，誤差項にどのような問題が生じるか説明しなさい．

例題 5-3 の解

(1b) 式の右辺に (1a) を代入すると，

$$\begin{aligned} c_t^s &= (\beta_0 + \beta_1 y_t + u_t)/4 + (\beta_0 + \beta_1 y_{t-1} + u_{t-1})/4 \\ &\quad + (\beta_0 + \beta_1 y_{t-2} + u_{t-2})/4 + (\beta_0 + \beta_1 y_{t-3} + u_{t-3})/4 \\ &= \beta_0 + \beta_1 (y_t + y_{t-1} + y_{t-2} + y_{t-3})/4 + (u_t + u_{t-1} + u_{t-2} + u_{t-3})/4 \\ &= \beta_0 + \beta_1 y_t^s + v_t \end{aligned}$$

ただし，$v_t = (u_t + u_{t-1} + u_{t-2} + u_{t-3})/4$ である．したがって，

$$E(v_t) = 0$$
$$E(v_t^2) = (1/4)\sigma^2$$
$$E(v_t v_{t-s}) \begin{cases} (3/16)\sigma^2 & s = 1 \\ (1/8)\sigma^2 & s = 2 \\ (1/16)\sigma^2 & s = 3 \\ 0 & s > 3 \end{cases}$$

となり，誤差項に系列相関が生じることが分かる．

5.2.2 Cochrane-Orcutt 法

通常は (5.17) 式において ρ の値は未知であり，この値を同時に推定する必要がある．このために用いられる手法が，**Cochrane-Orcutt 法**である[3]．Cochrane-Orcutt 法は次の 3 つのステップから成り立つ．

Step 1 (5.16) 式に OLS を適応し，$\hat{\beta}_0, \hat{\beta}_1, \cdots, \hat{\beta}_p$ を求める．

Step 2 Step 1 で得られた推定値に基づき理論値 $\hat{y}_i$ を計算し，残差 $e_i(= y_i - \hat{y}_i)$ を求める．その残差に基づき，次のモデルに対して OLS を用い，$\hat{\rho}$ を得る．

$$e_t = \rho e_{t-1} + v_t \tag{5.22}$$

Step 3 Step 2 で得られた $\hat{\rho}$ を用いて，(5.16) 式の両辺に $\hat{\rho}$ を掛け，1 期ずらすと，

$$\hat{\rho} y_{t-1} = \hat{\rho}\beta_0 + \hat{\rho}\beta_1 x_{t-1,1} + \cdots + \hat{\rho}\beta_p x_{t-1,p} + \hat{\rho} u_{t-1} \tag{5.23}$$

を得る．(5.16) 式から (5.23) 式を引くと，

$$y'_t = \beta'_0 + \beta_1 x'_{t,1} + \cdots + \beta_p x'_{t,p} + \epsilon'_t \tag{5.24}$$

が得られる．ただし，$y'_t = y_t - \hat{\rho} y_{t-1}$，$\beta'_0 = \beta_0 - \hat{\rho}\beta_0$，$x'_{t,j} = x_t - \hat{\rho} x_{t-1,j}$ $(j = 1, 2, \cdots, p)$，$\epsilon'_t = e_t - \hat{\rho} e_{t-1}$ である．(5.24) 式に OLS を適応し，$\beta'_0, \beta'_1, \cdots, \beta'_p$ の推定値を得る．これによって，$\hat{\beta}_0 = \hat{\beta}'_0/(1-\hat{\rho})$ も求まる．したがって，以上の 3 つのステップで，$\beta_0, \beta_1, \cdots, \beta_p$ および ρ の推定値が求められる．実際には，最後の 2 つのステップを推定値が収束するまで何度も繰り返されることが多い．

5.2.3 系列相関の検定（Durbin-Watson 検定）

回帰分析において，誤差項の自己相関を検定するための方法の 1 つに，**Durbin-Watson 検定**がある[4]．

---

[3] Cochrane, D. and Orcutt, G. H. (1949) Application of least squares regression to relationships containing auto-correlated error terms, *Journal of the American Statistical Association*, **44**, 32-61.

いま，次の回帰モデルを考える。

$$y_t = \beta_0 + \beta_1 x_{t,1} + \cdots + \beta_p x_{t,p} + u_t, \quad t = 1, 2, \cdots, T \tag{5.25}$$

$$u_t = \rho u_{t-1} + \epsilon_t, \quad |\rho| < 1 \tag{5.26}$$

ここで，ϵ_t は平均 0 で一定の分散 (σ^2) を持ち，互いに独立な正規分布に従う。
(5.25) 式に OLS を用いて残差 (e_i) を計算し，

$$DW = \frac{\sum_{t=2}^{T}(e_t - e_{t-1})^2}{\sum_{t=1}^{T} e_t^2} \tag{5.27}$$

を定義する。これが **Durbin-Watson** 比である。(5.27) 式の分子は，

$$\sum_{t=2}^{T}(e_t - e_{t-1})^2 = \sum_{t=2}^{T} e_t^2 + \sum_{t=2}^{T} e_{t-1}^2 - 2\sum_{t=2}^{T} e_t e_{t-1} \tag{5.28}$$

となる。ここで，e_t の 1 階の自己相関係数を，

$$r = \frac{\sum_{t=2}^{T} e_t e_{t-1}}{\sum_{t=1}^{T} e_t^2} \tag{5.29}$$

と定義すると，標本の大きさ (T) が大きいときには，

$$DW \simeq 2(1 - r) \tag{5.30}$$

と近似できることが分かる。換言すれば，DW が与えられれば，

$$r \simeq 1 - \frac{1}{2} DW \tag{5.31}$$

より自己相関係数の近似値を求めることができる。

(5.30) 式より，$r = 1, 0, -1$ の各値に対して，$DW = 0, 2, 4$ が対応する。したがって，ρ が 1 に近いときには d は 0 に近い値をとる傾向があり，ρ が -1 に近いときには DW は 4 に近い値をとる傾向が持つことが分かる。$DW = 2$ の時が $\rho = 0$，つまり誤差の相関がない場合に対応している。

---

[4] Durbin, J. and Watson, G. S. (1950) Testing for serial correlation in least squares regression. I, *Biometrika*, **37**, 409-428. Durbin, J. and Watson, G. S. (1951) Testing for serial correlation in least squares regression. II, *Biometrika*, **38**, 159-178.

正の自己相関の検定は次のように行われる（図 5.1 を参照）。
(1) $DW < d_{L0}$ であれば，帰無仮説は棄却される。
(2) $DW > d_{U0}$ であれば，帰無仮説は棄却されない。
(3) $d_{L0} \leq DW \leq d_{U0}$ であれば，判断ができない。

同様に，負の自己相関の検定は，d_{L0} と d_{U0} とをそれぞれ $4-d_{L0}$ と $4-d_{U0}$ とに置き換えて，次のように行われる（図 5.2 を参照）。
(1) $DW > 4 - d_{L0}$ であれば，帰無仮説は棄却される。
(2) $DW < 4 - d_{U0}$ であれば，帰無仮説は棄却されない。
(3) $4 - d_{U0} \leq DW \leq 4 - d_{L0}$ であれば，判断ができない。

表 5.2 および表 5.3 は，それぞれ，有意水準 5％ と 1％ のもとでの d_{L0} と d_{U0} の値を与えている。この分布は，定数項を除いた説明変数の数 (p) と標本の大きさ (T) に依存する。

Durbin-Watson 比に基づく誤差項の自己相関の検定は，t 検定や F 検定と並ぶ重要な検定として，回帰分析において頻繁に用いられる。しかし，この検定には，① 結果を保留する必要のある領域がある，② 説明変数に被説明変数の過去の値が含まれていてはいけない，③ 回帰モデルに定数項が含まれている必要がある，という留意点があることに注意する必要がある。

図 5.1　Durbin-Watson 比に基づく誤差項の正の自己相関の検定

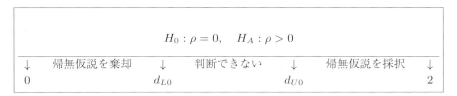

図 5.2　Durbin-Watson 比に基づく誤差項の負の自己相関の検定

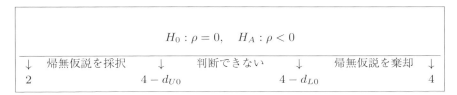

表 5.2　Durbin-Watson 比：有意水準 5% のもとでの d_{L0} と d_{U0}

標本数 (n)	$p=1$ d_{L0}	d_{U0}	$p=2$ d_{L0}	d_{U0}	$p=3$ d_{L0}	d_{U0}	$p=4$ d_{L0}	d_{U0}	$p=5$ d_{L0}	d_{U0}
10	0.879	1.320	0.697	1.641	0.525	2.016	0.376	2.414	0.243	2.822
11	0.927	1.324	0.758	1.604	0.595	1.928	0.444	2.283	0.316	2.645
12	0.971	1.331	0.812	1.579	0.658	1.864	0.512	2.177	0.379	2.506
13	1.010	1.340	0.861	1.562	0.715	1.816	0.574	2.094	0.445	2.390
14	1.045	1.350	0.905	1.551	0.767	1.779	0.632	2.030	0.505	2.296
15	1.077	1.361	0.946	1.543	0.814	1.750	0.685	1.977	0.562	2.220
16	1.106	1.371	0.982	1.539	0.857	1.728	0.734	1.935	0.615	2.157
17	1.133	1.381	1.015	1.536	0.897	1.710	0.779	1.900	0.664	2.104
18	1.158	1.391	1.046	1.535	0.933	1.696	0.820	1.872	0.710	2.060
19	1.180	1.401	1.074	1.536	0.967	1.685	0.859	1.848	0.752	2.023
20	1.201	1.411	1.100	1.537	0.998	1.676	0.894	1.828	0.792	1.991
21	1.221	1.420	1.125	1.538	1.026	1.669	0.927	1.812	0.829	1.964
22	1.239	1.429	1.147	1.541	1.053	1.664	0.958	1.797	0.863	1.940
23	1.257	1.437	1.168	1.543	1.078	1.660	0.986	1.785	0.895	1.920
24	1.273	1.446	1.188	1.546	1.101	1.656	1.013	1.775	0.925	1.902
25	1.288	1.454	1.206	1.550	1.123	1.654	1.038	1.767	0.953	1.886
26	1.302	1.461	1.224	1.553	1.143	1.652	1.062	1.759	0.979	1.873
27	1.316	1.469	1.240	1.556	1.162	1.651	1.084	1.753	1.004	1.861
28	1.328	1.476	1.255	1.560	1.181	1.650	1.104	1.747	1.028	1.850
29	1.341	1.483	1.270	1.563	1.198	1.650	1.124	1.743	1.050	1.841
30	1.352	1.489	1.284	1.567	1.214	1.650	1.143	1.739	1.071	1.833
31	1.363	1.496	1.297	1.570	1.229	1.650	1.160	1.735	1.090	1.825
32	1.373	1.502	1.309	1.574	1.244	1.650	1.177	1.732	1.109	1.819
33	1.383	1.508	1.321	1.577	1.258	1.651	1.193	1.730	1.127	1.813
34	1.393	1.514.	1.333	1.580	1.271	1.652	1.208	1.728	1.144	1.808
35	1.402	1.519	1.343	1.584	1.283	1.653	1.222	1.726	1.160	1.803
36	1.411	1.525	1.354	1.587	1.295	1.654	1.236	1.724	1.175	1.799
37	1.419	1.530	1.364	1.590	1.307	1.655	1.249	1.723	1.190	1.795
38	1.427	1.535	1.373	1.594	1.318	1.656	1.261	1.722	1.204	1.792
39	1.435	1.540	1.382	1.597	1.328	1.658	1.273	1.722	1.218	1.789
40	1.442	1.544	1.391	1.600	1.338	1.659	1.285	1.721	1.230	1.786
45	1.475	1.566	1.430	1.615	1.383	1.666	1.336	1.720	1.287	1.776
50	1.503	1.585	1.462	1.628	1.421	1.674	1.378	1.721	1.335	1.771
55	1.528	1.601	1.490	1.641	1.452	1.681	1.414	1.724	1.374	1.768
60	1.549	1.616	1.514	1.652	1.480	1.689	1.444	1.727	1.408	1.767
65	1.567	1.629	1.536	1.662	1.503	1.696	1.471	1.731	1.438	1.767
70	1.583	1.641	1.554	1.672	1.525	1.703	1.494	1.735	1.464	1.768
75	1.598	1.652	1.571	1.680	1.543	1.709	1.515	1.739	1.487	1.770
80	1.611	1.662	1.586	1.688	1.560	1.715	1.534	1.743	1.507	1.772
85	1.624	1.671	1.600	1.696	1.575	1.721	1.550	1.747	1.525	1.774
90	1.635	1.679	1.612	1.703	1.589	1.726	1.566	1.751	1.542	1.776
95	1.645	1.687	1.623	1.709	1.602	1.732	1.579	1.755	1.557	1.778
100	1.654	1.694	1.634	1.715	1.613	1.736	1.592	1.758	1.571	1.780
150	1.720	1.746	1.706	1.760	1.693	1.774	1.679	1.788	1.665	1.802
200	1.758	1.778	1.748	1.789	1.738	1.799	1.728	1.810	1.718	1.820

出所：Savin, N. E. and White, K. J. (1977) The Durbin-Watson test for serial correlation with extreme sample sizes or many regressors, *Econometrica*, **45**, 1989-1996.
　　p は定数項以外の説明変数の数

表 5.3　Durbin-Watson 比：有意水準 1% のもとでの d_{L0} と d_{U0}

標本数 (n)	$p=1$ d_{L0}	d_{U0}	$p=2$ d_{L0}	d_{U0}	$p=3$ d_{L0}	d_{U0}	$p=4$ d_{L0}	d_{U0}	$p=5$ d_{L0}	d_{U0}
10	0.604	1.001	0.466	1.333	0.340	1.733	0.230	2.193	0.150	2.690
11	0.653	1.010	0.519	1.297	0.396	1.640	0.286	2.030	0.193	2.453
12	0.697	1.023	0.569	1.274	0.449	1.575	0.339	1.913	0.244	2.280
13	0.738	1.038	0.616	1.261	0.499	1.526	0.391	1.826	0.294	2.150
14	0.776	1.054	0.660	1.254	0.547	1.490	0.441	1.757	0.343	2.049
15	0.811	1.070	0.700	1.252	0.591	1.464	0.488	1.704	0.391	1.967
16	0.844	1.086	0.737	1.252	0.633	1.446	0.532	1.663	0.437	1.900
17	0.874	1.102	0.772	1.255	0.672	1.432	0.574	1.630	0.480	1.847
18	0.902	1.118	0.805	1.259	0.708	1.422	0.613	1.604	0.522	1.803
19	0.928	1.132	0.835	1.265	0.742	1.415	0.650	1.584	0.561	1.767
20	0.952	1.147	0.863	1.271	0.773	1.411	0.685	1.567	0.598	1.737
21	0.975	1.161	0.890	1.277	0.803	1.408	0.718	1.554	0.633	1.712
22	0.997	1.174	0.914	1.284	0.831	1.407	0.748	1.543	0.667	1.691
23	1.018	1.187	0.938	1.291	0.858	1.407	0.777	1.534	0.698	1.673
24	1.037	1.199	0.960	1.298	0.882	1.407	0.805	1.528	0.728	1.658
25	1.055	1.211	0.981	1.305	0.906	1.409	0.831	1.523	0.756	1.645
26	1.072	1.222	1.001	1.312	0.928	1.411	0.855	1.518	0.783	1.635
27	1.089	1.233	1.019	1.319	0.949	1.413	0.878	1.515	0.808	1.626
28	1.104	1.244	1.037	1.325	0.969	1.415	0.900	1.513	0.832	1.618
29	1.119	1.254	1.054	1.332	0.988	1.418	0.921	1.512	0.855	1.611
30	1.133	1.263	1.070	1.339	1.006	1.421	0.941	1.511	0.877	1.606
31	1.147	1.273	1.085	1.345	1.023	1.425	0.960	1.510	0.897	1.601
32	1.160	1.282	1.100	1.352	1.040	1.428	0.979	1.510	0.917	1.597
33	1.172	1.291	1.114	1.358	1.055	1.432	0.996	1.510	0.936	1.594
34	1.184	1.299	1.128	1.364	1.070	1.435	1.012	1.511	0.954	1.591
35	1.195	1.307	1.140	1.370	1.085	1.439	1.028	1.512	0.971	1.589
36	1.206	1.315	1.153	1.376	1.098	1.442	1.043	1.513	0.988	1.588
37	1.217	1.323	1.165	1.382	1.112	1.446	1.058	1.514	1.004	1.586
38	1.227	1.330	1.176	1.388	1.124	1.449	1.072	1.515	1.019	1.585
39	1.237	1.337	1.187	1.393	1.137	1.453	1.085	1.517	1.034	1.584
40	1.246	1.344	1.198	1.398	1.148	1.457	1.098	1.518	1.048	1.584
45	1.288	1.376	1.245	1.423	1.201	1.474	1.156	1.528	1.111	1.584
50	1.324	1.403	1.285	1.446	1.245	1.491	1.205	1.538	1.164	1.587
55	1.356	1.427	1.320	1.456	1.285	1.506	1.247	1.548	1.209	1.592
60	1.383	1.449	1.350	1.484	1.317	1.520	1.283	1.558	1.249	1.598
65	1.407	1.468	1.377	1.500	1.346	1.534	1.315	1.568	1.283	1.604
70	1.429	1.485	1.400	1.515	1.372	1.546	1.343	1.578	1.313	1.611
75	1.448	1.501	1.422	1.529	1.395	1.557	1.368	1.587	1.340	1.617
80	1.466	1.515	1.441	1.541	1.416	1.568	1.390	1.595	1.364	1.624
85	1.482	1.528	1.458	1.553	1.435	1.578	1.411	1.603	1.386	1.630
90	1.496	1.540	1.474	1.563	1.452	1.587	1.429	1.611	1.406	1.636
95	1.510	1.552	1.489	1.573	1.468	1.596	1.446	1.618	1.425	1.642
100	1.522	1.562	1.503	1.583	1.482	1.604	1.462	1.625	1.441	1.647
150	1.611	1.637	1.598	1.651	1.584	1.665	1.571	1.679	1.557	1.693
200	1.664	1.684	1.653	1.693	1.643	1.704	1.633	1.715	1.623	1.725

出所: Savin, N. E. and White, K. J. (1977) The Durbin-Watson test for serial correlation with extreme sample sizes or many regressors, *Econometrica*, **45**, 1989-1996.
　　p は定数項以外の説明変数の数

> 例題 5-4

1976 年から 2015 年の日本の年次データ（暦年）に基づき，次の回帰式を用いて消費関数の推定を行った ($T = 40$)。

$$c_t = \beta_0 + \beta_1 y_t + \beta_2 r_t + u_t, \quad t = 1, 2, \cdots, T$$

ただし，c は実質消費，y は実質所得，r は利子率である。用いたデータは，実質 GDP，実質家計最終消費支出，および国内銀行貸出約定平均金利である。

系列相関の検定を行うために，Durbin-Watson 比を求めたところ，$DW = 0.596$ であった。誤差項に正の系列相関があるかどうかを，有意水準 5% で検定しなさい。

> 例題 5-4 の解

$T = 40$, $p = 2$ なので，$DW = 0.596 < 1.391 = d_{L0}$ より，帰無仮説は棄却される。 ∎

5.2.4 Newey-West の方法

White の標準誤差は，誤差項の分散の不均一性は許容するが，誤差項は互いに無相関であることが前提となっていった。これに対して，Newey-West の方法は，不均一分散と系列相関の両方が存在しても一致性を持つという特徴がある[5]。

いま，次の回帰式を考える。

$$y_t = \beta_0 + \beta_1 x_t + u_t, \quad t = 1, 2, \cdots, T \quad (5.32)$$

分散が均一な場合 ($V(u_t) = \sigma^2$)，β_1 の OLS 推定量 ($\hat{\beta}_1$) の分散は，

$$V(\hat{\beta}_1) = \frac{\sigma^2}{\sum (x_t - \bar{x})^2} \quad (5.33)$$

で与えられる。これに対して，分散が不均一でかつ系列相関がある場合には，β_1 の OLS 推定量 ($\hat{\beta}_1$) の分散は，

$$V(\hat{\beta}_1) = \frac{E[(\sum (x_t - \bar{x}) u_t)^2]}{(\sum (x_t - \bar{x})^2)^2}$$

---

[5] Newey, W. K. and West, K. D. (1987) A simple, positive semi-definite, heteroskedasticity and auctocorrelation consistent covariance matrix, *Econometrica*, **55**, 703-708.

$$= \frac{\sum(x_t-\bar{x})^2 E(u_t^2)}{(\sum(x_t-\bar{x})^2)^2} + \frac{\sum\sum_{t\neq s}(x_t-\bar{x})(x_s-\bar{x})E(u_t u_s)}{(\sum(x_t-\bar{x})^2)^2}$$
(5.34)

となる。

Newey と West は，OLS の残差 ($e_t = y_t - \hat{\beta}_0 - \hat{\beta}_1 x_t$) を用いて，(5.34) 式を次のように推定することを提唱した。

$$\hat{V}(\hat{\beta}_1) = \frac{\sum_{t=1}^{T}(x_t-\bar{x})^2 e_t^2}{(\sum(x_t-\bar{x})^2)^2} + \frac{2\sum_{s=1}^{l}\omega(s,l)\sum_{t=s+1}^{T}(x_t-\bar{x})(x_{t-s}-\bar{x})e_t e_{t-s}}{(\sum(x_t-\bar{x})^2)^2}$$
(5.35)

ただし，$\omega(s,l) = 1 - s/(l+1)$ である。ここで興味深い点は，Newey-West の修正方法は，たとえ不均一分散や系列相関の型が分からなくとも，一致性を持っている点である。(5.35) 式に基づいて，計算される標準誤差は，Heteroscedasticity and Autocorrelation Consistent Standard Error (HACSE) と呼ばれる。

$$HACSE(\hat{\beta}_1)$$
$$= \sqrt{\frac{\sum(x_t-\bar{x})^2 e_t^2}{(\sum(x_t-\bar{x})^2)^2} + \frac{2\sum_{s=1}^{l}\omega(s,l)\sum_{t=s+1}^{T}(x_t-\bar{x})(x_{t-s}-\bar{x})e_t e_{t-s}}{(\sum(x_t-\bar{x})^2)^2}}$$
(5.36)

不均一分散と系列相関の疑いのある場合には，これを用いて t 検定等を行えばよい。HCSE の場合と同様に，HACSE を用いても 回帰係数の推定値それ自体は影響を受けないが，標準誤差の値，およびその結果として t 検定等の統計的推論は影響を受ける。

〈応用例 5-2〉

1976 年から 2015 年の日本の年次データ（暦年）に基づき，次の回帰式を用いて消費関数の推定を行った ($T = 40$)。

$$c_t = \beta_0 + \beta_1 y_t + u_t, \quad t = 1, 2, \cdots, T$$

ただし，c は実質消費，y は実質所得であり，用いたデータは，実質 GDP および実質

家計最終消費支出である。推定結果は以下のとおり。

通常の標準誤差を用いた場合，

$$c = 73511.91 + 0.552y, \quad R^2 = 0.994$$
$$(29146.15) \quad (0.0069)$$

HCSE を用いた場合，

$$c = 73511.91 + 0.552y, \quad R^2 = 0.994$$
$$(22571.13) \quad (0.0058)$$

HACSE を用いた場合，

$$c = 73511.91 + 0.552y, \quad R^2 = 0.994$$
$$(36431.27) \quad (0.0092)$$

ただし，括弧内の数字は標準誤差を示している。したがって，各パラメーターの推定値や決定係数には影響はなく，標準誤差の値だけが変化していることが確認できる。

5.3 数 学 注

AR(1) モデルの相関係数

次の AR(1) モデルを考える。

$$u_t = \rho u_{t-1} + \epsilon_t, \quad |\rho| < 1 \tag{5.37}$$

このとき，u_t は，(5.37) 式を逐次代入することにより，

$$u_t = \sum_{j=0}^{\infty} \rho^j \epsilon_{t-j} \tag{5.38}$$

となる。

まず，u_t の期待値は，

$$E(u_t) = E(\sum_{j=0}^{\infty} \rho^j \epsilon_{t-j}) = \sum_{j=0}^{\infty} \rho^j E(\epsilon_{t-j}) = 0 \tag{5.39}$$

である。次に，u_t の分散は，

$$V(u_t) = E(u_t^2) = E[(\sum_{j=0}^{\infty} \rho^j \epsilon_{t-j})^2] = \sum_{j=0}^{\infty} \rho^{2j} E(\epsilon_{t-j}^2) = \frac{1}{1-\rho^2}\sigma_\epsilon^2 \quad (5.40)$$

となる。最後に，u_t の共分散は，

$$E(u_t u_{t-k}) = E[(\sum_{j=0}^{\infty} \rho^j \epsilon_{t-j})(\sum_{j=0}^{\infty} \rho^j \epsilon_{t-j-k})] = \rho^k V(u_{t-k}) = \frac{\rho^k}{1-\rho^2}\sigma_\epsilon^2 \quad (5.41)$$

である。したがって，(5.40) 式と (5.41) 式より，

$$Corr(u_t, u_{t-1}) = \frac{E(u_t, u_{t-1})}{V(u_t)} = \rho \quad (5.42)$$

となるので，ρ は，u_t と u_{t-1} との間の相関係数を示していることが分かる。

■ 練習問題

解答は p.221〜

練習 5-1 (→ 例題 5-1)

次の回帰モデルを考える。

$$y_i = \beta_0 + \beta_1 x_i + u_i, \quad t = 1, 2, \cdots, T$$
$$E(u_i) = 0, \quad E(u_i^2) = \sigma_i^2, \quad E(u_i u_j) = 0 \quad (i \neq j)$$

次の各場合について誤差の分散を均一にするための方法を説明しなさい。

(1) $\sigma_i^2 = \sigma^2 x_i$ (σ^2 は定数)
(2) $\sigma_i^2 = \sigma^2 \sqrt{x_i}$ (σ^2 は定数)

練習 5-2 (→ 例題 5-2)

1976 年から 2015 年の日本の年次データ（暦年）に基づき，次の回帰式を用いて消費関数の推定を行った ($n = 40$)。

$$\ln(c_i) = \beta_0 + \beta_1 \ln(y_i) + u_i, \quad i = 1, 2, \cdots, n$$

ただし，c は実質消費，y は実質所得である。用いたデータは，実質 GDP および実質

家計最終消費支出である。

不均一分散の検定を行うために，残差に対して次の補助回帰を考える。

$$e_i^2 = \gamma_0 + \gamma_1 \ln(y_i) + \gamma_2 [\ln(y_i)]^2 + v_i$$

これを OLS で推定し，決定係数 (R^2) を求めたところ，$R^2 = 0.0273$ であった。このとき，有意水準 5% で次の帰無仮説を対立仮説に対して検定しなさい。

$$H_0 : \gamma_1 = \gamma_2 = 0 \text{（均一分散）}$$

$$H_A : \gamma_1 \neq 0 \text{ or } \gamma_2 \neq 0 \text{（不均一分散）}$$

練習 5-3

次の回帰式において，White 検定を行う方法を説明しなさい。

$$y_i = \beta_0 + \beta_1 x_{i1} + \beta_2 x_{i2} + u_i, \quad i = 1, 2, \cdots, n$$

練習 5-4 (→ 例題 5-2)

1976 年から 2015 年の日本の年次データ（暦年）に基づき，次の回帰式を用いて消費関数の推定を行った ($n = 40$)。

$$c_i = \beta_0 + \beta_1 y_i + \beta_1 r_i + u_i, \quad i = 1, 2, \cdots, n$$

ただし，c は実質消費，y は実質所得，r は利子率である。用いたデータは，実質 GDP，実質家計最終消費支出および国内銀行貸出約定平均金利である。

不均一分散の検定を行うために，残差に対して次の補助回帰を考える。

$$e_i^2 = \gamma_0 + \gamma_1 y_i + \gamma_2 r_i + \gamma_3 y_i^2 + \gamma_4 r_i^2 + \gamma_5 y_i r_i + v_i$$

これを OLS で推定し，決定係数 (R^2) を求めたところ，$R^2 = 0.162$ であった。このとき，有意水準 5% で次の帰無仮説を対立仮説に対して検定しなさい。

$$H_0 : \gamma_1 = \gamma_2 = \gamma_3 = \gamma_4 = \gamma_5 = 0 \text{（均一分散）}$$

$$H_A : \gamma_1 \neq 0 \text{ or } \gamma_2 \neq 0 \text{ or } \gamma_3 \neq 0 \text{ or } \gamma_4 \neq 0 \text{ or } \gamma_5 \neq 0 \text{（不均一分散）}$$

練習 5-5 (→ 例題 5-3)

4 半期データを用いて貨幣需要関数の推定を行うために，次の回帰モデルを用いる。

第 5 章　不均一分散と系列相関　87

$$m_t = \beta_0 + \beta_1 y_t + u_t, \quad t = 1, 2, \cdots, T \tag{1a}$$
$$E(u_t) = 0, \quad E(u_t^2) = \sigma^2, \quad E(u_t u_s) = 0, \quad (t \neq s)$$

ただし，m_t は実質貨幣残高である．実質貨幣残高と所得のデータが，次のように過去 4 期のデータの加重平均として季節調整が行われているものと仮定する．

$$m_t^s = w_1 m_t + w_2 m_{t-1} + w_3 m_{t-2} + w_4 m_{t-3} \tag{1b}$$
$$y_t^s = w_1 y_t + w_2 y_{t-1} + w_3 y_{t-2} + w_4 y_{t-3} \tag{1c}$$

ただし，$\sum_{i=1}^{4} w_i = 1$．季節調整済みデータを用いてモデルの推定を行うと，誤差項にどのような問題が生じるか説明しなさい．

練習 5-6 (→ 例題 5-4)

1976 年から 2015 年の日本の年次データ（暦年）に基づき，次の回帰式を用いて消費関数の推定を行った ($T = 40$)．

$$\ln(c_t) = \beta_0 + \beta_1 \ln(y_t) + \beta_2 r_t + u_t, \quad t = 1, 2, \cdots, T$$

ただし，c は実質消費，y は実質所得，r は利子率である．用いたデータは，実質 GDP，実質家計最終消費支出および国内銀行貸出約定平均金利である．

系列相関の検定を行うために，Durbin-Watson 比を求めたところ，$DW = 1.003$ であった．誤差項に正の系列相関があるかどうかを，有意水準 1% で検定しなさい．

練習 5-7

Durbin-Watson 比が次のように与えられている．

	DW 比	標本の大きさ (n)	定数項以外の説明変数の数 (p)
case 1	0.68	15	2
case 2	1.50	30	3
case 3	1.80	45	4

各ケースについて，誤差項に系列相関がないという帰無仮説 ($H_0: \rho = 0$) を，誤差項に正の系列相関がある ($H_A: \rho > 0$) という対立仮説に対して有意水準 5% で検定しなさい．

第 6 章

確率的説明変数と操作変数法

6.1 確率的説明変数

6.1.1 最小自乗推定量の不偏性

これまで議論においては,説明変数はすべて指定変数であると仮定されていた.つまり,説明変数の値を実験者がコントロールして被説明変数の値を観測するような状況を前提に,議論が行われてきた.本章では説明変数が指定変数であるという仮定を除き,説明変数も確率変数である場合に回帰係数の推定量がどのような影響を受けるのか考えてみよう.

分析の対象となるのは次の回帰モデルである.

$$y_i = \beta_0 + \beta_1 x_i + u_i, \quad i = 1, 2, \cdots, n \tag{6.1}$$

$$E(u_i) = 0, \quad E(u_i^2) = \sigma^2, \quad E(u_i u_j) = 0 \quad (i \neq j) \tag{6.2}$$

これまでの分析との基本的な相違点は,説明変数 x_i が確率変数であることである.

β_1 の最小自乗推定量は次のように書ける.

$$\hat{\beta}_1 = \frac{\sum_{i=1}^n (x_i - \bar{x})(y_i - \bar{y})}{\sum_{i=1}^n (x_i - \bar{x})^2} = \beta_1 + \frac{\sum_{i=1}^n (x_i - \bar{x})(u_i - \bar{u})}{\sum_{i=1}^n (x_i - \bar{x})^2} \tag{6.3}$$

したがって,その期待値は,

$$E[\hat{\beta}_1] = \beta_1 + E\left[\frac{\sum_{i=1}^n (x_i - \bar{x})(u_i - \bar{u})}{\sum_{i=1}^n (x_i - \bar{x})^2}\right] \tag{6.4}$$

となるが,(6.4) 式の右辺第 2 項は x_i と u_i とが統計的に独立でないかぎり 0 とはならず,最小自乗推定量 $\hat{\beta}_1$ は β_1 の不偏推定量ではない.

6.1.2 最小自乗推定量の一致性

次に，最小自乗推定量の**一致性** (consistency) について考えてみよう。
あるパラメーター θ の推定量 $\hat{\theta}$ が任意の $\epsilon > 0$ について，

$$\lim_{n \to \infty} P(|\hat{\theta} - \theta| \geq \epsilon) = 0 \tag{6.5}$$

が成立するとき，$\hat{\theta}$ を θ の**一致推定量** (consistent estimator) と呼ぶ。また，$\hat{\theta}$ が θ の一致推定量であることを，$\hat{\theta}$ が θ に**確率収束**するといい，

$$\mathrm{plim}\hat{\theta} = \theta \tag{6.6}$$

と書く。いま，$\mathrm{plim}(a_n) = a, \mathrm{plim}(b_n) = b$ のとき，確率収束については，次の性質が成立する。

$$\mathrm{plim}(a_n + b_n + c) = a + b + c \tag{6.7}$$

$$\mathrm{plim}(a_n b_n) = \mathrm{plim}(a_n)\mathrm{plim}(b_n) = ab \tag{6.8}$$

$$\mathrm{plim}\left(\frac{a_n}{b_n}\right) = \frac{\mathrm{plim}(a_n)}{\mathrm{plim}(b_n)} = \frac{a}{b} \tag{6.9}$$

ただし，c は定数。

回帰モデル (6.1) 式 に対して，次の仮定をおく。

$$\mathrm{plim}(\sum_{i=1}^{n}(x_i - \bar{x})^2/n) = \sigma_x^2 \tag{6.10}$$

$$\mathrm{plim}(\sum_{i=1}^{n}(x_i - \bar{x})(u_i - \bar{u})/n) = \sigma_{xu} \tag{6.11}$$

ただし，$\sigma_x^2 = V(x_i)$, $\sigma_{xu} = Cov(x_i, u_i)$ である。

(6.3) 式より，

$$\mathrm{plim}(\hat{\beta}_1) = \mathrm{plim}\left(\beta_1 + \frac{\sum_{i=1}^{n}(x_i - \bar{x})(u_i - \bar{u})}{\sum_{i=1}^{n}(x_i - \bar{x})^2}\right)$$

$$= \beta_1 + \mathrm{plim}\left(\frac{\sum_{i=1}^{n}(x_i - \bar{x})(u_i - \bar{u})/n}{\sum_{i=1}^{n}(x_i - \bar{x})^2/n}\right)$$

$$= \beta_1 + \frac{\text{plim}(\sum_{i=1}^n (x_i - \bar{x})(u_i - \bar{u})/n)}{\text{plim}(\sum_{i=1}^n (x_i - \bar{x})^2/n)}$$

$$= \beta_1 + \frac{\sigma_{xu}}{\sigma_x^2} \tag{6.12}$$

が成立するので,$\hat{\beta}_1$ が一致推定量であるかどうかは,$Cov(x_i, u_i)$ に依存する。

$$Cov(x_i, u_i) = 0 \text{ であれば } \text{plim}(\hat{\beta}_1) = \beta_1$$
$$Cov(x_i, u_i) \neq 0 \text{ であれば } \text{plim}(\hat{\beta}_1) \neq \beta_1$$

したがって,説明変数が誤差項と相関を持つ場合には,最小自乗推定量は不偏性も一致性も持たず,そのようなモデルに対して最小自乗推定法を用いる根拠が失われることが分かる。

> **Point** 説明変数と誤差項に相関がある場合,OLS 推定量は不偏性も一致性も持たない。

例題 6-1 観測誤差のあるモデル

次の回帰モデルを考える。

$$y_i^* = \beta_0 + \beta_1 x_i^* + u_i^* \quad i = 1, 2, \cdots, n \tag{1a}$$
$$E(u_i^*) = 0, \quad E(u_i^{*2}) = \sigma_u^2, \quad E(u_i^* u_j^*) = 0 \quad (i \neq j),$$
$$E(x_i^* u_i^*) = 0$$

変数に $*$ がついているものは,真の値を示している。

いま,y_i^* については真の値を観測できるが,x_i^* については,誤差を含んだ値のみが観測できるものと考える。したがって x_i^* と y_i^* の観測値を x_i と y_i とすると次の関係が成立する。

$$y_i = y_i^* \tag{1b}$$

$$x_i = x_i^* + v_i \tag{1c}$$
$$E(v_i) = 0, \quad E(v_i^2) = \sigma_v^2, \quad E(v_i v_j) = 0 \quad (i \neq j),$$
$$E(x_i^* v_i) = 0, \quad E(v_i u_j^*) = 0 \quad (\text{for all } i \text{ and } j)$$

(1a) 式, (1b) 式, および (1c) 式より次式を得る。

$$y_i = \beta_0 + \beta_1 x_i + u_i \tag{1d}$$

ただし, $u_i = u_i^* - \beta_1 v_i$。このとき, (1d) 式において $Cov(x_i, u_i) = 0$ が成立しないことを示しなさい。

<u>例題 6-1 の解答</u>

$$Cov(x_i, u_i) = Cov(x_i^* + v_i, u_i^* - \beta_1 v_i) = -\beta_1 \sigma_v^2 \neq 0$$

となり, $Cov(x_i, u_i) = 0$ が成立しないことが分かる。つまり, 説明変数に観測誤差がある場合には, OLS 推定量は一致性を持たない。 ∎

例題 6-2 同時方程式

次の簡単なマクロモデルを考える。

$$y_i = c_i + i_i \tag{2a}$$
$$c_i = \beta_0 + \beta_1 y_i + u_i \tag{2b}$$
$$i_i = \alpha, \quad \alpha \text{ は一定} \tag{2c}$$
$$E(u_i) = 0, \quad E(u_i^2) = \sigma^2, \quad E(u_i u_j) = 0, \quad (i \neq j)$$

ここで, y は所得, c は消費, i は投資である。消費関数 (2b) において, $Cov(y_i, u_i) = 0$ が成立しないことを示しなさい。

<u>例題 6-2 の解答</u>

(2a) 式, (2b) 式, および (2c) 式より次式を得る。

$$y_i = \frac{\alpha + \beta_0}{1 - \beta_1} + \frac{u_i}{1 - \beta_1}$$
$$c_i = \frac{\alpha \beta_1 + \beta_0}{1 - \beta_1} + \frac{u_i}{1 - \beta_1}$$

したがって, 消費だけでなく所得も確率変数となる。このモデルにおいては,

$$Cov(y_i, u_i) = E\left(\frac{u_i^2}{1 - \beta_1}\right) = \frac{\sigma^2}{1 - \beta_1} \neq 0$$

となり, $Cov(y_i, u_i) = 0$ が成立しないことが分かる。つまり, 同時方程式では説明変

数と誤差項に相関が生じるため，OLS 推定量は一致性を持たない。　■

例題 6-3　合理的期待モデル

次のモデルを考える。

$$y_t = \beta_0 + \beta_1 x_t^e + u_t \quad t = 1, 2, \cdots, T \tag{3a}$$

$$x_t^e = E(x_t | I_{t-1}) \tag{3b}$$

$$E(u_t) = 0, \quad E(u_t^2) = \sigma_u^2, \quad E(u_t u_s) = 0 \quad (t \neq s)$$

ここで x_t^e は期待変数を示しており，I_{t-1} は $(t-1)$ 期に利用できる情報変数である。このように主観的な期待がモデルによる数学的期待値として形成されるという考え方は，合理的期待仮説と呼ばれる。このとき，(3a) 式の期待変数を現実の変数と置き換えた回帰式，

$$y_t = \beta_0 + \beta_1 x_t + w_t$$

を用いて分析を行ったとき，$Cov(x_t, w_t) = 0$ が成立しないことを示しなさい。

例題 6-3 の解答

予測誤差を v_t でとすると，(3b) 式より次のように書くことができる。

$$x_t = E(x_t | I_{t-1}) + v_t \tag{3c}$$

$$E(v_t) = 0, \quad E(v_t^2) = \sigma_v^2, \quad E(v_t v_s) = 0 \quad (t \neq s)$$

(3c) 式を (3a) 式に代入すると次式を得る。

$$y_t = \beta_0 + \beta_1(x_t - v_t) + u_t = \beta_0 + \beta_1 x_t + w_t$$

ただし，$w_t = u_t - \beta_1 v_t$ である。したがって，このモデルは例題 6-1 と同様の説明変数に観測誤差のあるモデルとなっており，(3c) 式より x_t は v_t を含むため，$Cov(x_t, w_t) = 0$ が成立しないことが明らかである。つまり，合理的期待モデルにおいて期待変数を現実の変数と置き換えると，OLS 推定量は一致性を持たない。　■

6.2 操作変数法

6.2.1 操作変数法

次の回帰モデルを考える。

$$y_i = \beta_0 + \beta_1 x_i + u_i, \quad i = 1, 2, \cdots, n \tag{6.13}$$
$$E(u_i) = 0, \quad E(u_i^2) = \sigma^2, \quad E(u_i u_j) = 0 \quad (i \neq j),$$
$$E(x_i u_i) \neq 0$$

このモデルにおいては,説明変数と誤差項が相関を持つので,最小自乗推定量は不偏性も一致性も持たない。このような状況で用いられるのが,**操作変数法**(instrumental variable method: IV 法)である。

次の 2 つの条件を満たす**操作変数** z_i を考える。

$$\text{条件 1} \quad Cov(z_i, x_i) \neq 0 \tag{6.14}$$
$$\text{条件 2} \quad Cov(z_i, u_i) = 0 \tag{6.15}$$

条件 1 は,操作変数が説明変数と相関を持ち,説明変数の変動をとらえることができることを意味する。条件 2 は,操作変数が誤差項と相関を持たないことを意味する。

実際の分析においては,x_i の過去の値が操作変数としてよく用いられる。経済変数はゆっくりと変動することが多いので x_i は異時点間で高い相関を持つ ($Cov(z_i, x_i) \neq 0$) ことが多く,さらに誤差項に系列相関がなければ説明変数の過去の値と誤差項との間には相関はない ($Cov(z_i, u_i) = 0$) からである。もちろん,何らかの経済理論に基づいて他の変数が操作変数の候補として考えられる場合には,それを用いることが可能である。

(6.13) 式に対して,IV 推定量 $(\tilde{\beta}_0, \tilde{\beta}_1)$ は次のように与えられる。

$$\tilde{\beta}_1 = \frac{\sum_{i=1}^n (z_i - \bar{z})(y_i - \bar{y})}{\sum_{i=1}^n (z_i - \bar{z})(x_i - \bar{x})} \tag{6.16}$$

$$\tilde{\beta}_0 = \bar{y} - \tilde{\beta}_1 \bar{x} \tag{6.17}$$

6.2.2　IV 推定量の不偏性

IV 推定量の不偏性について考える。(6.16) 式に (6.13) 式を代入すると，

$$\tilde{\beta}_1 = \frac{\sum_{i=1}^n (z_i - \bar{z})(y_i - \bar{y})}{\sum_{i=1}^n (z_i - \bar{z})(x_i - \bar{x})}$$

$$= \frac{\sum_{i=1}^n (z_i - \bar{z})(\beta_1(x_i - \bar{x}) + (u_i - \bar{u}))}{\sum_{i=1}^n (z_i - \bar{z})(x_i - \bar{x})}$$

$$= \beta_1 + \frac{\sum_{i=1}^n (z_i - \bar{z})(u_i - \bar{u})}{\sum_{i=1}^n (z_i - \bar{z})(x_i - \bar{x})} \tag{6.18}$$

となり，期待値をとると，

$$E(\tilde{\beta}_1) = \beta_1 + E\left[\frac{\sum_{i=1}^n (z_i - \bar{z})(u_i - \bar{u})}{\sum_{i=1}^n (z_i - \bar{z})(x_i - \bar{x})}\right]$$

$$\neq \beta_1 \tag{6.19}$$

となる。ここで，右辺第 2 項において x_i と u_i とが相関を持っているので 0 とはならず，IV 推定量は不偏推定量ではないことが分かる。

6.2.3　IV 推定量の一致性

IV 推定量の一致性について考える。そのために次の仮定をおく。

$$\text{plim}(\sum_{i=1}^n (z_i - \bar{z})(u_i - \bar{u})/n) = \sigma_{zu} = 0 \tag{6.20}$$

$$\text{plim}(\sum_{i=1}^n (z_i - \bar{z})(x_i - \bar{x})/n) = \sigma_{zx} \neq 0 \tag{6.21}$$

ただし，$\sigma_{zu} = Cov(z_i, u_i)$, $\sigma_{zx} = Cov(z_i, x_i)$ である。

(6.18) 式，(6.20) 式，および (6.21) 式より，

$$\text{plim}(\tilde{\beta}_1) = \text{plim}\left(\beta_1 + \frac{\sum_{i=1}^n (z_i - \bar{z})(u_i - \bar{u})}{\sum_{i=1}^n (z_i - \bar{z})(x_i - \bar{x})}\right)$$

$$= \beta_1 + \text{plim}\left(\frac{\sum_{i=1}^n (z_i - \bar{z})(u_i - \bar{u})/n}{\sum_{i=1}^n (z_i - \bar{z})(x_i - \bar{x})/n}\right)$$

$$= \beta_1 + \frac{\text{plim}(\sum_{i=1}^n (z_i - \bar{z})(u_i - \bar{u})/n)}{\text{plim}(\sum_{i=1}^n (z_i - \bar{z})(x_i - \bar{x})/n)}$$

$$= \beta_1 \tag{6.22}$$

を得る.したがって,IV 推定量は一致推定量であることが分かる.つまり,IV 推定量は最小自乗推定量では満たされない一致性を満たすことが明らかとなった.

6.3 2 段階最小自乗法

次の回帰モデルを考える.

$$y_i = \beta_0 + \beta_1 x_i + u_i, \quad i = 1, 2, \cdots, n \tag{6.23}$$
$$E(u_i) = 0, \quad E(u_i^2) = \sigma^2, \quad E(u_i u_j) = 0 \quad (i \neq j)$$
$$E(x_i u_i) \neq 0$$

このモデルにおいては,説明変数と誤差項が相関を持つので,最小自乗推定量は不偏性も一致性も持たない.この状況で用いられる代替的な方法が **2 段階最小自乗法**(two stage least squares method, TSLS)である.これは次の 2 つのステップから成り立つ.

Step 1 操作変数 (z_{i1}, z_{i2}) と説明変数との間に次の関係を仮定する.

$$x_i = \alpha_0 + \alpha_1 z_{i1} + \alpha_2 z_{i2} + v_i \tag{6.24}$$

(6.24) 式を OLS で推定し,その予測値を求める.

$$\hat{x}_i = \hat{\alpha}_0 + \hat{\alpha}_1 z_{i1} + \hat{\alpha}_2 z_{i2} \tag{6.25}$$
$$x_i = \hat{x}_i + w_i \tag{6.26}$$

ここで,$\sum_{i=1}^n w_i = 0, \sum_{i=1}^n \hat{x}_i w_i = 0$ である.

Step 2 (6.23) 式に (6.26) 式を代入すると次式を得る.

$$y_i = \beta_0 + \beta_1 \hat{x}_i + e_i \tag{6.27}$$
$$e_i = u_i + \beta_1 w_i \tag{6.28}$$

(6.27) 式に対して OLS を用いて未知パラメーター (β_0, β_1) の推定量を求める。

以上の方法は OLS を 2 度用いるために，2 段階最小自乗法と呼ばれる。TSLS 推定量は不偏推定量ではないが，一致推定量である。この方法には，複数の操作変数を同時に組み合わせて用いることができるというメリットがある。

<応用例 6-1>

1970 年から 2015 年の日本の年次データ（暦年）に基づく，次の回帰式を用いて消費関数の推定を行った（$T = 46$）。

$$\log(c_t) = \beta_0 + \beta_1 \log(y_t) + u_t, \quad t = 1, 2, \cdots, T$$

ただし，c は実質消費，y は実質所得，r は金利である。用いたデータは，実質 GDP，および実質家計最終消費支出である。OLS と TSLS の推定結果は，以下のとおりである。ただし，(　) 内の標準誤差の値は HACSE を用いて計算されている。

OLS を用いた場合，

$$\log(c_t) = 0.105 + 0.956 \log(y_t), \quad R^2 = 0.997$$
$$\qquad\quad (0.183) \quad (0.012)$$

TSLS を用いた場合（操作変数：定数項，実質所得の 1 期前と 2 期前の値），

$$\log(c_t) = 0.091 + 0.957 \log(y_t), \quad R^2 = 0.997$$
$$\qquad\quad (0.181) \quad (0.012)$$

<応用例 6-2>

賃金上昇率が失業率だけでなく，期待物価上昇率にも依存するという考え方は，「期待で拡張された Phillips 曲線」と呼ばれる。次の回帰式を考え，1971 年から 2016 年の日本における年次データ（暦年）を用いて分析を行う。

$$WI_t = \beta_0 + \beta_1 \frac{1}{UNE_t} + \beta_2 E_{t-1}(\pi_t) + u_t, \quad t = 1, 2, \cdots, T$$

ただし，WI_t は賃金上昇率，UNE_t は失業率，π_t は物価上昇率であり，用いたデータは，現金給与総額伸び率，完全失業率，消費者物価上昇率である（出所：平成 29 年度年次経済財政報告，内閣府）。右辺第 3 項は，人々の期待物価上昇率が条件付き期待値に等しいという「合理的期待」の考えを示している。こ

こで $E_{t-1}(\pi_t)$ を現実の物価上昇率 (π_i) に置き換えると,回帰式は次のようになる。

$$WI_t = \beta_0 + \beta_1 \frac{1}{UNE_t} + \beta_2 \pi_t + u_t$$

例題6-3 からも明らかなように,この場合には説明変数と誤差項に相関が生じる。OLSとTSLSの推定結果は,以下のとおりである。ただし,括弧内の標準誤差の値は,いずれの場合も,HACSE を用いて計算されている。

OLS を用いた場合,

$$WI_t = -5.008 + 17.887 \frac{1}{UNE_t} + 0.812\pi_t, \quad \bar{R}^2 = 0.930$$
$$\quad\quad (1.063) \quad (3.663) \quad\quad\quad (0.078)$$

TSLS を用いた場合(操作変数:定数項,失業率の逆数の1期前と2期前の値,インフレ率の1期前と2期前の値),

$$WI_t = -5.182 + 18.912 \frac{1}{UNE_t} + 0.702\pi_t, \quad \bar{R}^2 = 0.925$$
$$\quad\quad (2.056) \quad (7.473) \quad\quad\quad (0.198)$$

6.4 補論 定式化の誤りと不均一分散・系列相関

説明変数が確率変数の場合,過少定式化が不均一分散や系列相関の原因となる可能性があることを説明しよう。いま,真のモデルが次のように与えられている。

$$y_t = \beta_0 + \beta_1 x_{t1} + \beta_2 x_{t2} + u_t, \quad t = 1, 2, \cdots T \tag{6.29}$$

ただし,$E(u_t) = 0, E(u_t^2) = \sigma^2, E(u_t u_s) = 0$ for $(t \neq s)$。ところが,分析者が誤って,回帰モデルを次のように定式化した。

$$y_t = \beta_0 + \beta_1 x_{t1} + v_t, \quad t = 1, 2, \cdots, T \tag{6.30}$$

この場合,(6.29) (6.30) より,次の関係が成立する。

$$v_t = \beta_2 x_{t2} + u_t$$

このとき,

$$E(v_t) = E(\beta_2 x_{t2} + u_t) = \beta_2 E(x_{t2})$$
$$V(v_t) = E[(v_t - E(v_t))^2]$$
$$= E[\{\beta_2(x_t - E(x_{t2})) + u_t\}^2]$$
$$= \beta_2^2 E[(x_{it} - E(x_{t2}))^2] + E[u_t^2] + 2\beta_2 E[(x_{t2} - E(x_{t2}))u_t]$$
$$= \beta_2^2 V(x_{t2}) + \sigma^2 + 2\beta_2 Cov(x_{t2}, u_t)$$

となる.したがって,v_t の分散は,$\beta_2^2 V(x_{t2})$ および $Cov(x_{t2}, u_t)$ にも依存することになり,これらの値の少なくとも一つが一定でなければ,分散が不均一となることが分かる.つまり,説明変数が確率変数の場合,過少定式化が不均一分散を生み出す原因となることが理解できる.

さらに,

$$Cov(v_t, v_s) = E[(v_t - E(v_t))(v_s - E(v_s))]$$
$$= \beta_2^2 E[\{(x_t - E(x_{t2})) + u_t\}\{(x_s - E(x_{s2})) + u_s\}]$$
$$= \beta_2^2 E[(x_{t2} - E(x_{t2})(x_{s2} - E(x_{s2}))] + E[u_t u_s] + \beta_2 E[(x_{t2} - E(x_{t2}))u_s]$$
$$+ \beta_2 E[(x_{s2} - E(x_{s2}))u_t]$$
$$= \beta_2^2 Cov(x_{t2}, x_{s2}) + \beta_2 Cov(x_{t2}, u_s) + \beta_2 Cov(x_{s2}, u_t)$$

となる.したがって,v_t の分散は,x_{t2} が系列相関を持つか,x_{t2} と u_t が異時点間で相関を持つ場合には,系列相関を持つことが分かる.

つまり,説明変数が確率変数の場合,過少定式化が不均一分散に加えて,系列相関を生み出す原因ともなることが理解できる.

■ 練習問題

解答は p.223〜

練習 6-1 (→ 例題 6-1)

次のモデルを考える.

$$y_i^* = \beta_0 + \beta_1 x_i^* + u_i^*, \quad i = 1, 2, \cdots, n \quad (1a)$$
$$E(u_i^*) = 0, \quad E(u_i^{*2}) = \sigma_u^2, \quad E(u_i^* u_j^*) = 0 \quad (i \neq j),$$
$$E(x_i^* u_i^*) = 0$$

(1a) 式において $*$ がついているのは真の値である.

いま，x_i^* については真の値を観測できるが，y_i^* については，誤差を含んだ値のみが観測できるものと考える。したがって真の y_i^* の観測値を y_i とすると次の関係が成立する。

$$y_i = y_i^* + w_i \tag{1b}$$

$$x_i = x_i^* \tag{1c}$$

$$E(w_i) = 0, \quad E(w_i^2) = \sigma_w^2, \quad E(w_i w_j) = 0 \quad (i \neq j),$$

$$E(x_i^* w_i) = 0, \quad E(w_i u_j^*) = 0$$

(1a) 式，(1b) 式，および (1c) 式より次式を得る。

$$y_i = \beta_0 + \beta_1 x_i + u_i \tag{1d}$$

ただし，$u_i = u_i^* + w_i$。このとき，(1d) 式において $Cov(x_i, u_i) = 0$ が成立することを示しなさい。

練習 6-2 (→ 例題 6-2)

次の簡単な金融市場モデルを考える。

$$m_i^s = m_i^d \tag{2a}$$

$$m_i^d = \beta_0 + \beta_1 r_i + u_i \tag{2b}$$

$$E(u_i) = 0, \quad E(u_i^2) = \sigma^2, \quad E(u_i u_j) \neq 0, \quad (i \neq j)$$

$$m_i^s = \alpha, \quad \alpha \text{ は一定} \tag{2c}$$

ここで，m_i^s はマネーサプライ，m_i^d は貨幣需要，r_i は利子率である。このとき，$Cov(r_i, u_i) = 0$ が成立しないことを示しなさい。

練習 6-3 (→ 例題 6-3)

金利に関する Fisher 仮説によると，名目金利 (r_t) は実質金利 (i_t) と期待インフレ率 (π_t^e) の和で表される。いま，実質金利が一定 (β_0) であり，インフレ期待は合理的に形成されるものと仮定すると，次の回帰モデルを考えることができる。

$$r_t = i_t + \beta_1 \pi_t^e + u_t = \beta_0 + \beta_1 \pi_t^e + u_t \quad t = 1, 2, \cdots, T \tag{3a}$$

$$\pi_t^e = E(\pi_t | I_{t-1}) \tag{3b}$$

$$E(u_t) = 0, \quad E(u_t^2) = \sigma_u^2, \quad E(u_t u_s) = 0 \quad (t \neq s)$$

ここで I_{t-1} は $(t-1)$ 期に利用できる情報変数である．このとき，(3a) 式の期待変数を現実の変数と置き換えた回帰式，

$$y_t = \beta_0 + \beta_1 \pi_t + w_t$$

を用いて分析を行ったとき，$Cov(\pi_t, w_t) = 0$ が成立しないことを示しなさい．

練習 6-4

(1) 次の回帰モデルを考える．

$$y_t = \beta_0 + \beta_1 x_t + \gamma y_{t-1} + u_t, \quad t = 1, 2, \cdots, T$$
$$E(u_t) = 0, \quad E(u_t^2) = \sigma^2, \quad E(u_t u_s) = 0 \quad (t \neq s)$$

ここで x_t は非確率変数である．このモデルに OLS を用いたとき，回帰係数の推定量は一致性を持つかどうか述べなさい．

(2) 次の回帰モデルを考える．

$$y_t = \beta_0 + \beta_1 x_t + \gamma y_{t-1} + u_t, \quad t = 1, 2, \cdots, T$$
$$u_t = \rho u_{t-1} + \epsilon_t \quad |\rho| < 1$$
$$E(\epsilon_t) = 0, \quad E(\epsilon_t^2) = \sigma_\epsilon^2, \quad E(\epsilon_t \epsilon_s) = 0 \quad (t \neq s)$$

ここで x_t は非確率変数である．このモデルに OLS を用いたとき，回帰係数の推定量は一致性を持つかどうか述べなさい．

練習 6-5

以下の各問に答えなさい．

(1) 説明変数と誤差項との間に相関がある場合，OLS 推定量の性質についてあてはまるものを選択しなさい．

① 不偏推定量であり一致推定量である　② 不偏推定量ではないが一致推定量である
③ 一致推定量ではないが不偏推定量である　④ 不偏推定量でも一致推定量でもない

(2) 説明変数と誤差項との間に相関がある場合，操作変数推定量（IV 推定量）の性質についてあてはまるものを選択しなさい．

① 不偏推定量であり一致推定量である　② 不偏推定量ではないが一致推定量である

③ 一致推定量ではないが不偏推定量である ④ 不偏推定量でも一致推定量でもない

(3) 説明変数と誤差項との間に相関がある場合，2段階最小自乗推定量（TSLS推定量）の性質についてあてはまるものを選択しなさい。

① 不偏推定量であり一致推定量である ② 不偏推定量ではないが一致推定量である
③ 一致推定量ではないが不偏推定量である ④ 不偏推定量でも一致推定量でもない

(4) 同時方程式モデルをOLSで推定した場合，推定量の性質についてあてはまるものを選択しなさい。

① 不偏推定量であり一致推定量である ② 不偏推定量ではないが一致推定量である
③ 一致推定量ではないが不偏推定量である ④ 不偏推定量でも一致推定量でもない

第 7 章

パネルデータの分析

7.1 パネルデータとは

複数の経済主体のデータを，同一時点において集めたものをクロスセクションデータ（cross section data）と呼ぶ。同一経済主体について，複数時点のデータを集めたものを時系列データ（time series data）と呼ぶ。さらに，一般に複数の経済主体について，複数時点のデータを集めたものをパネルデータ（panel data）という。

単純回帰モデルを例に取ると，クロスセクションデータの場合は，

$$y_i = \beta_0 + \beta_1 x_i + u_i, \quad i = 1, 2, \cdots, n \tag{7.1}$$

時系列データの場合は，

$$y_t = \beta_0 + \beta_1 x_t + u_t, \quad t = 1, 2, \cdots, T \tag{7.2}$$

であるが，パネル分析ではこれら2つを組み合わせて次のように表される（表7.1 を参照）。

$$y_{it} = \beta_0 + \beta_1 x_{it} + u_{it}, \quad i = 1, 2, \cdots, n, \quad t = 1, 2, \cdots, T \tag{7.3}$$

パネルデータは企業の財務データや地域データに対して用いられることが多い。すべての経済主体 i についてすべての時点 t のデータがそろっている場合，このデータをバランスしたパネルデータ（balanced panel data）と呼ぶ。ある経済主体 i について一部のデータが欠如している場合，このデータをアンバラ

表 **7.1** パネルデータ

		クロスセクション $\longrightarrow$			
		$i=1$	$i=2$	$\cdots$	$i=n$
時系列	$t=1$	(x_{11}, y_{11})	(x_{21}, y_{21})	$\cdots$	(x_{n1}, y_{n1})
	$t=2$	(x_{12}, y_{12})	(x_{22}, y_{22})	$\cdots$	(x_{n2}, y_{n2})
$\downarrow$	$\vdots$	$\vdots$	$\vdots$		$\vdots$
	$t=T$	(x_{1T}, y_{1T})	(x_{2T}, y_{2T})	$\cdots$	(x_{nT}, y_{nT})

ンスなパネルデータ（unbalanced panel data）と呼ぶ。企業の合併または倒産等がその典型的な例である。

パネルデータを利用するメリットとしては，① 経済主体間の異質性等をコントロールできること，② 標本の大きさが増えるため，自由度が増加すること，等をあげることができる。

7.2 パネルデータとOLS

7.2.1 プールOLS

いま，次のモデルを考える。

$$y_{it} = \beta_0 + \beta_1 x_{it} + u_{it}, \quad i=1,2,\cdots,n, \quad t=1,2,\cdots,T \quad (7.4)$$

ここで，期間は T, 経済主体の数は n と考える。この場合には，標本の大きさは nT となる。(7.4) 式においては，経済主体に固有の効果は考慮されていない点に注意をする必要がある。

もし誤差項が，

$$E(u_{it}) = 0, \quad (7.5)$$

$$E(u_{it}^2) = \sigma^2 \quad (7.6)$$

$$E(u_{it}u_{js}) = 0 \quad (i \neq j, s \neq t) \quad (7.7)$$

であれば単純に OLS を適応することができ，その結果得られた推定量は**プール OLS 推定量** (pooled OLS estimator) と呼ばれる。プール OLS 推定量は時

系列とクロスセクションの双方の変動に基づいて得られている。

いま，x_{it} および y_{it} の総平均を，

$$\bar{x} = \frac{1}{nT} \sum_{i=1}^{n} \sum_{t=1}^{T} x_{it} \tag{7.8}$$

$$\bar{y} = \frac{1}{nT} \sum_{i=1}^{n} \sum_{t=1}^{T} y_{it} \tag{7.9}$$

で定義する。

変数 x_{it} の総変動，および x_{it} と y_{it} の共変動は，それぞれ，次のように定義される。

$$S_{xx} = \sum_{i=1}^{n} \sum_{t=1}^{T} (x_{it} - \bar{x})^2 \tag{7.10}$$

$$S_{xy} = \sum_{i=1}^{n} \sum_{t=1}^{T} (x_{it} - \bar{x})(y_{it} - \bar{y}) \tag{7.11}$$

すると β_1 に対するプール OLS 推定量は次のように与えられる。

$$\hat{\beta}_1^{Pool} = \frac{S_{xy}}{S_{xx}} \tag{7.12}$$

7.2.2 グループ内推定量とグループ間推定量

次に，変数の総変動をグループ内（within-group）変動とグループ間（between-group）変動に分解する。ここで，同一経済主体内の変動を**グループ内変動**，経済主体間の変動を**グループ間変動**と呼ぶ。

いま，同一経済主体内の t に関する平均をグループ内平均と呼び，次のように定義する。

$$\bar{x}_i = \frac{1}{T} \sum_{t=1}^{T} x_{it} \tag{7.13}$$

$$\bar{y}_i = \frac{1}{T} \sum_{t=1}^{T} y_{it} \tag{7.14}$$

x_{it} のグループ内変動,および x_{it} と y_{it} のグループ内共変動は,グループごとの時系列平均からの乖離の程度を示す指標であり,それぞれ,次のように示される。

$$S_{xx}^W = \sum_{i=1}^{n}\sum_{t=1}^{T}(x_{it}-\bar{x}_i)^2 \tag{7.15}$$

$$S_{xy}^W = \sum_{i=1}^{n}\sum_{t=1}^{T}(x_{it}-\bar{x}_i)(y_{it}-\bar{y}_i) \tag{7.16}$$

つまり,あるグループの観測値の多くがそのグループ内の平均値と似かよっておれば,グループ内のばらつきは小さく,グループ内変動は小さくなる。**グループ内推定量** (within-group estimator) は,次のように与えられる。

$$\hat{\beta}_1^W = \frac{S_{xy}^W}{S_{xx}^W} \tag{7.17}$$

他方,x_{it} のグループ間変動,および x_{it} と y_{it} のグループ間共変動は,グループ内平均の総平均からの乖離の程度を示す指標であり,それぞれ,次のように示される。

$$S_{xx}^B = \sum_{i=1}^{n}T(\bar{x}_i-\bar{x})^2 \tag{7.18}$$

$$S_{xy}^B = \sum_{i=1}^{n}T(\bar{x}_i-\bar{x})(\bar{y}_i-\bar{y}) \tag{7.19}$$

グループ間推定量 (between-group estimator) を次のように与えられる。

$$\hat{\beta}_1^B = \frac{S_{xy}^B}{S_{xx}^B} \tag{7.20}$$

ここで,次の関係が成立する。

$$S_{xx} = S_{xx}^W + S_{xx}^B \tag{7.21}$$

$$S_{xy} = S_{xy}^W + S_{xy}^B \tag{7.22}$$

つまり,x_{it} の総変動は,グループ内変動とグループ間変動の和であり,x_{it} と

y_{it} の共変動は，グループ内共変動とグループ間共変動の和となる。

すると，プール OLS 推定量は (7.12) 式，(7.17) 式，(7.20) 式および (7.22) 式より，次のように書くことができる。

$$\hat{\beta}_1^{Pool} = \frac{S_{xy}}{S_{xx}}$$
$$= \frac{S_{xy}^W + S_{xy}^B}{S_{xx}}$$
$$= \frac{S_{xx}^W}{S_{xx}} \frac{S_{xy}^W}{S_{xx}^W} + \frac{S_{xx}^B}{S_{xx}} \frac{S_{xy}^B}{S_{xx}^B}$$
$$= \left(\frac{S_{xx}^W}{S_{xx}}\right) \hat{\beta}_1^W + \left(1 - \frac{S_{xx}^W}{S_{xx}}\right) \hat{\beta}_1^B \quad (7.23)$$

この関係から，プール OLS 推定量はグループ内推定量とグループ間推定量の加重平均となることが分かる。

(7.23) 式から明らかなように，総変動 (S_{xx}) に占めるグループ内変動 (S_{xx}^W) の割合が小さいほど，右辺第 1 項の (　) 内の値が小さくなるため，グループ間推定量 ($\hat{\beta}_1^B$) とプール OLS 推定量は似た値をとる。

例題 7-1

(x_{it}, y_{it}) のデータが以下のように与えられている。

	$i=1$	$i=2$	$i=3$
$t=1$	$(-1,1)$	$(0,2)$	$(1,3)$
$t=2$	$(1,2)$	$(2,4)$	$(3,8)$

(1) プール OLS 推定量を求めなさい。
(2) グループ内推定量を求めなさい。
(3) グループ間推定量を求めなさい。

例題 7-1 の解

(1) $\bar{x} = (-1+1+0+2+1+3)/6 = 1$，$\bar{y} = (1+2+2+4+3+8)/6 = 3.33$ より，

$$S_{xx} = (-1-1)^2 + (1-1)^2 + (0-1)^2 + (2-1)^2$$
$$+ (1-1)^2 + (3-1)^2 = 10$$
$$S_{xy} = (-1-1)(1-3.33) + (1-1)(2-3.33) + (0-1)(2-3.33)$$
$$+ (2-1)(4-3.33) + (1-1)(3-3.33) + (3-1)(8-3.33)$$
$$= 16$$

したがって，$\hat{\beta}_1^{Pool} = S_{xy}/S_{xx} = 1.6$

(2) $\bar{x}_1 = (-1+1)/2 = 0$, $\bar{x}_2 = (0+2)/2 = 1$, $\bar{x}_3 = (1+3)/2 = 2$, $\bar{y}_1 = (1+2)/2 = 1.5$, $\bar{y}_2 = (2+4)/2 = 3$, $\bar{y}_3 = (3+8)/2 = 5.5$, より

$$S_{xx}^W = (-1-0)^2 + (1-0)^2 + (0-1)^2 + (2-1)^2$$
$$+ (1-2)^2 + (3-2)^2 = 6$$
$$S_{xy}^W = (-1-0)(1-1.5) + (1-0)(2-1.5) + (0-1)(2-3)$$
$$+ (2-1)(4-3) + (1-2)(3-5.5) + (3-2)(8-5.5)$$
$$= 8$$

したがって，$\hat{\beta}_1^W = S_{xy}^W/S_{xx}^W = 1.33$

(3)

$$S_{xx}^B = 2 \times [(0-1)^2 + (1-1)^2 + (2-1)^2] = 4$$
$$S_{xy}^B = 2 \times [(0-1)(1.5-3.33) + (1-1)(3-3.33)$$
$$+ (2-1)(5.5-3.33)] = 8$$

したがって，$\hat{\beta}_1^B = S_{xy}^B/S_{xx}^B = 2.0$ ∎

7.2.3 固定効果と変量効果

いま，経済主体に固有の特徴を示す例として，消費関数の推定について考えてみよう。経済主体の選好は消費支出に影響を与えるが，それを外から観察することは困難なので，選好は誤差項に含まれるものと考える。いま，選好は時間とともに一定であると仮定して，誤差項について次のように考える。

$$u_{it} = \alpha_i + v_{it} \tag{7.24}$$

ただし，v_{it} については次の関係が成立する。

$$E(v_{it}) = 0 \tag{7.25}$$

$$E(v_{it}^2) = \sigma_v^2 \tag{7.26}$$

$$E(v_{it}v_{js}) = 0 \quad (i \neq j, s \neq t) \tag{7.27}$$

ここで，α_i は観察不可能な経済主体固有の効果を表し，**個別効果**（individual effect）と呼ばれる。この個別効果には 2 通りの考え方があり，それによって用いるモデルが異なる。

いま，α_i を確率変数として，$E(\alpha_i) = 0$ と仮定する。もし，α_i と説明変数 x_{it} が無相関であれば，つまり，

$$Cov(\alpha_i, x_{it}) = E(\alpha_i x_{it}) = 0 \tag{7.28}$$

であれば，**変量効果モデル**（random effect model）と呼び，α_i を**変量効果**（random effect）と呼ぶ。

他方，もし，α_i と説明変数 x_{it} に相関があれば，つまり，

$$Cov(\alpha_i, x_{it}) = E(\alpha_i x_{it}) \neq 0 \tag{7.29}$$

であれば，**固定効果モデル**（fixed effect model）と呼び，α_i を**固定効果**（fixed effect）と呼ぶ。

7.3 固定効果モデル

7.3.1 固定効果モデルの推定

次の固定効果モデルを考える。

$$y_{it} = \beta x_{it} + u_{it}, \quad i = 1, 2, \cdots, n, \quad t = 1, 2, \cdots, T \tag{7.30}$$

$$u_{it} = \alpha_i + v_{it} \tag{7.31}$$

$$E(v_{it}) = 0 \tag{7.32}$$

$$E(v_{it}^2) = \sigma_v^2 \tag{7.33}$$

$$E(v_{it}v_{js}) = 0 \quad (i \neq j, s \neq t) \tag{7.34}$$

$$E(\alpha_i x_{it}) \neq 0 \tag{7.35}$$

固定効果モデルでは，説明変数と誤差項とが相関を持つので，OLS 推定量は不偏性も一致性も持たない．ポイントは，固定効果 (α_i) をどのようにして消去するかにある．

いま，(7.30) 式と (7.31) 式より次式を得る．

$$y_{it} = \alpha_i + \beta x_{it} + v_{it}, \quad i = 1, 2, \cdots, n, \quad t = 1, 2, \cdots, T \tag{7.36}$$

次に，(7.36) 式の t に関する平均をとると次式を得る．

$$\bar{y}_i = \alpha_i + \beta \bar{x}_i + \bar{v}_i, \quad i = 1, 2, \cdots, n \tag{7.37}$$

ただし，$\bar{y}_i = \sum_{t=1}^{T} y_{it}/T$, $\bar{x}_i = \sum_{t=1}^{T} x_{it}/T$, $\bar{v}_i = \sum_{t=1}^{T} v_{it}/T$ である．

(7.36) 式から (7.37) 式を引くと，

$$y_{it} - \bar{y}_i = \beta(x_{it} - \bar{x}_i) + (v_{it} - \bar{v}_i) \tag{7.38}$$

となり，固定効果 (α_i) が消去されることが分かる．そこで，(7.38) 式に対して OLS を適応すれば，β に対する推定量 ($\hat{\beta}$) が次のように得られる．

$$\hat{\beta} = \frac{\sum_{i=1}^{n} \sum_{t=1}^{T} (x_{it} - \bar{x}_i)(y_{it} - \bar{y}_i)}{\sum_{i=1}^{n} \sum_{t=1}^{T} (x_{it} - \bar{x}_i)^2} \tag{7.39}$$

ここで，(7.38) 式はグループ内変換モデルであり，(7.39) 式はグループ内推定量である．

この推定方法は，(7.36) 式の α_i の項に，その経済主体が i である場合には 1，そうでない場合には 0 であるダミー変数を用いた場合と同じであることが知られている．そこで，(7.36) 式を次のように書き換える．

$$y_{it} = \alpha_1 D_1 + \alpha_2 D_2 + \cdots + \alpha_n D_n + \beta x_{it} + v_{it},$$
$$i = 1, 2, \cdots, n, \quad t = 1, 2, \cdots, T \tag{7.40}$$

ここで，ダミー変数 D_j は，$i = j$ であれば $D_j = 1$，$i \neq j$ であれば $D_j = 0$ である。(7.40) 式を最小自乗法で推定する方法を**ダミー変数最小自乗法**（least squares dummy variable method: LSDV method）と呼ぶ。

β の推定量に関して，(7.40) 式に基づく LSDV の推定量と (7.38) 式に基づくグループ内推定量は同値となるとともに，推定量の分散や t 値も同じとなることが知られている。

7.3.2 個別効果の検定

経済主体ごとに個別効果があるかどうかは，次の帰無仮説に対して対立仮説を検定することによって確認できる。

$$H_0: \quad \alpha_1 = \alpha_2 = \cdots = \alpha_n \tag{7.41}$$

$$H_A: \quad \alpha_1 \neq \alpha_2 \text{ or } \alpha_2 \neq \alpha_n \text{ or } \cdots \text{or } \alpha_{n-1} \neq \alpha_n \tag{7.42}$$

これは F 検定を用いることができる。帰無仮説のもとでの制約の数は $n-1$ である。そこで，検定統計量は，

$$F = \frac{(RSS^r - RSS^u)/(n-1)}{RSS^u/(nT - (n+1))} \tag{7.43}$$

となり，これは，$F(n-1, nT-n-1)$ に従う。ただし，RSS^r は制約付きの残差自乗和，RSS^u は無制約の残差自乗和である。次のように判断を行う。

$F \geq F_\alpha(n-1, nT-n-1)$ のとき，有意水準 $100\alpha\%$ で帰無仮説を棄却

$F < F_\alpha(n-1, nT-n-1)$ のとき，有意水準 $100\alpha\%$ で帰無仮説を採択

ただし，$F_\alpha(n-1, nT-n-1)$ は自由度 $(n-1, nT-n-1)$ の F 分布の上側 $100\alpha\%$ 点である。

一般に，ダミー変数以外の説明変数が p 個あれば，検定統計量は，

$$F = \frac{(RSS^r - RSS^u)/(n-1)}{RSS^u/(nT - (n+p))} \tag{7.44}$$

となり，これは，$F(n-1, nT-n-p)$ に従う。

例題 7-2

G-7 の諸国（カナダ，フランス，イタリア，ドイツ，日本，イギリス，アメリカ）のパネルデータを用いて消費関数の推定を LSDV 法を用いて行う。標本期間は，1995 年から 2015 年である。この場合，時系列では 21 年間，クロスセクションでは 7ヶ国のデータしかないが，パネルにすると，標本の大きさは 147 となる。データは，実質 GDP と家計最終消費を用いた（出所：世界銀行）。推定式は，

$$c_{it} = \alpha_1 D_1 + \alpha_2 D_2 + \cdots + \alpha_7 D_7 + \beta y_{it} + u_{it}$$

である。推定結果は，$\hat{\beta} = 0.598$, $SE(\hat{\beta}) = 0.014$ である。

経済主体ごとに個別効果があるかどうかの検定を行うために帰無仮説と対立仮説を次のように設定する。

$$H_0: \quad \alpha_1 = \alpha_2 = \cdots = \alpha_7$$
$$H_A: \quad \alpha_1 \neq \alpha_2 \text{ or } \alpha_2 \neq \alpha_3 \text{ or } \cdots \text{ or } \alpha_6 \neq \alpha_7$$

その結果，検定統計量の F 値は 3.214 で，その確率値（p 値）は 0.006 であった。

(1) 検定統計量はどのような分布に従うか。
(2) 有意水準 5% のもとでこの帰無仮説を対立仮説に対して検定しなさい。

例題 7-2 の解

(1) F 統計量は，自由度 $(6, 139)$ の F 分布に従う。
(2) 検定統計量の確率値が 0.05 より小さいので，$F > F_{0.05}(6, 139)$ となり，帰無仮説は棄却される。 ■

7.4 変量効果モデル

次の変量効果モデルを考える。

$$y_{it} = \beta_0 + \beta_1 x_{it} + u_{it}, \quad i = 1, 2, \cdots, n, \quad t = 1, 2, \cdots, T \quad (7.45)$$
$$u_{it} = \alpha_i + v_{it} \quad (7.46)$$
$$E(v_{it}) = 0 \quad (7.47)$$

$$E(v_{it}^2) = \sigma_v^2 \tag{7.48}$$

$$E(v_{it}v_{js}) = 0 \quad (i \neq j, s \neq t) \tag{7.49}$$

$$E(\alpha_i x_{it}) = 0 \tag{7.50}$$

変量効果モデルでは，説明変数と誤差項とが相関を持たない．ここで，α_i に関して次の仮定をおく．

$$E(\alpha_i) = 0 \tag{7.51}$$

$$E(\alpha_i^2) = \sigma_\alpha^2 \tag{7.52}$$

$$E(\alpha_i \alpha_j) = 0 \text{ for } i \neq j \tag{7.53}$$

$$E(\alpha_i v_{it}) = 0 \tag{7.54}$$

したがって，u_{it} は次の性質を持つ．

$$E(u_{it}) = 0 \tag{7.55}$$

$$E(u_{it}u_{js}) = \begin{cases} \sigma_\alpha^2 + \sigma_v^2 & \text{for} \quad i = j, t = s \\ \sigma_\alpha^2 & \text{for} \quad i = j, t \neq s \\ 0 & \text{その他} \end{cases} \tag{7.56}$$

変量効果モデルでは，説明変数と誤差項は相関しないので，OLS 推定量は不偏性と一致性を持つ．しかし，誤差項の間に相関があるので，OLS 推定量は BLUE ではない．BLUE を得るための 1 つの方法は，(7.45) 式を変換して，誤差項の相関をなくすことである．

具体的には，

$$y_{it} - \lambda \bar{y}_i = \beta_0(1-\lambda) + \beta_1(x_{it} - \lambda \bar{x}_i) + (u_{it} - \lambda \bar{u}_i) \tag{7.57}$$

において，

$$\lambda = 1 - \frac{\sigma_v}{\sqrt{T\sigma_\alpha^2 + \sigma_v^2}} \tag{7.58}$$

と λ を選択すると $(u_{it} - \lambda \bar{u}_i)$ は互いに相関しないことが知られている．

(7.57) 式は標準的な回帰モデルの仮定を満たすので，OLS で推定すると，推

定量は BLUE となる。また，時間を十分に取ると $T \to \infty$ にともない，$\lambda \to 1$ となり，変量効果モデルは固定効果モデルと一致する。

7.5 Hausman 検定

次のモデルを考える。

$$y_{it} = \beta_0 + \beta_1 x_{it} + u_{it}, \quad i = 1, 2, \cdots, n, \quad t = 1, 2, \cdots, T \quad (7.59)$$

$$u_{it} = \alpha_i + v_{it} \quad (7.60)$$

すでに述べたように，$E(\alpha_i x_{it}) = 0$ であれば，変量効果モデルが選択され，$E(\alpha_i x_{it}) \neq 0$ であれば，固定効果モデルが選択される。両者の選択に関する検定は，**Hausman 検定**と呼ばれ，以下のように行われる[1]。

まず，帰無仮説と対立仮説を次のように設定する。

$$H_0 : \ E(\alpha_i x_{it}) = 0 \quad (7.61)$$

$$H_A : \ E(\alpha_i x_{it}) \neq 0 \quad (7.62)$$

帰無仮説のもとでの推定量を $\hat{\beta}_1^{RE}$，対立仮説のもとでの推定量を $\hat{\beta}_1^{FE}$，両者の差を $\hat{q} = \hat{\beta}_1^{FE} - \hat{\beta}_1^{RE}$ とする。

検定統計量として，

$$m = \frac{(\hat{q})^2}{\hat{V}(\hat{q})} \quad (7.63)$$

を考える。ここで，$\hat{V}(\hat{q})$ は $V(\hat{q})$ の推定量である。この検定統計量は，標本のサイズが大きいとき（漸近的に），自由度 1 のカイ自乗分布に従う。ここで 1 は (7.59) 式における定数項以外の説明変数の数である。次のように判断を行う。

$m \geq \chi_\alpha^2(1)$ のとき，有意水準 $100\alpha\%$ で帰無仮説を棄却

$m < \chi_\alpha^2(1)$ のとき，有意水準 $100\alpha\%$ で帰無仮説を採択

---

[1] Hausman, J.A. (1978) Specification tests in econometrics, *Econometrica*, **46**, 1251-1271.

ただし，$\chi_\alpha^2(1)$ は自由度 1 のカイ自乗分布の上側 $100\alpha\%$ 点である。

一般に，定数項以外の説明変数が p 個あれば，検定統計量は次のようになる。

$$m = \hat{\boldsymbol{q}}'[\hat{\boldsymbol{V}}(\boldsymbol{q})]^{-1}\hat{\boldsymbol{q}} \tag{7.64}$$

ただし，$\boldsymbol{q}$ は $(p \times 1)$ ベクトルであり，$\hat{\boldsymbol{V}}(\boldsymbol{q})$ は $(p \times p)$ 次の行列である。この検定統計量は，標本のサイズが大きいとき（漸近的に），自由度 p のカイ自乗分布に従う。

例題 7-3

G-7 を対象とした消費関数を変量効果モデルで推定する。推定式は，

$$c_{it} = \beta_0 + \beta_1 y_{it} + u_{it}$$

である。このモデルにおいて，固定効果モデルと変量効果モデルの選択に関して，Hausman 検定を行った。その結果，検定統計量とその確率値 (p 値) は，それぞれ，4.179 と 0.041 であった。

(1) 検定統計量はどのような分布に従うか。
(2) 有意水準 5% で検定を行いなさい。

例題 7-3 の解

(1) 自由度 1 のカイ自乗分布に従う。
(2) $0.05 > 0.041$ より，$m > \chi_{0.05}^2(1)$ となり，帰無仮説は棄却される。 ∎

■ 練習問題

解答は p.224〜

練習 7-1 (→ 例題 7-1)

(x_{it}, y_{it}) のデータが以下のように与えられている。

	$i=1$	$i=2$	$i=3$
$t=1$	$(-2,1)$	$(0,2)$	$(2,3)$
$t=2$	$(2,2)$	$(4,4)$	$(6,8)$

(1) プール OLS 推定量を求めなさい。

(2) グループ内推定量を求めなさい。

(3) グループ間推定量を求めなさい。

練習 7-2 (→ 例題 7-2)

G-7 のパネルデータを用いて消費関数の推定を LSDV 法を用いて行う。標本期間は，1995 年から 2004 年である。

推定式は，

$$\ln(c_{it}) = \alpha_1 D_1 + \alpha_2 D_2 + \cdots + \alpha_7 D_7 + \beta_1 \ln(y_{it}) + u_{it}$$

である。推定結果は，$\hat{\beta}_1 = 1.135$, $SE(\hat{\beta}_1) = 0.019$ である。

経済主体ごとに個別効果があるかどうかの検定を行うために帰無仮説と対立仮説を次のように設定する。

$$H_0: \quad \alpha_1 = \alpha_2 = \cdots = \alpha_7$$
$$H_A: \quad \alpha_1 \neq \alpha_2 \text{ or } \alpha_2 \neq \alpha_3 \text{ or } \cdots \text{or } \alpha_6 \neq \alpha_7$$

その結果，検定統計量の F 値は 266.658 で，その確率値 (p 値) は 0.000 であった。

(1) 検定統計量はどのような分布に従うか。

(2) 有意水準 5% のもとで帰無仮説を対立仮説に対して検定しなさい。

練習 7-3 (→ 例題 7-3)

G-7 を対象とした消費関数を変量効果モデルで推定する。推定式は，

$$\ln(c_{it}) = \beta_0 + \beta_1 \ln(y_{it}) + u_{it}, \quad i = 1, 2, \cdots, n, \quad t = 1, 2, \cdots, T$$

である。このモデルにおいて，固定効果モデルと変量効果モデルの選択に関して，Hausman 検定を行った。その結果，検定統計量とその確率値 (p 値) は，それぞれ，27.208 と 0.000 であった。

(1) 検定統計量はどのような分布に従うか。

(2) 有意水準 5% で検定を行いなさい。

第 8 章

時系列分析への架け橋

8.1 定 常 性

時系列データ (time series data) とは，時間の経過とともに観察されるデータをさす。データを集める頻度によって，日次データ，月次データ，四半期データ，年次データ等がある。したがって，以下ではこの点を強調するために，変数の添え字を t で表し，標本の大きさを，T で表すことにする。

時間 t に対応した確率変数の集合，

$$\{y_t\} = \{\cdots, y_{-1}, y_0, y_1, \cdots\} \tag{8.1}$$

を，**確率過程** (stochastic process) と呼ぶ。つまり，時系列データは，確率過程の中の，第 1 期から第 T 期に対応する確率変数について，実現値が得られたものと考えられる。時系列分析において重要な役割を担うのが，次の**定常性** (stationarity) の概念である。

確率過程 $\{y_t\}_{-\infty}^{\infty}$ について，次の 3 つの性質が満たされるとき，$\{y_t\}$ は**定常的** (stationary)，（より厳密には，**弱定常的** (weakly stationary)，または**共分散定常的** (covariance stationary)）であるといわれる。

(1) 平均 $E(y_t)$ がすべての t に対して等しい。
(2) 分散 $V(y_t)$ がすべての t に対して等しい。
(3) 自己共分散 $Cov(y_t, y_{t-s})$ が，時点の差である s のみに依存する $(s > 0)$。

時系列分析では，2 つの変数 y_t と y_{t-s} の共分散を，

$$\gamma(s) = Cov(y_t, y_{t-s}), \quad s > 0 \tag{8.2}$$

と表示し，**自己共分散関数**と呼ぶ．また，y_t と y_{t-s} の自己相関を，

$$\rho(s) = Corr(y_t, y_{t-s}) = \frac{Cov(y_t, y_{t-s})}{\sqrt{V(y_t)V(y_{t-s})}} = \frac{Cov(y_t, y_{t-s})}{V(y_t)} \quad (8.3)$$

と表示し，**自己相関関数** (autocorrelation function: ACF) と呼ぶ．これは，**コレログラム** (correlogram) とも呼ばれる．定常確率過程は，自己相関関数または自己共分散関数によってその特徴が示される．

定常的確率過程の中で最も簡単なものは，**ホワイトノイズ** (white noise) と呼ばれるものである．いま，u_t をホワイトノイズとすると，これは次の3つの性質を満たす．

$$E(u_t) = 0, \quad (8.4)$$

$$V(u_t) = \sigma^2, \quad (8.5)$$

$$Cov(u_t u_s) = 0, \quad t \neq s \quad (8.6)$$

つまり，期待値が 0，分散が一定で，自己相関がない確率変数である．

ホワイトノイズ過程では，独立性は仮定されていないことに注意する必要がある．これに対して，確率変数が互いに独立で同一の分布に従うことを，i.i.d. (independent and identically distributed) と表現する．u_t が i.i.d. で，$E(u_t) = 0$，$V(u_t) = \sigma^2$ の場合，$u_t \sim$ i.i.d. $(0, \sigma^2)$ と示される．

計量経済分析では，次の3つのモデルがよく用いられる．

(1) 次数 p の**自己回帰過程** (autoregressive process)：AR(p)

$$y_t = \phi_1 y_{t-1} + \phi_2 y_{t-2} + \cdots + \phi_p y_{t-p} + u_t \quad (8.7)$$

(2) 次数 q の**移動平均過程** (moving average process)：MA(q)

$$y_t = u_t + \theta_1 u_{t-1} + \cdots + \theta_q u_{t-q} \quad (8.8)$$

(3) 次数 (p, q) の**自己回帰移動平均過程** (autoregressive-moving average process)：ARMA(p, q)

$$y_t = \phi_1 y_{t-1} + \cdots + \phi_p y_{t-p} + u_t + \theta_1 u_{t-1} + \cdots + \theta_q u_{t-q} \quad (8.9)$$

ただし，u_t は，ホワイトノイズである。AR 過程の説明変数は，被説明変数の過去の値が用いられる。MA 過程の説明変数は，ホワイトノイズの線形結合が用いられる。ARMA 過程は，AR 過程と MA 過程を組み合わせたものである。

ここで，**ラグ演算子** (L) (lag operator) を，

$$L^k y_t = y_{t-k}, \quad k = 1, 2, \cdots \tag{8.10}$$

のように時点を遅らせる変換として定義すると，これらは次のように表現することができる。

(1) AR(p) 過程:

$$\phi(L) y_t = u_t \tag{8.11}$$

(2) MA(q) 過程:

$$y_t = \theta(L) u_t \tag{8.12}$$

(3) ARMA(p, q) 過程:

$$\phi(L) y_t = \theta(L) u_t \tag{8.13}$$

ただし，$\phi(L)$ と $\theta(L)$ は，それぞれ，次式で定義される**ラグ多項式**である。

$$\phi(L) = (1 - \phi_1 L - \phi_2 L^2 - \cdots - \phi_p L^p) \tag{8.14}$$

$$\theta(L) = (1 + \theta_1 L + \theta_2 L^2 + \cdots + \theta_q L^q) \tag{8.15}$$

> 例題 8-1
>
> 次の MA(1) 過程を考える。
>
> $$y_t = u_t + \theta u_{t-1}$$
>
> ただし，$u_t \sim$ i.i.d. $(0, \sigma^2)$。このとき，y_t の期待値，分散，自己共分散および自己相関を求めなさい。

例題 8-1 の解

$$E(y_t) = E(u_t + \theta u_{t-1})$$
$$= E(u_t) + \theta E(u_{t-1})$$
$$= 0$$
$$V(y_t) = E[(u_t + \theta u_{t-1})^2]$$
$$= E(u_t^2) + 2\theta E(u_t u_{t-1}) + \theta^2 E(u_{t-1}^2)$$
$$= (1 + \theta^2)\sigma^2$$
$$Cov(y_t, y_{t-1}) = E(y_t y_{t-1})$$
$$= E[(u_t + \theta u_{t-1})(u_{t-1} + \theta u_{t-2})]$$
$$= E(u_t u_{t-1}) + \theta E(u_t u_{t-2}) + \theta E(u_{t-1}^2) + \theta^2 E(u_{t-1} u_{t-2})$$
$$= \theta \sigma^2$$
$$Cov(y_t, y_{t-s}) = 0, \quad s \geq 2$$

$$Corr(y_t, y_{t-s}) = \begin{cases} 1 & s=0 \\ \dfrac{Cov(y_t, y_{t-1})}{V(y_t)} = \dfrac{\theta}{1+\theta^2} & s=1 \\ 0 & s=2, 3, \cdots \end{cases}$$

例題 8-2

次の MA(1) モデルを考える。

$$y_t = u_t + 0.5 u_{t-1}$$

ただし，$u_t \sim$ i.i.d. $(0, \sigma^2)$。

(1) y_t の期待値および分散を求めなさい。

(2) y_t の $t-1$ 期までに利用可能な情報 (I_{t-1}) に基づく条件付き期待値 ($E_{t-1}(y_t)$) と条件付き分散 ($V_{t-1}(y_t)$) を求めなさい。ただし，$I_{t-1} = (u_{t-1}, u_{t-2}, \cdots)$ である。

例題 8-2 の解

(1) $E(y_t) = E(u_t + 0.5 u_{t-1}) = 0$
$V(y_t) = E[(u_t + 0.5 u_{t-1})^2] = E(u_t^2 + 0.25 u_{t-1}^2 + u_t u_{t-1}) = 1.25 \sigma^2$

(2) $E_{t-1}(y_t) = E_{t-1}(u_t + 0.5u_{t-1}) = 0.5u_{t-1}$
$V_{t-1}(y_t) = E_{t-1}[(y_t - E_{t-1}(y_t))^2] = E_{t-1}(u_t^2) = \sigma^2$ ∎

8.2 定常性の条件と反転可能性の条件

8.2.1 定常性の条件

いま,任意の AR(p) モデルを考えると,それらがすべて定常性を満たしているわけではない。定常性を満足するためには,一定の条件が必要である。AR(p) モデルの定常性の条件は次のとおりである。

定常性の条件: AR(p) 過程,

$$(1 - \phi_1 L - \phi_2 L^2 - \cdots - \phi_p L^p)y_t = u_t \tag{8.16}$$

の定常性の条件は,

$$1 - \phi_1 z - \phi_2 z^2 - \cdots - \phi_p z^p = 0 \tag{8.17}$$

の z のすべての根の絶対値が 1 より大きいことである。

例として,次の AR(1) 過程を考える。

$$(1 - \phi L)y_t = u_t \tag{8.18}$$

この場合には,

$$1 - \phi z = 0 \tag{8.19}$$

より,

$$|z| = \left|\frac{1}{\phi}\right| > 1 \tag{8.20}$$

が定常性の条件である。つまり,(8.18) 式が定常的であるためには,$|\phi| < 1$ でなければならないことが分かる。この定常性の条件が満たされておれば,AR(1)

過程は，(8.18) 式より，

$$y_t = \frac{1}{1-\phi L}u_t = \sum_{i=0}^{\infty}(\phi L)^i u_t = \sum_{i=0}^{\infty}\phi^i u_{t-i} \tag{8.21}$$

となるので，MA(∞) となることが分かる。つまり，自己回帰過程は，定常性の条件を満たしていれば，移動平均過程として表現することができる。

ここで，AR(1) 過程の自己相関関数の特徴を見てみよう。まず，(8.21) 式より，

$$y_t = \sum_{i=0}^{\infty}\phi^i u_{t-i} \tag{8.22}$$

$$y_{t-s} = \sum_{i=0}^{\infty}\phi^i u_{t-s-i} \tag{8.23}$$

であるので，期待値と分散は，それぞれ，

$$E(y_t) = E(y_{t-s}) = 0 \tag{8.24}$$

$$V(y_t) = V(y_{t-s}) = \frac{\sigma^2}{1-\phi^2} \tag{8.25}$$

となる。また，y_t と y_{t-s} との自己共分散は次のように与えられる。

$$\begin{aligned}\gamma(s) &= E(y_t y_{t-s}) \\ &= E[(\sum_{i=0}^{\infty}\phi^i u_{t-i})(\sum_{i=0}^{\infty}\phi^i u_{t-s-i})] \\ &= [\phi^s + \phi^{s+2} + \phi^{s+4} + \cdots]\sigma^2 \\ &= \frac{\phi^s}{1-\phi^2}\sigma^2 \end{aligned} \tag{8.26}$$

(8.25) 式と (8.26) 式とから，自己相関関数は，

$$\rho(s) = \frac{Cov(y_t, y_{t-s})}{V(y_t)} = \phi^s \tag{8.27}$$

となる。(8.27) 式より，自己相関関数の形状は ϕ の値に依存しており，この値が 1 に近いほど，自己相関関数は s の増加とともにゆっくりと 0 に近づいていくことが分かる。

例題 8-3

次の AR(1) モデルを考える。

$$y_t = 1.0 + 0.5 y_{t-1} + u_t$$

ただし，$u_t \sim \text{i.i.d.}(0, \sigma^2)$。

(1) y_t の期待値および分散を求めなさい。

(2) y_t の $t-1$ 期までに利用可能な情報 (I_{t-1}) に基づく条件付き期待値 $(E_{t-1}(y_t))$ と条件付き分散 $(V_{t-1}(y_t))$ を求めなさい。ただし，$I_{t-1} = (u_{t-1}, u_{t-2}, \cdots)$ である。

例題 8-3 の解

(1) 両辺の期待値をとると次式を得る。

$$E(y_t) = 1.0 + 0.5 E(y_{t-1})$$

y_t は定常性の条件を満たしているので，$E(y_t) = E(y_{t-1}) = \cdots = \bar{y}$ とおくと，$\bar{y} = 1.0 + 0.5\bar{y}$ より，

$$\bar{y} = \frac{1.0}{1 - 0.5} = 2.0$$

両辺の分散を計算すると次式を得る。

$$V(y_t) = 0.5^2 V(y_{t-1}) + \sigma^2$$

y_t は定常性の条件を満たしているので，$V(y_t) = V(y_{t-1}) = \cdots = S^2$ とおくと，$S^2 = 0.5^2 S^2 + \sigma^2$ より，

$$S^2 = \frac{\sigma^2}{1 - 0.25} = \frac{4}{3}\sigma^2$$

(2) $E_{t-1}(y_t) = E_{t-1}[1.0 + 0.5 y_{t-1} + u_t] = 1.0 + 0.5 y_{t-1}$

$V_{t-1}(y_t) = E_{t-1}[(y_t - E_{t-1}(y_t))^2] = E_{t-1}(u_t^2) = \sigma^2$

8.2.2 反転可能性の条件

AR 過程が定常性の条件を満たしていれば MA 過程として表現できるように，MA 過程もある一定の条件を満たしていると AR 過程として表現することができる。この条件は，**反転可能性の条件** と呼ばれ，次のように与えられる。

反転可能性の条件： MA(q) 過程,

$$y_t = (1 + \theta_1 L + \theta_2 L^2 + \cdots + \theta_q L^q) u_t \tag{8.28}$$

の反転可能性の条件は,

$$1 + \theta_1 z + \theta_2 z^2 + \cdots + \theta_q z^q = 0 \tag{8.29}$$

の z のすべての根の絶対値が 1 より大きいことである。

例として，次の MA(1) 過程を考える。

$$y_t = (1 + \theta L) u_t \tag{8.30}$$

したがって,

$$1 + \theta z = 0 \tag{8.31}$$

より,

$$|z| = \frac{1}{|\theta|} > 1 \tag{8.32}$$

が反転可能性の条件である。つまり，(8.30) 式において，$|\theta| < 1$ が反転可能性の条件であることが分かる。

この反転可能性条件が満たされておれば，MA(1) 過程は，(8.30) 式より,

$$u_t = \frac{1}{1 + \theta L} y_t = \sum_{i=0}^{\infty} (-\theta L)^i y_t = \sum_{i=0}^{\infty} (-\theta)^i y_{t-i} \tag{8.33}$$

となるので，AR(∞) となることが分かる。つまり，移動平均過程は反転可能性を満たしておれば，自己回帰過程として表現することができる。

8.3 モデルの選択

時系列モデルにおいても適切なモデルを選択する必要がある。具体的には AR(p) モデルの次数 p 等を決めることである。では，それはどのように決めればよいのであろうか。具体的には，2つの方法がよく用いられる。第1は，残差診断を用いる方法であり，第2は，情報量基準を用いて分析を行う方法である。

8.3.1 残差診断に基づく選択

推定したモデルが適切かどうかを判断するには，推定した残差の性質をチェックし，用いられてモデルが適切であったかどうかの**診断** (diagnostic checking) を行うのが1つの方法である。もし診断にパスすれば，モデルが適切であると判断することができる。他方，診断にパスしなければ他のモデルを用いることになる。この際に重要な役割を果たすのが，系列相関の検定である。

Box と Pierce は，ARMA(p,q) モデルを推定して得られた残差 (e_t) に関して，s 個の自己相関について，

$$H_0 : \rho(1) = \rho(2) = \cdots = \rho(s) = 0 \tag{8.34}$$

$$H_A : \rho(1) \neq 0 \quad \text{or} \quad \rho(2) \neq 0 \quad \text{or} \cdots \text{or} \quad \rho(s) \neq 0 \tag{8.35}$$

という帰無仮説を対立仮説に対して検定する方法を提案した[1]。彼らは，帰無仮説が正しいときには，各自己相関の推定量 $\hat{\rho}(k), k = 1, 2, \cdots, s$ をもとにした統計量，

$$Q(s) = T \sum_{k=1}^{s} \hat{\rho}^2(k) \tag{8.36}$$

が，標本数のサイズが大きいとき（漸近的に），自由度 $s - p - q$ のカイ自乗分布に従うことを示した。ここで，p, q は，ARMA(p, q) モデルにおいて推定

---

[1] Box, G. E. P. and Pierce, D. A. (1970) Distribution of residual autocorrelation in autoregressive moving average time series models, *Journal of the American Statistical Society* **65**, 1509-1526.

されたパラメーターの数である（モデルに定数項が含まれていれば，自由度は $s-p-q-1$ となる）．そこで，次のように判断を行う．

$Q(s) \geq \chi_\alpha^2(s-p-q)$ のとき，有意水準 $100\alpha\%$ で帰無仮説を棄却

$Q(s) < \chi_\alpha^2(s-p-q)$ のとき，有意水準 $100\alpha\%$ で帰無仮説を採択

ただし，$\chi_\alpha^2(s-p-q)$ は自由度 $s-p-q$ のカイ自乗分布の上側 $100\alpha\%$ 点である．

このように残差から作成された統計量 $Q(s)$ に基づく検定は，**Box-Pierce 検定**と呼ばれる．直感的にいえば，標本自己相関が高ければ $Q(s)$ の値が大きくなるということである．ホワイトノイズの場合には，その値は 0 となる．

検定の結果，残差に系列相関がなければ，モデルが適切であると判断することができる．他方，残差に系列相関があれば，重要な変数が含まれていない可能性があると判断して，説明変数の数を増やすことが考えられる

Box-Pierce 検定の問題点は，標本数が小さいときには必ずしもカイ自乗分布が良い近似を与えるとは限らないことである．そこで，Ljung と Box は，標本数が小さいときにも良い近似を与える統計量として，

$$Q(s)^* = T(T+2) \sum_{k=1}^{s} \frac{\hat{\rho}^2(k)}{T-k} \tag{8.37}$$

を提案した[2]．$Q(s)^*$ も，漸近的に自由度 $s-p-q$ のカイ自乗分布に従う．この検定は，**Ljung-Box 検定**，または，**修正 Box-Pierce 検定**と呼ばれる．

これら 2 つの検定は，多くの系列相関の検定を同時にまとめて行うので，**かばん検定** (portmanteau test) と呼ばれることもある．

> 例題 8-4

1999 年 1 月から 2015 年 12 月の為替相場（円ドルレート）を用いて，次の AR(1) モデルと AR(2) モデルの推定を行った．データの出所は Yahoo!ファイナンス（相場は月末値）である．

$$y_t = \mu + \phi y_{t-1} + u_t$$

---

[2] Ljung, G. M. and Box, G. P. E. (1978) On a measure of lack of fit in time series models, *Biometrika*, **66**, 297-304.

$$y_t = \mu + \phi_1 y_{t-1} + \phi_2 y_{t-2} + v_t$$

ただし，u_t と v_t はホワイトノイズ過程に従う誤差項である。

推定結果は次のとおりである。

$$y_t = 2.034 + 0.981 y_{t-1}$$
$$(1.351) \quad (68.808)$$
$$y_t = 2.328 + 1.078 y_{t-1} - 0.100 y_{t-2}$$
$$(1.608) \quad (12.383) \quad (-1.115)$$

括弧内の数字は Newy-West の方法に基づき計算した t 値である。

各モデルに対して残差の診断を行うために次の仮説検定を行いたい。

$$H_0 : \rho(1) = \rho(2) = \cdots = \rho(24) = 0$$
$$H_A : \rho(1) \neq 0 \quad \text{or} \quad \rho(2) \neq 0 \quad \text{or} \cdots \text{or} \quad \rho(24) \neq 0$$

Ljung-Box 統計量は，AR(1) モデルに対しては $Q(24)^* = 30.655$，AR(2) モデルに対しては $Q(24)^* = 24.844$ であった。

(1) AR(1) モデルに対して，Ljung-Box 統計量はどのような分布に従うか。
(2) AR(1) モデルに対して，有意水準 5% で帰無仮説を対立仮説に対して検定しなさい。
(3) AR(2) モデルに対して，Ljung-Box 統計量はどのような分布に従うか。
(4) AR(2) モデルに対して，有意水準 5% で帰無仮説を対立仮説に対して検定しなさい。

<u>例題 8-4 の解</u>

(1) AR(1) モデルの推定に用いたパラメーターは，定数項を含めて 2 個であるので，$Q(24)^*$ は漸近的に自由度 $22(= 24 - 2)$ のカイ自乗分布に従う。
(2) $30.655 < \chi^2_{0.05}(22) = 33.924$ なので，帰無仮説は採択される。
(3) AR(2) モデルの推定に対して用いたパラメーターは，定数項を含めて 3 個であるので，$Q(24)^*$ は漸近的に自由度 $21(= 24 - 3)$ のカイ自乗分布に従う。
(4) $24.844 < \chi^2_{0.05}(21) = 32.671$ なので，帰無仮説は採択される。

8.3.2 情報量基準に基づく選択

かばん検定に基づいてモデルの選択を行おうとすると，複数のモデルが，帰無仮説を採択する場合があり，必ずしもモデルを1つに絞りきれない場合がある。これに対して，情報量基準に基づくモデルの選択は，このような曖昧さを排除し，一定の基準に基づいて選択を行うものである。

情報量基準の中でよく用いられるものに，**AIC** (Akaike Information Criterion) と **SBIC** (Schwarz Bayesian Information Criterion) がある[3]。SBICは，単に Schwarz 基準 (SC) と呼ばれることもある。

AIC および SBIC は，それぞれ，

$$\mathrm{AIC} = \ln(\hat{\sigma}^2) + (p+q)\frac{2}{T} \tag{8.38}$$

$$\mathrm{SBIC} = \ln(\hat{\sigma}^2) + (p+q)\frac{\ln(T)}{T} \tag{8.39}$$

として定義される。ここで，$\hat{\sigma}^2 = (1/T)\sum e_i^2$ は，モデルの誤差項の分散の推定量である。情報量基準に基づくモデルの選択は，AIC または SBIC を計算し，それが最小になるようにモデルの次数 (p,q) を選択する方法である。AIC または SBIC は，分散の推定値の部分 ($\hat{\sigma}^2$) と，パラメーターの次数 $(p+q)$ に関する部分とから成り立っている。モデルの次数を上げていくと，$\hat{\sigma}^2$ が減少する傾向があるが，モデルのパラメーター数が増加する。逆にパラメーターの数を減らしていくと，$\hat{\sigma}^2$ が増加する傾向がある。このように，モデルの当てはまりの良さとモデルの次数の大きさには，トレードオフの関係がある。その両者のバランスを取るようにモデルの選択を行おうとするのが基本的な考え方である。AIC と SBIC との基本的な違いは，パラメーターの増加に対するペナルティの部分である。SBIC のほうがパラメーターの増加について，より大きなペナルティを課しているために，AIC と比べて短い次数のモデルを選択する傾向がある。

残差診断に基づく選択と，情報量基準に基づく選択という2つの考え方は，必ずしも矛盾するものではない。たとえば，情報量基準に基づきモデルの選択

---

[3] Akaike, H. (1974) A new look at the statistical model identification, *IEEE Transactions on Automatic Control*, **AC-19**, 716-723. Schwarz, G. (1978) Estimating the dimention of a model, *Annuals of Statistics*, **6**, 461-464.

を行った後に，その残差に関して系列相関の有無を検定することも有力な方法の1つであると考えられる。

例題 8-5

例題 8-4 のデータを用いて AR(1) モデルと AR(2) モデルの推定を行ったところ，それぞれのモデルの対する情報量基準が次のように得られた。

	AIC	SBIC
AR(1) モデル	4.9729	5.006
AR(2) モデル	4.9727	5.022

(1) AIC では AR(1) と AR(2) のいずれのモデルが選択されるか。
(2) SBIC では AR(1) と AR(2) のいずれのモデルが選択されるか。

例題 8-5 の解

(1) $4.9727 < 4.9729$ より AR(1) モデルに対する AIC の値が AR(2) モデルに対する AIC の値よりも大きいので，AR(2) が選択される。
(2) $5.006 < 5.022$ より AR(1) モデルに対する SBIC の値が AR(2) モデルに対する SBIC の値よりも小さいので，AR(1) が選択される。　■

8.4 モデルの予測

時系列モデルは，経済予測に用いられることが多い。時系列データの予測の精度を評価する際には，次式で定義される**平均自乗誤差**（Mean Squared Error: MSE）が用いられる。

$$\mathrm{MSE} = E_t(y_{t+T} - \hat{y}_{t+T|t})^2$$

ここで，$\hat{y}_{t+T|t}$ は時点 t で利用可能な情報に基づく y_{t+T} の予測値である。MSE は

$$\mathrm{MSE} = E_t(y_{t+T} - \hat{y}_{t+T|t})^2 = E_t[(y_{t+T} - E_t(y_{t+T}) + E_t(y_{t+T}) - \hat{y}_{t+T|t})^2]$$
$$= E_t[(y_{t+T} - E_t(y_{t+T}))^2] + E_t[(E_t(y_{t+T}) - \hat{y}_{t+T|t})^2]$$

$$+2E_t[(y_{t+T} - E_t(y_{t+T}))(E_t(y_{t+T}) - \hat{y}_{t+T|t})]$$

と変形でき，右辺第 3 項は

$$E_t[(y_{t+T} - E_t(y_{t+T}))(E_t(y_{t+T}) - \hat{y}_{t+T|t})]$$
$$= (E_t(y_{t+T}) - \hat{y}_{t+T|t})E_t[y_{t+T} - E_t(y_{t+T})] = 0$$

より，次式を得る。

$$\text{MSE} = E_t[(y_{t+T} - E_t(y_{t+T}))^2] + E_t[(E_t(y_{t+T}) - \hat{y}_{t+T|t})^2]$$

右辺第 1 項は非負なので，$\hat{y}_{t+T|t} = E_t(y_{t+T})$ のときに，MSE の値が最小になることが分かる。つまり，条件付き期待値が最適予測となる。

例題 8-6

次の AR(1) モデルを考える。

$$y_t = 1.0 + 0.5 y_{t-1} + u_t$$

ただし，$u_t \sim \text{i.i.d.}\,(0, \sigma^2)$ である。

(1) t 期までに利用可能な情報 ($I_t = (u_t, u_{t-1}, \cdots)$) に基づく，1 期先予測 $E_t(y_{t+1})$ を求めなさい。

(2) t 期までに利用可能な情報 ($I_t = (u_t, u_{t-1}, \cdots)$) に基づく，2 期先予測 $E_t(y_{t+2})$ を求めなさい。

(3) t 期までに利用可能な情報 ($I_t = (u_t, u_{t-1}, \cdots)$) に基づく，3 期先予測 $E_t(y_{t+3})$ を求めなさい。

(4) t 期までに利用可能な情報 ($I_t = (u_t, u_{t-1}, \cdots)$) に基づく，$T$ 期先予測 $E_t(y_{t+T})$ を求めなさい。

例題 8-6 の解

(1) $y_{t+1} = 1.0 + 0.5 y_t + u_{t+1}$ より，$E_t(y_{t+1}) = 1.0 + 0.5 y_t$

(2) $y_{t+2} = 1.0 + 0.5 y_{t+1} + u_{t+2} = 1.0 + 0.5(1.0 + 0.5 y_t + u_{t+1}) + u_{t+2} = 1.0(1 + 0.5) + 0.5^2 y_t + 0.5 u_{t+1} + u_{t+2}$ より，$E_t(y_{t+2}) = 1.0(1 + 0.5) + 0.5^2 y_t = 1.5 + 0.25 y_t$

(3) $y_{t+3} = 1.0 + 0.5y_{t+2} + u_{t+3} = 1.0 + 0.5\{1.0 + 0.5(1.0 + 0.5y_t + u_{t+1}) + u_{t+2}\} + u_{t+3} = 1.0(1 + 0.5 + 0.5^2) + 0.5^3 y_t + 0.5^2 u_{t+1} + 0.5u_{t+2} + u_{t+3}$ より，$E_t(y_{t+3}) = 1.0(1 + 0.5 + 0.5^2) + 0.125 y_t$

(4) $E_t(y_{t+T}) = 1.0(1 + 0.5 + 0.5^2 + \cdots 0.5^{T-1}) + 0.5^T y_t$ ■

■ 練習問題

解答は p.225～

練習 8-1 (→ 例題 8-1)

次の MA(2) 過程を考える。

$$y_t = u_t + \theta_1 u_{t-1} + \theta_2 u_{t-2}$$

ただし，$u_t \sim$ i.i.d. $(0, \sigma^2)$。このとき，y_t の期待値，分散，自己共分散および自己相関を求めなさい。

練習 8-2 (→ 例題 8-1)

次の MA(1) 過程を考える。

$$y_t = 5 + u_t - 0.25 u_{t-1}$$

ただし，$u_t \sim$ i.i.d. $(0, \sigma^2)$。このとき，y_t の期待値，分散，自己共分散および自己相関を求めなさい。

練習 8-3 (→ 例題 8-2)

次の MA(1) モデルを考える。

$$y_t = u_t - 0.5 u_{t-1}$$

ただし，$u_t \sim$ i.i.d. $(0, \sigma^2)$。

(1) y_t の期待値および分散を求めなさい。

(2) y_t の $t-1$ 期までに利用可能な情報 (I_{t-1}) に基づく条件付き期待値と条件付き分散を求めなさい。ただし，$I_{t-1} = (u_{t-1}, u_{t-2}, \cdots)$ である。

練習 8-4 (→ 例題 8-3)

次の AR(1) モデルを考える。

$$y_t = -1.0 + 0.5 y_{t-1} + u_t$$

ただし，$u_t \sim$ i.i.d. $(0, \sigma^2)$。

(1) y_t の期待値および分散を求めなさい。

(2) y_t の $t-1$ 期までに利用可能な情報 (I_{t-1}) に基づく条件付き期待値 $(E_{t-1}(y_t))$ と条件付き分散 $(V_{t-1}(y_t))$ を求めなさい。ただし，$I_{t-1} = (u_{t-1}, u_{t-2}, \cdots)$ である。

練習 8-5 (→ 例題 8-4)

1999 年 1 月から 2015 年 12 月の為替相場 (円ドルレート) の対数値を用いて，次の AR(1) モデルと AR(2) モデルの推定を行った。

$$\log(y_t) = \mu + \phi \log(y_{t-1}) + u_t$$
$$\log(y_t) = \mu + \phi_1 \log(y_{t-1}) + \phi_2 \log(y_{t-2}) + v_t$$

ただし，u_t と v_t はホワイトノイズ過程に従う誤差項である。

推定結果は次のとおりである。

$$\log(y_t) = 0.081 + 0.983 \log(y_{t-1})$$
$$\quad\quad\quad (1.218) \quad (68.751)$$

$$\log(y_t) = 0.093 + 1.071 \log(y_{t-1}) - 0.091 \log(y_{t-2})$$
$$\quad\quad\quad (1.428) \quad\quad (11.930) \quad\quad\quad (-0.981)$$

括弧内の数字は Newy-West の方法に基づき計算した t 値である。

各モデルに対して残差の診断を行うために次の仮説検定を行いたい。

$$H_0 : \rho(1) = \rho(2) = \cdots = \rho(24) = 0$$
$$H_A : \rho(1) \neq 0 \quad \text{or} \quad \rho(2) \neq 0 \quad \text{or} \cdots \text{or} \quad \rho(24) \neq 0$$

Ljung-Box 統計量は，AR(1) モデルに対しては $Q(24)^* = 35.005$，AR(2) モデルに対しては $Q(30)^* = 36.448$ であった。

(1) AR(1) モデルに対して，Ljung-Box 統計量はどのような分布に従うか。

(2) AR(1) モデルに対して，有意水準 5% で帰無仮説を対立仮説に対して検定しなさい。
(3) AR(2) モデルに対して，Ljung-Box 統計量はどのような分布に従うか。
(4) AR(2) モデルに対して，有意水準 5% で帰無仮説を対立仮説に対して検定しなさい。

練習 8-6 (→ 例題 8-5)

練習 8-5 のデータを用いて AR(1) モデルと AR(2) モデルの推定を行ったところ，それぞれのモデルの対する情報量基準が次のように得られた。

	AIC	SBIC
AR(1) モデル	-4.340	-4.308
AR(2) モデル	-4.338	-4.289

(1) AIC では AR(1) と AR(2) のいずれのモデルが選択されるか。
(2) SBIC では AR(1) と AR(2) のいずれのモデルが選択されるか。

練習 8-7 (→ 例題 8-6)

次の AR(1) モデルを考える。

$$y_t = 2.0 + \frac{1}{4} y_{t-1} + u_t$$

ただし，$u_t \sim \text{i.i.d.}(0, \sigma^2)$ である。

(1) t 期までに利用可能な情報（$I_t = (u_t, u_{t-1}, \cdots)$）に基づく，1 期先予測 $E_t(y_{t+1})$ を求めなさい。
(2) t 期までに利用可能な情報（$I_t = (u_t, u_{t-1}, \cdots)$）に基づく，2 期先予測 $E_t(y_{t+2})$ を求めなさい。
(3) t 期までに利用可能な情報（$I_t = (u_t, u_{t-1}, \cdots)$）に基づく，3 期先予測 $E_t(y_{t+3})$ を求めなさい。
(4) t 期までに利用可能な情報（$I_t = (u_t, u_{t-1}, \cdots)$）に基づく，$T$ 期先予測 $E_t(y_{t+T})$ を求めなさい。

> 練習 **8-8** (→ 例題 8-6)

次の AR(1) モデルを考える。

$$y_t = \phi_0 + \phi_1 y_{t-1} + u_t, \quad |\phi_1| < 1$$

ただし，$u_t \sim$ i.i.d. $(0, \sigma^2)$ である。

(1) y_t の 1 期先予測 $E_t(y_{t+1})$，予測誤差 $(e_{t+1|t})$，および MSE $(\hat{y}_{t+1|t})$ を求めなさい。

(2) y_t の 2 期先予測 $E_t(y_{t+2})$，予測誤差 $(e_{t+2|t})$，および MSE $(\hat{y}_{t+2|t})$ を求めなさい。

(3) y_t の 3 期先予測 $E_t(y_{t+3})$，予測誤差 $(e_{t+3|t})$，および MSE $(\hat{y}_{t+3|t})$ を求めなさい。

(4) y_t の T 期先予測 $E_t(y_{t+T})$，予測誤差 $(e_{t+T|t})$，および MSE $(\hat{y}_{t+T|t})$ を求めなさい。

(5) $T \to \infty$ のとき，予測値 $E_t(y_{t+T})$，および MSE $(\hat{y}_{t+T|t})$ の値はどのようになるか述べなさい。

第 9 章

単位根の検定

9.1 非定常過程

次の AR (1) 過程を考える。

$$y_t = \mu + \phi y_{t-1} + u_t \tag{9.1}$$

ただし，u_t は，期待値が 0 で一定の分散 (σ^2) を持つホワイトノイズである。この場合には，$|\phi| < 1$ であれば，この過程は定常性を満たす。他方，$\phi = 1$ の場合には，(9.1) 式は，

$$y_t = \mu + y_{t-1} + u_t \tag{9.2}$$

となり，これは非定常過程である。このようにちょうど $\phi = 1$ であるような根は，**単位根** (unit root) と呼ばれる。以下では，定常性が満たされないケースとして，単位根の場合に焦点を当てる。

いま，初期値を y_0（所与）とし，(9.2) 式を逐次代入すると，

$$y_1 = \mu + y_0 + u_1$$
$$y_2 = \mu + y_1 + u_2 = 2\mu + y_0 + u_1 + u_2$$
$$\cdots$$
$$y_t = t\mu + y_0 + u_1 + u_2 + \cdots + u_t \tag{9.3}$$

となる。(9.3) 式から明らかなように，y_t は定常確率変数 u_t の和となっており，遠い過去のショックが時点のいかんにかかわらず同じウエイトを持って現在の

変数の動きに影響を与えていることに注意する必要がある。

(9.3) 式の期待値は，

$$E(y_t) = t\mu + y_0 \tag{9.4}$$

となり，y_t の期待値が線形のトレンドを持つことが分かる。つまり，単位根が存在する場合には，定数項が含まれていると期待値が線形のトレンドを持つ。

このような非定常過程を定常過程に変換するためには，階差をとればよい。いま，次の**階差演算子** (difference operator) を定義する。

$$\Delta^k = (1-L)^k \tag{9.5}$$

したがって，

$$\Delta^k y_t = (1-L)^k y_t \tag{9.6}$$

となる。

これを応用して，(9.2) 式を変形すると次式を得る。

$$\Delta y_t = (1-L)y_t = \mu + u_t \tag{9.7}$$

(9.7) 式の右辺は，期待値が μ，分散が有限の定常過程である。経済データの場合には，1 階の階差をとることによって定常過程となることが多い。また，(9.7) 式の定数項は，**ドリフト項**とも呼ばれる。

1 階の階差をとることによって定常過程となるとき，系列は **1 次の和分過程** (integrated process of order one) に従っていると呼ばれ，I(1) 過程と示される（これに対して，定常過程は I(0) 過程と呼ばれる）。もし d 階の階差をとることによって定常化されるのであれば，その系列は **d 次の和分過程**といわれ，I(d) 過程と示される。また，$x_t \sim$ I(1)，$y_t \sim$ I(2) であれば，$x_t + y_t \sim$ I(2) となり，相異なる和分過程の変数を加えると，大きいほうの次数で和分された系列となることが知られている。

例題 9-1 次のモデルを考える。

$$y_t = 10 + y_{t-1} + u_t$$

ただし，u_t は平均が0，分散が σ^2 のホワイトノイズであり，y_t の初期値 y_0 は所与である．

(1) y_t の期待値を求めなさい．
(2) y_t の分散を求めなさい．
(3) $(t-1)$ 時点で利用可能な情報 $I_{t-1} = (y_{t-1}, y_{t-2}, \cdots, u_{t-1}, u_{t-2}, \cdots)$ に基づく，y_t の条件付き期待値を求めなさい．
(4) $(t-1)$ 時点で利用可能な情報 $I_{t-1} = (y_{t-1}, y_{t-2}, \cdots, u_{t-1}, u_{t-2}, \cdots)$ に基づく，y_t の条件付き分散を求めなさい．

例題 9-1 の解

(1) $y_t = 10t + y_0 + u_1 + u_2 + \cdots + u_t$ なので，

$$E(y_t) = E(10t + y_0 + u_1 + u_2 + \cdots + u_t) = 10t + y_0$$

(2) $V(y_t) = E[\{y_t - E(y_t)\}^2] = E[(u_1 + u_2 + \cdots + u_t)^2] = t\sigma^2$

(3) $E_{t-1}(y_t) = E_{t-1}(10 + y_{t-1} + u_t) = 10 + y_{t-1}$

これは次のように答えてもよい．

$$\begin{aligned} E_{t-1}(y_t) &= E_{t-1}(10t + y_0 + u_1 + u_2 + \cdots + u_t) \\ &= 10t + y_0 + u_1 + u_2 + \cdots + u_{t-1} \end{aligned}$$

(4) $V_{t-1}(y_t) = E_{t-1}[\{y_t - E_{t-1}(y_t)\}^2] = E_{t-1}(u_t^2) = \sigma^2$ ∎

9.2 単 位 根

9.2.1 ランダムウオーク

いま，(9.2) 式においてドリフト項のない次のモデルを考える．

$$y_t = y_{t-1} + u_t \tag{9.8}$$

これは，非定常過程であり，**ランダムウオーク** (random walk) と呼ばれる．この場合には，初期値を y_0 とすると，

$$y_t = y_0 + \sum_{i=1}^{t} u_i \tag{9.9}$$

となる．つまり，初期値以外は過去の撹乱項の和のみで表現される確率過程となることが分かる．

したがって，(9.9) 式の期待値をとると，

$$E(y_t) = E(y_0 + \sum_{i=1}^{t} u_i) = y_0 \tag{9.10}$$

となり，常に一定である．この場合には，定数項がないので，トレンドは持たない．分散は，

$$V(y_t) = V(\sum_{i=1}^{t} u_i) = t\sigma^2 \tag{9.11}$$

$$V(y_{t-s}) = V(\sum_{i=1}^{t-s} u_i) = (t-s)\sigma^2 \tag{9.12}$$

となる．自己共分散は，

$$\begin{aligned}
\gamma(s) &= E[(y_t - y_0)(y_{t-s} - y_0)] \\
&= E[(u_t + u_{t-1} + \cdots + u_1)(u_{t-s} + u_{t-s-1} + \cdots + u_1)] \\
&= E[u_{t-s}^2 + u_{t-s-1}^2 + \cdots + u_1^2] \\
&= (t-s)\sigma^2
\end{aligned} \tag{9.13}$$

で与えられる．したがって，(9.11) 式，(9.12) 式および (9.13) 式より，自己相関は次のように与えられる．

$$\rho(s) = \frac{(t-s)\sigma^2}{\sqrt{t\sigma^2}\sqrt{(t-s)\sigma^2}} = \sqrt{\frac{t-s}{t}} \tag{9.14}$$

(9.14) 式より，所与の t のもとで，時点の差 (s) が増加するにつれて，自己相関の値は次第に 1 から小さくなっていくことが分かる．つまり，s が増加するにつれて自己相関はゆっくりと減衰していく傾向を持ち，自己相関からだけでは，ランダムウオークと定常過程とを区別することは困難であることが分かる．

9.2.2 Dickey-Fuller 検定

いま，y_t が AR (1) 過程

$$y_t = \phi y_{t-1} + u_t \tag{9.15}$$

に従っているとする。ただし，u_t は，期待値が 0 で一定の分散 (σ^2) を持つホワイトノイズである。もし，$|\phi| < 1$ であれば y_t は I(0) 変数であるが，$\phi = 1$ であれば単位根を持ち，I(1) 変数となる。したがって，直感的には，y_t が定常かどうかを調べるためには，(9.15) 式に OLS を適応して，

$$H_0 : \phi = 1, \quad H_A : \phi < 1$$

という仮説検定を行えばよいように思われる。しかし，通常の t 検定によりこの仮説検定を行うと，t 統計量の分布は大きな歪みを持ち，検定統計量としては適切でないことが知られている。そこで，これに代わる方法として，Dickey と Fuller は，次のような検定方法を提案した[1]。

まず，(9.15) 式を次のように変形する。

$$\Delta y_t = \beta y_{t-1} + u_t \tag{9.16}$$

ただし，$\beta = \phi - 1$ である。このとき，

$$H_0 : \beta = 0, \quad H_A : \beta < 0$$

を検定すれば，この検定は，(9.15) 式における $H_0 : \phi = 1, H_A : \phi < 1$ と同じである。帰無仮説のもとでは，$\hat{\beta}$ の t 値は t 分布に従わずにマイナス方向に寄った分布となる。したがって，通常の t 検定は，帰無仮説を過剰に棄却する可能性が高い。つまり，t 検定では，本来 I(1) 変数であるものを誤って I(0) 変数であると判断する可能性が高くなる。

そこで，Dickey と Fuller は，単位根の検定を行うために，次の3つの回帰式を

---

[1] Dickey, D. and Fuller, W. A. (1979) Distribution of the estimates for autoregressive time series with a unit root, *Journal of the American Statistical Society*, **74**, 427-431.

設定し，各回帰式の β の推定量に対する分布表を提示した．これは，**Dickey-Fuller 分布**（DF 分布）として知られており，このような検定は，**Dickey-Fuller 検定**（DF 検定）と呼ばれる．

$$\Delta y_t = \beta y_{t-1} + u_t \tag{9.17}$$

$$\Delta y_t = \mu + \beta y_{t-1} + u_t \tag{9.18}$$

$$\Delta y_t = \mu + \delta t + \beta y_{t-1} + u_t \tag{9.19}$$

いずれのモデルにおいても，$\beta = 0$ であれば，y_t は単位根を持つ．これら3つの基本的な相違点は，回帰式における**確定項** (deterministic term) の定式化の相違である．(9.17) 式には，確定項はないが，(9.18) 式には確定項として定数項が含まれており，(9.19) 式には定数項とタイムトレンドが含まれている

DF 検定において，(9.17) 式，(9.18) 式および (9.19) 式の誤差項 u_t は，ホワイトノイズであることが仮定されている．しかし，場合によっては誤差項に系列相関が存在する可能性がある．そのような場合には，被説明変数の過去の値を含む次のような形の回帰式を考えて，単位根の検定が行われる．

$$\Delta y_t = \beta y_{t-1} + \sum_{i=1}^{p} \gamma_i \Delta y_{t-i} + u_t \tag{9.20}$$

$$\Delta y_t = \mu + \beta y_{t-1} + \sum_{i=1}^{p} \gamma_i \Delta y_{t-i} + u_t \tag{9.21}$$

$$\Delta y_t = \mu + \delta t + \beta y_{t-1} + \sum_{i=1}^{p} \gamma_i \Delta y_{t-i} + u_t \tag{9.22}$$

このように，右辺に被説明変数の過去の値を含めて行う単位根検定は，**augmented Dickey-Fuller 検定**（ADF 検定）と呼ばれる．DF 検定は，ADF 検定において拡張項の次数が 0 の場合の特殊ケースである．ここで注意すべき点は，通常の t 検定であれば，t 分布表は回帰式の決定項の定式化には依存していない．これに対して，単位根の検定においては，決定項の定式化の相違によって，用いる分布表が異なっている点である．したがって，得られた t 値を適当な表を用いて検定する必要がある．表 9.1 は，(9.20) 式，(9.21) 式，および (9.22) 式の $\hat{\beta}$ の t 値に対する臨界値を示している．次のように判断を行う．

$t \leq DF_\alpha$ のとき，有意水準 $100\alpha\%$ 点で帰無仮説を棄却
$t > DF_\alpha$ のとき，有意水準 $100\alpha\%$ 点で帰無仮説を採択
ただし，DF_α は Dickey-Fuller 分布の下側 $100\alpha\%$ 点である。

> **Point** 単位根検定において，t 統計量は t 分布に従わず，Dickey-Fuller 分布に従う。

実証分析において，しばしば問題となるのは，「いかにして適切な拡張項の次数を決めるか」という点である。含まれる拡張項の次数が大きすぎると検定の検出力が落ち，含まれる拡張項の次数が少なすぎると検定のサイズにゆがみが生じることが知られている。したがって，適切な次数を含むことが大切である。

表 9.1 ADF 検定の臨界値

確定項の定式化	標本の大きさ	検定統計量が表中の数字より小さい確率 (下側確率)	
		1%	5%
無し	25	−2.66	−1.95
	50	−2.62	−1.95
	100	−2.60	−1.95
	250	−2.58	−1.95
	500	−2.58	−1.95
	∞	−2.58	−1.95
定数項のみ	25	−3.75	−3.00
	50	−3.58	−2.93
	100	−3.51	−2.89
	250	−3.46	−2.88
	500	−3.44	−2.87
	∞	−3.43	−2.86
定数項とタイムトレンド	25	−4.38	−3.60
	50	−4.15	−3.50
	100	−4.04	−3.45
	250	−3.99	−3.43
	500	−3.98	−3.42
	∞	−3.96	−3.41

出所: Fuller, W. A. (1976) *Introduction to Statistical Time Series* John Wiley & Sons, New York.

ADF 検定における拡張項の次数の選択のためには，通常，次の 5 つの方法がよく用いられる。

(1) 拡張項を適当な次数（短めの次数）から始めて，その都度，残差項の系列相関の検定を行う。もし系列相関があると判断されれば，系列相関がなくなるまで拡張項の次数を増加させていく。
(2) 拡張項を適当な次数（長めの次数）から始めて順番に減らし，拡張項の最大次数の回帰係数 (γ_p) が有意となるところに次数を決める。
(3) 拡張項の次数を，AIC や SBIC 等の情報量基準を用いて決める。
(4) 先見的に選択されたいくつかの次数に基づいて分析を行い（4 半期データであれば，4 期と 8 期等，月次データであれば，6 期と 12 期等）結果の頑健性を確認する。
(5) Schwert(1989) は，p を T の関数として，次の条件を満たす整数部分として定める方法を提示した[2]。

$$p = 12 \left(\frac{T}{100} \right)^{1/4} \tag{9.23}$$

もちろん，これらの方法を組み合わせることも可能である。たとえば，情報量基準で暫定的に次数を決め，それから，Ljung-Box 検定等を用いて誤差項の系列相関についてチェックすることも有力な方法の 1 つである。

例題 9-2

1966 年から 2015 年の東京証券価格指数（TOPIX）の年次データ（年末値）を用いて，日本の株価の単位根検定を行う（出所：東京証券取引所のホームページ）。ADF 検定の結果は，以下のとおりである。ただし，ADF 検定のための拡張項の次数は，SBIC を用いて選択した。各ケースについて，有意水準 5% のもとで，単位根検定を行いなさい。

---

[2] Schwert, G.W. (1989) Tests for unit roots: a Monte Carlo investigation, *Journal of Business & Economic Statistics*, **7**, 147-59.

回帰式における確定項の定式化	検定統計量 (t)
case 1: なし	-0.411
case 2: 定数項のみ	-1.914
case 3: 定数項とタイムトレンド	-2.112

例題 9-2 の解

case 1: 表 9.1 より，標本の大きさが 50 の時の臨界値は -1.95 である。$-1.95 < -0.411$ より，「単位根を持つ」という帰無仮説は採択される。

case 2: 表 9.1 より，標本の大きさが 50 の時の臨界値は -2.93 である。$-2.93 < -1.914$ より，「単位根を持つ」という帰無仮説は採択される。

case 3: 表 9.1 より，標本の大きさが 50 の時の臨界値は -3.50 である。$-3.50 < -2.112$ より，「単位根を持つ」という帰無仮説は採択される。　■

9.2.3 KPSS検定

Kwiatkowski, Phillips, Schmidt および Shin によって提案された KPSS 検定は，Dickey-Fuller 検定とは異なり，帰無仮説を「単位根なし」，対立仮説を「単位根あり」とする点に特徴がある[3]。まず，次の回帰を考える。

$$y_t = \xi t + r_t + \epsilon_t \tag{9.24}$$

ただし，ϵ_t は定常的な誤差項であり，r_t は次式で示されるランダム・ウオークである。

$$r_t = r_{t-1} + u_t, \quad r_0 : \text{given} \tag{9.25}$$

ここで，u_t は iid$(0, \sigma_u^2)$ である。つまり，y_t は，① 確定的トレンド (ξt)，② ランダム・ウオーク (r_t) ③ 定常的な誤差 (ϵ_t) の 3 つの和として表される。

KPSS 検定における帰無仮説と対立仮説は，それぞれ，次のとおりである。

$$H_0 : \sigma_u^2 = 0 \quad (\text{つまり } r_t \text{ は定数}) \tag{9.26}$$

---

[3] Kwiatowski, D., Phillips, P. C. B., Schmidt, P. and Shin, Y. (1992) Testing the null hypothesis of stationarity against the alternative of a unit root, *Journal of Econometrics*, **54**, 159-178.

$$H_A: \sigma_u^2 > 0 \tag{9.27}$$

帰無仮説のもとでは，y_t は確定的トレンドの回りで定常である。また，$\xi = 0$ の場合には，帰無仮説のもとでは，y_t は確定的トレンドを含まない定常変数となる。

いま，(9.24) 式を推定して得られた残差を e_t で表し，e_t の部分和 (S_t) を次式で定義する。

$$S_t = \sum_{r=1}^{t} e_r, \quad t = 1, 2, \cdots, T \tag{9.28}$$

このとき，検定統計量 (LM 統計量) は，次式で与えられる。

$$LM = \frac{1}{T^2} \sum_{t=1}^{T} \frac{S_t^2}{s^2(l)} \tag{9.29}$$

ここで $s^2(l)$ は次式で定義される。

$$s^2(l) = \frac{\sum_{t=1}^{T} e_t^2}{T} + 2 \sum_{s=1}^{l} w(s,l) \sum_{t=s+1}^{T} \frac{e_t e_{t-s}}{T} \tag{9.30}$$

ただし，$w(s,l) = 1 - \dfrac{s}{l+1}$。

表 9.2 は，KPSS 検定統計量の臨界値を示している。次のように判断を行う。$LM \geq KPSS_\alpha$ のとき，有意水準 $100\alpha\%$ 点で帰無仮説を棄却

表 9.2　**KPSS 検定の臨界値**

回帰式の定式化	検定統計量が表中の数字より大きい確率 (上側確率)	
	5%	1%
定数項のみ	0.463	0.739
定数項とタイムトレンド	0.146	0.216

出所: Kwiatowski, D., Phillips, P. C. B., Schmidt, P. and Shin, Y. (1992) Testing the null hypothesis of stationarity against the alternative of a unit root, *Journal of Econometrics*, **54**, 159-178.

$LM < KPSS_\alpha$ のとき，有意水準 $100\alpha\%$ 点で帰無仮説を採択
ただし，$KPSS_\alpha$ は KPSS 分布の上側 $100\alpha\%$ 点である．

表 9.3 は，ADF 検定と KPSS 検定の特徴をまとめたものである．

表 9.3 　ADF 検定と KPSS 検定

検定方法	帰無仮説 (H_0)	対立仮説 (H_A)
ADF 検定	単位根あり	単位根なし
KPSS 検定	単位根なし	単位根あり

例題 9-3

例題 9-2 と同じデータを用いて KPSS 検定を行った結果が以下のとおりである．各ケースについて，有意水準 5% のもとで，単位根検定を行いなさい．

回帰式の定式化	検定統計量 (LM)
case 1: 定数項のみ	0.483
case 2: 定数項とタイムトレンド	0.173

例題 9-3 の解

case 1: 表 9.2 より，臨界値は 0.463 である．$0.463 < 0.483$ より，「単位根はない」という帰無仮説は棄却される．

case 2: 表 9.2 より，臨界値は 0.146 である．$0.146 < 0.173$ より，「単位根はない」という帰無仮説は棄却される．

以上の結果は，例題 9-2 の結果と整合的である． ■

9.3 　単位根と回帰分析

単位根の存在は，回帰分析に対して大きな影響を与える．いま，次の回帰モデルを考える．

$$y_t = \beta_0 + \beta_1 x_t + u_t \tag{9.31}$$

ここで，y_t と x_t とが次のような I(1) 過程に従っていると仮定しよう。

$$x_t = \alpha_x + x_{t-1} + \epsilon_{1t} \tag{9.32}$$

$$y_t = \alpha_y + y_{t-1} + \epsilon_{2t} \tag{9.33}$$

ただし，ϵ_{1t} と ϵ_{2t} は互いに独立なホワイトノイズである。(9.32) 式と (9.33) 式から明らかなように，x_t と y_t とはともに単位根を持つ。このような場合に (9.31) 式に基づいて回帰分析を行うと，次のような特徴が表れることが知られている。

特徴 ①　決定係数 (R^2) が高い。
特徴 ②　DW 比が低い（系列相関が大きい）。
特徴 ③　t 値が高い。

ここで，(9.32) 式と (9.33) 式とから明らかなように，x_t と y_t とは，本来は関係のない変数であるにもかかわらず，(9.31) 式に基づく回帰分析の結果は，決定係数が高く，回帰係数の t 値も高いという結果を得る傾向を持つ。このような状況を Granger and Newbold (1974) は**見せかけの回帰** (spurious regression) と呼んだ [4]。したがって，非定常時系列を扱う際には，十分な注意を払う必要がある。

さらに，(9.32) 式，(9.33) 式から派生されたデータに対して (9.31) を用いて回帰分析を行うと，$\hat{\beta}_1$ が (α_y/α_x) に確率収束することが知られている [5]。

〔**数値例**〕

いま，次の例を考える。

$$x_t = 10 + x_{t-1} + \epsilon_{1t}, \quad x_0 = 0$$
$$y_t = 20 + y_{t-1} + \epsilon_{2t}, \quad y_0 = 0$$

ここで，ϵ_{1t} と ϵ_{2t} とは互いに独立な誤差項である。上の例に基づいて 30 個ず

---

[4] Granger, C.W.J. and Newbold, P. (1974) Spurious regressions in econometrics, *Journal of Econometrics*, **2**, 111-120.
[5] Maddala, G. S. and Kim, I.-M. (1998) Unit Root, Cointegration, and Structural Change, Cambridge University Press: Cambridge. pp.28-29.

つの乱数を派生させ，そのデータを用いて次の回帰分析を行ったところ次の結果を得た。

$$y_t = 0.12 + 1.95 x_t, \quad R^2 = 0.999, \quad DW = 1.08$$
$$(0.50)(1584.37)$$

括弧内の数字は t 値を示している。つまり，傾きを示すパラメーターは統計的に有意で，決定係数は高い結果を得ている。つまり，本来はまったく関係のない 2 つの変数の間に，密接な関係が見出されてしまうわけである。

■ 練習問題

解答は p. 228〜

練習 9-1 (→ 例題 9-1)

次のモデルを考える。

$$y_t = 20 + y_{t-1} + u_t$$

ただし，u_t は平均が 0，分散が σ^2 のホワイトノイズであり，y_t の初期値 y_0 は所与である。

(1) y_t の期待値を求めなさい。
(2) y_t の分散を求めなさい。
(3) $(t-1)$ 時点で利用可能な情報 $I_{t-1} = (y_{t-1}, y_{t-2}, \cdots, u_{t-1}, u_{t-2}, \cdots)$ に基づく，y_t の条件付き期待値を求めなさい。
(4) $(t-1)$ 時点で利用可能な情報 $I_{t-1} = (y_{t-1}, y_{t-2}, \cdots, u_{t-1}, u_{t-2}, \cdots)$ に基づく，y_t の条件付き分散を求めなさい。

練習 9-2 (→ 例題 9-2)

1975 年 1 月から 2016 年 12 月の実効為替相場（名目値）の月次データを用いて，日本の為替相場の単位根検定を行う（出所：日本銀行ホームページ）。実効為替相場とは，一国の通貨価値を貿易取引のある通貨との加重平均で表示したものである。ADF 検定の結果は，以下のとおりである。ただし，ADF 検定のための拡張項の次数は，SBIC を用いて選択した。各ケースについて，有意水準 5% のもとで，単位根検定を行いなさい。

回帰式における確定項の定式化	検定統計量 (t)
case 1: なし	0.347
case 2: 定数項のみ	-1.783
case 3: 定数項とタイムトレンド	-2.375

練習 9-3 (→ 例題 9-3)

練習 9-2 と同じデータを用いて KPSS 検定を行った結果が以下のとおりである。各ケースについて，有意水準 5% のもとで，単位根検定を行いなさい。

回帰式の定式化	検定統計量 (LM)
case 1: 定数項のみ	2.528
case 2: 定数項とタイムトレンド	0.361

練習 9-4

ADF 検定の結果が次のように与えられている。

	確定項の定式化	検定統計量 (t)	p 値
case 1	なし	3.081	0.998
case 2	定数項	1.856	0.999
case 3	タイムトレンドと定数項	-1.150	0.873

各ケースについて，「単位根がある」という帰無仮説を，「単位根がない」という対立仮説に対して有意水準 5% で検定しなさい。

練習 9-5

次のモデルを考える。
$$y_t = 2.0 + y_{t-1} + u_t$$
ただし，$u_t \sim \text{i.i.d.}(0, \sigma^2)$ である。

(1) t 期までに利用可能な情報 $(I_t = u_t, u_{t-1}, \cdots)$ に基づく，1 期先予測 $E_t(y_{t+1})$ を求めなさい。

(2) t 期までに利用可能な情報（$I_t = u_t, u_{t-1}, \cdots$）に基づく，2 期先予測 $E_t(y_{t+2})$ を求めなさい．

(3) t 期までに利用可能な情報（$I_t = u_t, u_{t-1}, \cdots$）に基づく，3 期先予測 $E_t(y_{t+3})$ を求めなさい．

(4) t 期までに利用可能な情報（$I_t = u_t, u_{t-1}, \cdots$）に基づく，$T$ 期先予測 $E_t(y_{t+T})$ を求めなさい．

第 10 章

ベクトル自己回帰モデル

10.1 ベクトル自己回帰モデル

10.1.1 多変量時系列

多変量の確率過程は，$\boldsymbol{y_t} = (y_{1t}, y_{2t}, \cdots, y_{nt})'$ に対して，時間 t に依存した無限の確率変数の集合

$$\{\boldsymbol{y_t}\} = \{\cdots, \boldsymbol{y_{-1}}, \boldsymbol{y_0}, \boldsymbol{y_1}, \cdots\} \tag{10.1}$$

として定義することができる。$n = 1$ の場合が 1 変量確率過程である。

いま，ある時系列 $\{\boldsymbol{y_t}\}$ に対して，定常性の条件は次のように与えられる。

ある時系列 $\{\boldsymbol{y_t}\}$ に対して次の 3 つの性質が満たされるとき，$\{\boldsymbol{y_t}\}$ は**定常的**（より厳密には，**弱定常的**または**共分散定常的**）であるといわれる。

(1) 平均 $E(\boldsymbol{y_t}) = \boldsymbol{\mu}$ がすべての t に対して等しい。
(2) 分散共分散行列 $V(\boldsymbol{y_t}) = E[(\boldsymbol{y_t} - \boldsymbol{\mu})(\boldsymbol{y_t} - \boldsymbol{\mu})']$ がすべての t に対して等しい。
(3) 自己共分散行列 $Cov(\boldsymbol{y_t}, \boldsymbol{y_{t-s}}) = E[(\boldsymbol{y_t} - \boldsymbol{\mu})(\boldsymbol{y_{t-s}} - \boldsymbol{\mu})']$ が時点の差 (s) のみに依存する。

10.1.2 VAR モデル

ベクトル自己回帰モデル (vector autoregression model: VAR model) について考える。一般的に VAR モデルは，次のように書くことができる。

$$y_t = A_0 + A_1 y_{t-1} + A_2 y_{t-2} + \cdots + A_p y_{t-p} + u_t \qquad (10.2)$$

ただし，A_0 は n 次の定数項の列ベクトル，$A_k, (k = 1, 2, \cdots, p)$ は $n \times n$ 次の係数行列，u_t は n 次の列ベクトルである。

u_t は，次の性質を満たすものと仮定する。

$$E(u_t) = 0 \qquad (10.3)$$
$$V(u_t) = E(u_t u_t') = \Sigma \qquad (10.4)$$
$$E(u_t u_{t-s}) = 0 \quad \text{for} \quad s > 0 \qquad (10.5)$$

ここで，Σ は非対角行列であり，誤差項は同時点に互いに相関を持つことに注意する必要がある。(10.2) 式は，過去の p 期の値が含まれているので VAR(p) と示される。このように，VAR モデルの特徴は，変数の現在の動きを過去の値によって説明しようとする点にある。

VAR モデルの定常性の条件は，次のように与えられる。

定常性の条件：VAR (p) モデル

$$y_t = A_0 + A_1 y_{t-1} + A_2 y_{t-2} + \cdots + A_p y_{t-p} + u_t \qquad (10.6)$$

の定常性の条件は，

$$|I_n - A_1 z - A_2 z^2 - A_p z^p| = 0 \qquad (10.7)$$

のすべての根 (z) の絶対値が 1 より大きいことである。ここで，| | は行列式を示している。

〔例〕

$n = 2$ の場合には 2 変量 VAR モデルと呼ばれ，$p = 1$ のときは次のように書ける。

$$x_t = a_{10} + a_{11} x_{t-1} + a_{12} y_{t-1} + u_{1t}$$
$$y_t = a_{20} + a_{21} x_{t-1} + a_{22} y_{t-1} + u_{2t}$$

$p = 2$ のときは，次のように書ける。

$$x_t = a_{10} + a_{11}(1)x_{t-1} + a_{11}(2)x_{t-2} + a_{12}(1)y_{t-1} + a_{12}(2)y_{t-2} + u_{1t}$$

$$y_t = a_{20} + a_{21}(1)x_{t-1} + a_{21}(2)x_{t-2} + a_{22}(1)y_{t-1} + a_{22}(2)y_{t-2} + u_{2t}$$

10.1.3 推定とモデルの選択

VAR(p) モデルの右辺は，先決変数のみを含んでおり，誤差項の系列相関はない。したがって，各方程式は，最小自乗法によって推定することができる。推定量は，一致性を持ち，漸近的に有効であることが知られている。

問題となるのはモデルの次数 (p) の選択であるが，これに関しては 2 つの方法が考えられる。第 1 は，VAR (p) モデルを推定した残差に基づいて，自己相関を調べる方法である。しかし，多変量の場合には，この方法は複雑となり，必ずしも良い手法とはいえない。第 2 は，情報量基準をもとにモデルの選択を行う方法である。1 変量の場合と同様に，情報量基準としては，AIC と SBIC とがよく用いられる。(10.2) 式で示される多変量の場合には，それぞれ，次のように定義される。

$$\text{AIC} = \log(|\hat{\boldsymbol{\Sigma}}|) + 2N\frac{1}{T} \tag{10.8}$$

$$\text{SBIC} = \log(|\hat{\boldsymbol{\Sigma}}|) + N\frac{\log(T)}{T} \tag{10.9}$$

ただし，N はすべての方程式に含まれる未知パラメーターの数であり，$\hat{\boldsymbol{\Sigma}}$ は，残差の分散共分散行列である。定数項を含む n 変量の VAR(p) モデルの場合，$N = n^2p + n$ である。1 変量の場合と同様に，AIC と SBIC は，残差の推定量の部分 ($\hat{\boldsymbol{\Sigma}}$) とパラメーターの次数 ($N$) の部分とから構成されている。AIC と SBIC の基本的な違いは，パラメーターの増加に対するペナルティに関するウエイトの部分である。SBIC のほうがモデルの次数の増加に対するペナルティが大きく，次数の低いモデルが選択される傾向が強い。

10.1.4 因果関係の分析

VAR (p) をもとに **Granger** の因果関係について考える[1]。Granger の因果

---

[1] Granger, C. W. J. (1969) Investigating causal relations by econometric models and cross-sopectral methods, *Econometrica*, **34**, 161-194.

関係の概念は，もともとは，予測の概念に基づいている。つまり，ある変数 (x_t) の予測を行ううえで，モデルに他の変数 (y_t) が含めても予測が改善しないときに，変数 (y_t) から変数 (x_t) への因果関係がないといわれる。VAR モデルにおいては，以下のように分析が行われる。

Granger の因果関係：次の2変量の VAR (p) モデルを考える。

$$x_t = a_{10} + \sum_{k=1}^{p} a_{11}(k)x_{t-k} + \sum_{k=1}^{p} a_{12}(k)y_{t-k} + u_{1t} \qquad (10.10)$$

$$y_t = a_{20} + \sum_{k=1}^{p} a_{21}(k)x_{t-k} + \sum_{k=1}^{p} a_{22}(k)y_{t-k} + u_{2t} \qquad (10.11)$$

Granger の意味において y_t から x_t への因果関係がないことの必要十分条件は，

$$a_{12}(1) = a_{12}(2) = \cdots = a_{12}(p) = 0 \qquad (10.12)$$

である。

同様に，Granger の意味において x_t から y_t への因果関係がないことの必要十分条件は，

$$a_{21}(1) = a_{21}(2) = \cdots = a_{21}(p) = 0 \qquad (10.13)$$

である。

因果関係の検定 (Granger 検定)：y_t から x_t への因果関係を例に取ると，帰無仮説と対立仮説を次のように設定する。

$$H_0: \quad a_{12}(1) = a_{12}(2) = \cdots = a_{12}(p) = 0 \qquad (10.14)$$

$$H_A: \quad a_{12}(1) \neq 0, \text{or}, a_{12}(2) \neq 0, \text{or}, \cdots, \text{or}, a_{12}(p) \neq 0 \qquad (10.15)$$

帰無仮説は y_t から x_t への因果関係がないことを示しており，対立仮説は y_t から x_t への因果関係があることを示している。

検定は，次のステップから成り立つ。

Step 1　次の無制約のモデル，

$$x_t = a_{10} + \sum_{k=1}^{p} a_{11}(k)x_{t-k} + \sum_{k=1}^{p} a_{12}(k)y_{t-k} + u_{1t} \qquad (10.16)$$

を OLS で推定し，残差自乗和 (RSS^u) を計算する。ここでパラメーターの数は，$2p+1$ である。

Step 2　制約を考慮に入れたモデル，

$$x_t = a_{10} + \sum_{k=1}^{p} a_{11}(k)x_{t-k} + u_{1t} \qquad (10.17)$$

を OLS で推定し，残差自乗和 (RSS^r) を計算する。ここでパラメーターの数は，$p+1$ である。

Step 3　制約の数 (q) は，次のように計算される。
$q =$ (無制約モデルにおけるパラメーターの数) $-$ (制約つきモデルにおけるパラメーターの数) $= 2p+1-(p+1) = p$

Step 4　検定統計量 F

$$F = \frac{(RSS^r - RSS^u)/p}{RSS^u/(T-2p-1)} \qquad (10.18)$$

が自由度 $(p, T-2p-1)$ の F 分布に従うので，次のように判断を行えばよい。

$F \geq F_\alpha(p, T-2p-1)$ のとき，有意水準 $100\alpha\%$ 点で帰無仮説を棄却

$F < F_\alpha(p.T-2p-1)$ のとき，有意水準 $100\alpha\%$ 点で帰無仮説を採択

ただし，$F_\alpha(p, T-2p-1)$ は自由度 $(p, T-2p-1)$ の F 分布の上側 $100\alpha\%$ 点である。

または，pF が漸近的に自由度 p のカイ自乗分布に従うので，次のように判断を行ってもよい。

$pF \geq \chi_\alpha(p)$ のとき，有意水準 $100\alpha\%$ 点で帰無仮説を棄却

$pF < \chi_\alpha(p)$ のとき，有意水準 $100\alpha\%$ 点で帰無仮説を採択

ただし，$\chi_\alpha(p)$ は自由度 p のカイ自乗分布の上側 $100\alpha\%$ 点である。

以上のように変数間の因果関係を検定する方法は，**Granger 検定**として知られている。

因果関係の組み合わせ：x_t から y_t への因果関係が存在する場合，$x_t \to y_t$ と表し，因果関係が存在しない場合，$x_t \not\to y_t$ と表す．2 変数の間には次の 4 つの可能性がある．

case 1：（2 変数間のフィードバック）：$x_t \to y_t$ かつ $y_t \to x_t$
case 2：（x_t から y_t への一方向の因果関係）：$x_t \to y_t$ かつ $y_t \not\to x_t$
case 3：（y_t から x_t への一方向の因果関係）：$x_t \not\to y_t$ かつ $y_t \to x_t$
case 4：（2 変数は無関係）：$x_t \not\to y_t$ かつ $y_t \not\to x_t$

例題 10-1

日米の株価の相互依存関係の分析を行う．対象は 1970 年 1 月から 2005 年 12 月であり，この間の月次データを用いて分析を行った（出所：International Financial Statistics, (International Monetary Fund)）．

(1) まず，両国の株価の対数値の単位根検定を ADF 検定を用いて行ったところ，次のような検定統計量を得た．なお，ADF 検定における拡張項の次数は，SBIC を用いて選択した．有意水準 5% で単位根の検定を行いなさい．

	回帰式における確定項の定式化	検定統計量 (t)
日本の株価	case 1: なし	1.393
	case 2: 定数項のみ	-1.914
	case 3: 定数項とタイムトレンド	-1.554
アメリカの株価	case 1: なし	2.600
	case 2: 定数項のみ	0.009
	case 3: 定数項とタイムトレンド	-2.171

(2) 次に，(1) の結果を受けて，株価（対数値）の階差を用いて 2 変量の VAR モデルの推定を行った．VAR のラグ次数は，AIC, SBIC いずれを用いても 1 期が選択された．日米の株価の Granger の因果性検定を行ったところ，検定統計量（カイ自乗検定統計量，pF）が以下のように得られた．有意水準 5% で因果性の検定を行いなさい．

帰無仮説	検定統計量 (pF)
アメリカの株価 $\not\to$ 日本の株価	4.850
日本の株価 $\not\to$ アメリカの株価	1.418

例題 10-1 の解

(1) 第 9 章の Dickey-Fuller 分布表より，有意水準 5% のもとでの臨界値は，case 1, case 2, case 3 に対して，それぞれ，$-1.95, -2.87, -3.42$ である（T = 500 で近似）。

日本の株価については以下のとおりである。

case 1: $-1.95 < 1.398$ より「単位根がある」という帰無仮説は採択される。
case 2: $-2.87 < -1.914$ より「単位根がある」という帰無仮説は採択される。
case 3: $-3.42 < -1.554$ より「単位根がある」という帰無仮説は採択される。

アメリカの株価については以下のとおりである。

case 1: $-1.95 < 2.600$ より「単位根がある」という帰無仮説は採択される。
case 2: $-2.87 < 0.009$ より「単位根がある」という帰無仮説は採択される。
case 3: $-3.42 < -2.171$ より「単位根がある」という帰無仮説は採択される。

したがって，両国の株価は共に単位根を持つことが明らかとなった。

(2) 検定統計量は自由度 1 のカイ自乗分布に従い，その 5% 点は 3.841 である。まず，$3.841 < 4.850$ より「アメリカの株価から日本の株価への因果関係がない」という帰無仮説は有意水準 5% で棄却される。次に，$1.418 < 3.841$ より「日本の株価からアメリカの株価への因果関係がない」という帰無仮説は有意水準 5% で採択される。以上より，アメリカの株価から日本の株価への一方向の因果関係があることが分かる。 ■

因果関係の分析の問題点：因果関係の分析を実証的に行う場合には，若干の注意を払う必要がある。これは，真のモデルよりも少ない数の変数を用いて分析を行うと，誤った結論を導き出す可能性があるという点である。

例題 10-2
次の 3 変数からなるシステムを考える。

$$x_t = u_{1t}$$
$$y_t = ax_{t-1} + u_{2t}$$
$$z_t = bx_{t-2} + u_{3t}$$

ここで，$u_{i,t}, (i=1,2,3)$ は，互いに無相関のホワイトノイズである．
(1) このシステムにおいては，どのような因果関係が存在するか説明しなさい．
(2) もし分析者が誤って x_t を含まずに分析を行うと，どのような問題が発生するか説明しなさい．

例題 10-2 の解
(1) 変数 x_t から変数 y_t への因果関係と，変数 x_t から変数 z_t への因果関係が存在する．
(2) 第 2 式より $x_{t-1} = (1/a)y_t - (1/a)u_{2t}$ となるので，これを 1 期ずらして第 3 式の右辺に代入すると，$z_t = (b/a)y_{t-1} - (b/a)u_{2t-1} + u_{3t}$ を得る．また，第 1 式を第 2 式に代入すると，$y_t = au_{1t-1} + u_{2t}$ を得る．したがって，体系は次の 2 本の式にまとめられる．

$$y_t = au_{1t-1} + u_{2t}$$
$$z_t = (b/a)y_{t-1} - (b/a)u_{2t-1} + u_{3t}$$

これから明らかなように，このシステムにおいては，変数 y_t から変数 z_t への因果関係が存在する．つまり，本来含まれるべき変数を省いて小さなモデルを用いると，因果関係を誤って検出してしまう可能性があるという問題点があることに注意しなければならない． ■

10.1.5 ブロック外生性

ブロック外生性 (block exogeneity) とは，VAR モデルにおいてある変数が他のどの変数に対しても Granger の意味で因果関係を持っていないことを表している．ある変数がブロック外生的であれば，VAR モデルに含まれている他の変数に影響を与えないため，VAR モデルにおいては不要の変数と判断できる．

いま，3 変数からなる VAR(1) モデルを考える．

$$x_t = a_{10} + a_{11}x_{t-1} + a_{12}y_{t-1} + a_{13}z_{t-1} + u_{1t} \tag{10.19}$$

$$y_t = a_{20} + a_{21}x_{t-1} + a_{22}y_{t-1} + a_{23}z_{t-1} + u_{2t} \tag{10.20}$$

$$z_t = a_{30} + a_{31}x_{t-1} + a_{32}y_{t-1} + a_{33}z_{t-1} + u_{3t} \tag{10.21}$$

もし変数 z_t がブロック外生的であれが，z_t の過去の値が x_t, y_t に影響を与えないために，$a_{13} = a_{23} = 0$ となり，次の関係が成立する。

$$x_t = a_{10} + a_{11}x_{t-1} + a_{12}y_{t-1} + u_{1t} \tag{10.22}$$

$$y_t = a_{20} + a_{21}x_{t-1} + a_{22}y_{t-1} + u_{2t} \tag{10.23}$$

$$z_t = a_{30} + a_{31}x_{t-1} + a_{32}y_{t-1} + a_{33}z_{t-1} + u_{3t} \tag{10.24}$$

したがって，検定における帰無仮説と対立仮説は，それぞれ，次のようになる。

$$H_0 : a_{13} = a_{23} = 0 \tag{10.25}$$

$$H_A : a_{13} \neq 0 \text{ or } a_{23} \neq 0 \tag{10.26}$$

検定は，次のステップから成り立つ。

Step 1 (10.19) 式と (10.20) 式からなる無制約のモデルを推定し，残差の分散共分散行列 ($\mathbf{\Sigma}^u$) を計算する。

Step 2 (10.22) 式と (10.23) 式からなる制約付きモデルを推定し，残差の分散共分散行列 ($\mathbf{\Sigma}^r$) を計算する。

Step 3 帰無仮説から明らかなように，制約の数は，2 である。

Step 4 検定統計量 LR

$$LR = (T - c)(\log(|\mathbf{\Sigma}^r| - |\mathbf{\Sigma}^u|)) \tag{10.27}$$

が自由度 2 のカイ自乗分布に従う。ここで，c は各方程式における無制約のパラメーターの数であり，いまの場合 4 である。したがって，次のように判断を行えばよい。

$LR \geq \chi_\alpha^2(2)$ のとき，有意水準 $100\alpha\%$ 点で帰無仮説を棄却

$LR < \chi_\alpha^2(2)$ のとき，有意水準 $100\alpha\%$ 点で帰無仮説を採択

ただし，$\chi_\alpha^2(2)$ は自由度 2 のカイ自乗分布の上側 $100\alpha\%$ 点である。

一般に n 変数からなる VAR(p) モデルにおいては，(10.27) 式の検定統計量は，(z_t の p 期ラグが $n-1$ 本の各方程式から除外されるので) 自由度 $(n-1)p$ のカイ自乗分布に従う。また，無制約の各方程式はそれぞれ p 期のラグを持つ n 個の変数と定数項から成り立つので，$c = np + 1$ である。

10.2 イノベーション会計

10.2.1 VMA表現

VAR において変数間の動学的な関係を分析するためには，**ベクトル移動平均表現**（vector moving average representation; **VMA 表現**）に変換することが便利である。これは，変数の現在の動きを確率的ショックによって表現しようとするものである。次の 2 変数 $(x_t, y_t)'$ からなる次の VAR(1) モデルを考える。

$$\boldsymbol{y_t} = \boldsymbol{A_0} + \boldsymbol{A_1} \boldsymbol{y_{t-1}} + \boldsymbol{u_t} \tag{10.28}$$

ただし，

$$\boldsymbol{y_t} = \begin{bmatrix} x_t \\ y_t \end{bmatrix}, \quad \boldsymbol{A_0} = \begin{bmatrix} a_{10} \\ a_{20} \end{bmatrix}, \quad \boldsymbol{A_1} = \begin{bmatrix} a_{11} & a_{12} \\ a_{21} & a_{22} \end{bmatrix}, \quad \boldsymbol{u_t} = \begin{bmatrix} u_{1t} \\ u_{2t} \end{bmatrix}$$

である。したがって，

$$(\boldsymbol{I} - \boldsymbol{A_1}L)\boldsymbol{y_t} = \boldsymbol{A_0} + \boldsymbol{u_t} \tag{10.29}$$

となり，

$$\begin{aligned} \boldsymbol{y_t} &= (\boldsymbol{I} - \boldsymbol{A_1}L)^{-1}\boldsymbol{A_0} + (\boldsymbol{I} - \boldsymbol{A_1}L)^{-1}\boldsymbol{u_t} \\ &= \boldsymbol{C_0} + (\boldsymbol{I} - \boldsymbol{A_1}L)^{-1}\boldsymbol{u_t} \end{aligned} \tag{10.30}$$

を得る。ただし，$\boldsymbol{C_0} = (\boldsymbol{I} - \boldsymbol{A_1}L)^{-1}\boldsymbol{A_0}$ である。ここで，定常性の条件が満たされていると，

$$(\boldsymbol{I} - \boldsymbol{A_1}L)^{-1} = \sum_{i=0}^{\infty} \boldsymbol{A_1}^i L^i \tag{10.31}$$

と書くことができるので，(10.30) 式は，次のようになる．

$$y_t = C_0 + \sum_{i=0}^{\infty} C^i u_{t-i} \qquad (10.32)$$

ただし，$C_i = A_1^i$．この (10.32) 式が，**VMA 表現**である．VMA 表現は，変数間の動学的な相互依存関係を分析する際に有益であり，以下で示すようにインパルス応答関数や予測の分散分解等のイノベーション会計を行う際の基礎となる．

10.2.2 インパルス応答関数

インパルス応答関数 (impulse response function) とは，VAR モデルにおいて，ある衝撃（ショック）が各変数に伝わる様子を示すものである．いま，(10.32) 式の VMA 表現を次のように書く．

$$x_t = c_{10} + u_{1t} + c_{11}(1)u_{1,t-1} + c_{12}(1)u_{2,t-1} + c_{11}(2)u_{1,t-2}$$
$$+ c_{12}(2)u_{2,t-2} + \cdots \qquad (10.33)$$
$$y_t = c_{20} + u_{2t} + c_{21}(1)u_{1,t-1} + c_{22}(1)u_{2,t-1} + c_{21}(2)u_{1,t-2}$$
$$+ c_{22}(2)u_{2,t-2} + \cdots \qquad (10.34)$$

一時的ショックの影響：いま，x_t のショックである u_{1t} が，第 t 期に 1 の値をとり，それ以降はすべて 0 である場合について，その影響を考えてみよう．つまり，次のようなショックを考える．

$$u_{1t} = 1, u_{1,t+1} = u_{1,t+2} = \cdots = 0 \qquad (10.35)$$

ここで (10.33) 式に注目して，これを 1 期，2 期，とずらすと次式が得られる．

$$x_{t+1} = c_{10} + u_{1,t+1} + \underline{c_{11}(1)}u_{1,t} + c_{12}(1)u_{2,t}$$
$$+ c_{11}(2)u_{1,t-1} + c_{12}(2)u_{2,t-1} + c_{11}(3)u_{1,t-2} + c_{12}(3)u_{2,t-2}\cdots$$
$$x_{t+2} = c_{10} + u_{1,t+2} + c_{11}(1)u_{1,t+1} + c_{12}(1)u_{2,t+1}$$

$$+\underline{c_{11}(2)}u_{1,t} + c_{12}(2)u_{2,t} + c_{11}(3)u_{1,t-1} + c_{12}(3)u_{2,t-1}\cdots$$
$$x_{t+3} = c_{10} + u_{1,t+3} + c_{11}(1)u_{1,t+2} + c_{12}(1)u_{2,t+2}$$
$$+c_{11}(2)u_{1,t+1} + c_{12}(2)u_{2,t+1} + \underline{c_{11}(3)}u_{1,t} + c_{12}(3)u_{2,t}\cdots$$

$u_{1t} = 1$ のショックが $x_t, x_{t+1}, x_{t+2}, x_{t+3}$ に与える影響は，各変数の係数である

$$1, c_{11}(1), c_{11}(2), c_{11}(3), \cdots \tag{10.36}$$

で与えられる．これらの係数の動きを並べたものが x_t のショックから x_t へのインパルス応答関数である．

同様に (10.34) 式に注目して，これを 1 期，2 期，とずらすと次式が得られる．

$$y_{t+1} = c_{20} + u_{2,t+1} + \underline{c_{21}(1)}u_{1,t} + c_{22}(1)u_{2,t}$$
$$+c_{21}(2)u_{1,t-1} + c_{22}(2)u_{2,t-1} + c_{21}(3)u_{1,t-2} + c_{22}(3)u_{2,t-2}\cdots$$
$$y_{t+2} = c_{20} + u_{2,t+2} + c_{21}(1)u_{1,t+1} + c_{22}(1)u_{2,t+1}$$
$$+\underline{c_{21}(2)}u_{1,t} + c_{22}(2)u_{2,t} + c_{21}(3)u_{1,t-1} + c_{22}(3)u_{2,t-1}\cdots$$
$$y_{t+3} = c_{20} + u_{2,t+3} + c_{21}(1)u_{1,t+2} + c_{22}(1)u_{2,t+2}$$
$$+c_{21}(2)u_{1,t+1} + c_{22}(2)u_{2,t+1} + \underline{c_{21}(3)}u_{1,t} + c_{22}(3)u_{2,t}\cdots$$

$u_{1t} = 1$ のショックが $y_t, y_{t+1}, y_{t+2}, y_{t+3}$ に与える影響は，各変数の係数である,

$$0, c_{21}(1), c_{21}(2), c_{21}(3), \cdots \tag{10.37}$$

で与えられる．これらの係数の動きを並べたものが x_t のショックから y_t へのインパルス応答関数である．

累積的ショックの影響：次に，x_t のショックである u_{1t} が，第 t 期以降すべて 1 である場合について，その影響を考えてみよう．つまり，次のようなショックを考える．

$$u_{1t} = u_{1,t+1} = u_{1,t+2} = \cdots = 1 \tag{10.38}$$

ここで (10.33) 式に注目して，これを 1 期，2 期，とずらすと次式が得られる．

$$x_{t+1} = c_{10} + u_{1,t+1} + c_{11}(1)u_{1,t} + c_{12}(1)u_{2,t}$$
$$+ c_{11}(2)u_{1,t-1} + c_{12}(2)u_{2,t-1} + c_{11}(3)u_{1,t-2} + c_{12}(3)u_{2,t-2}\cdots$$
$$x_{t+2} = c_{10} + u_{1,t+2} + c_{11}(1)u_{1,t+1} + c_{12}(1)u_{2,t+1}$$
$$+ c_{11}(2)u_{1,t} + c_{12}(2)u_{2,t} + c_{11}(3)u_{1,t-1} + c_{12}(3)u_{2,t-1}\cdots$$
$$x_{t+3} = c_{10} + u_{1,t+3} + c_{11}(1)u_{1,t+2} + c_{12}(1)u_{2,t+2}$$
$$+ c_{11}(2)u_{1,t+1} + c_{12}(2)u_{2,t+1} + c_{11}(3)u_{1,t} + c_{12}(3)u_{2,t}\cdots$$

$u_{1t} = u_{1,t+1} = u_{1,t+2} = \cdots = 1$ のショックが $x_t, x_{t+1}, x_{t+2}, x_{t+3}$ に与える影響は，各変数の係数である，

$$1, 1+c_{11}(1), 1+c_{11}(1)+c_{11}(2), 1+c_{11}(1)+c_{11}(2)+c_{11}(3), \cdots \tag{10.39}$$

で与えられる。これらの係数の動きを並べたものが x_t のショックから x_t への**累積的インパルス応答関数** (cumulative impulse function) である。

同様に (10.34) 式に注目して，これを 1 期，2 期，とずらすと次式が得られる。

$$y_{t+1} = c_{20} + u_{2,t+1} + c_{21}(1)u_{1,t} + c_{22}(1)u_{2,t}$$
$$+ c_{21}(2)u_{1,t-1} + c_{22}(2)u_{2,t-1} + c_{21}(3)u_{1,t-2} + c_{22}(3)u_{2,t-2}\cdots$$
$$y_{t+2} = c_{20} + u_{2,t+2} + c_{21}(1)u_{1,t+1} + c_{22}(1)u_{2,t+1}$$
$$+ c_{21}(2)u_{1,t} + c_{22}(2)u_{2,t} + c_{21}(3)u_{1,t-1} + c_{22}(3)u_{2,t-1}\cdots$$
$$y_{t+3} = c_{20} + u_{2,t+3} + c_{21}(1)u_{1,t+2} + c_{22}(1)u_{2,t+2}$$
$$+ c_{21}(2)u_{1,t+1} + c_{22}(2)u_{2,t+1} + c_{21}(3)u_{1,t} + c_{22}(3)u_{2,t}\cdots$$

$u_{1t} = u_{1,t+1} = u_{1,t+2} = \cdots = 1$ のショックが $y_t, y_{t+1}, y_{t+2}, y_{t+3}$ に与える影響は，各変数の係数である。

$$0, c_{21}(1), c_{21}(1)+c_{21}(2), c_{21}(1)+c_{21}(2)+c_{21}(3), \cdots \tag{10.40}$$

で与えられる。これらの係数の動きを並べたものが x_t のショックから y_t への累積的インパルス応答関数である。

10.2.3 予測の分散分解

次に，VAR に基づく**予測の分散分解** (variance decomposition of forecast) について説明を行う．これは，各変数の変動をその原因となったショックごとに分解したものである．いま，(10.32) 式より次式を得る．

$$y_{t+1} = C_0 + \sum_{i=0}^{\infty} C_i u_{t+1-i} \tag{10.41}$$

となる．したがって，$(t+n)$ 期には，

$$y_{t+n} = C_0 + \sum_{i=0}^{\infty} C_i u_{t+n-i} \tag{10.42}$$

となり，(10.42) 式より，

$$E_t(y_{t+n}) = C_0 + \sum_{i=n}^{\infty} C_i u_{t+n-i} \tag{10.43}$$

が得られる．

(10.42) 式と (10.43) 式とから，n 期先の予測誤差は，次のように与えられる．

$$y_{t+n} - E_t(y_{t+n}) = \sum_{i=0}^{n-1} C_i u_{t+n-i} \tag{10.44}$$

(10.44) 式より，各変数 x_t, y_t について次式が成立する．

$$\begin{aligned} x_{t+n} - E_t(x_{t+n}) = u_{1,t+n} + c_{11}(1)u_{1,t+n-1} + \cdots + c_{11}(n-1)u_{1,t+1} \\ + c_{12}(1)u_{2,t+n-1} + \cdots + c_{12}(n-1)u_{2,t+1} \end{aligned} \tag{10.45}$$

$$\begin{aligned} y_{t+n} - E_t(y_{t+n}) = u_{2,t+n} + c_{21}(1)u_{1,t+n-1} + \cdots + c_{21}(n-1)u_{1,t+1} \\ + c_{22}(1)u_{2,t+n-1} + \cdots + c_{22}(n-1)u_{2,t+1} \end{aligned} \tag{10.46}$$

いま，u_{1t} と u_{2t} とが同時点で無相関であると仮定する．その仮定のもとでは，x_t, y_t の n 期先予測誤差の分散 $V_t(x_{t+n}), V_t(y_{t+n})$ は，それぞれ，次のように

与えられる。

$$V_t(x_{t+n}) = \sigma_1^2[1 + c_{11}(1)^2 + \cdots + c_{11}(n-1)^2]$$
$$+\sigma_2^2[c_{12}(1)^2 + \cdots + c_{12}(n-1)^2] \quad (10.47)$$
$$V_t(y_{t+n}) = \sigma_1^2[c_{21}(1)^2 + \cdots + c_{21}(n-1)^2]$$
$$+\sigma_2^2[1 + c_{22}(1)^2 + \cdots + c_{22}(n-1)^2] \quad (10.48)$$

となる。(10.47) 式および (10.48) 式から明らかなように、予測の期間 (n) が長くなるにつれて、予測誤差の分散も大きくなることが分かる。

そこで、y_t の予測誤差の分散に対して、各ショックがどの程度影響しているのかを見るために、**相対的分散寄与率** (relative variance contribution; **RVC**) を次のように定義する。

$$RVC(x \to y, n) = \frac{\sigma_1^2[c_{21}(1)^2 + \cdots + c_{21}(n-1)^2]}{V_t(y_{t+n})} \quad (10.49)$$

$$RVC(y \to y, n) = \frac{\sigma_2^2[1 + c_{22}(1)^2 + \cdots + c_{22}(n-1)^2]}{V_t(y_{t+n})} \quad (10.50)$$

もちろん、x_t の予測分散に対する相対的寄与率も同様に定義される。

$$RVC(x \to x, n) = \frac{\sigma_1^2[1 + c_{11}(1)^2 + \cdots + c_{11}(n-1)^2]}{V_t(x_{t+n})} \quad (10.51)$$

$$RVC(y \to x, n) = \frac{\sigma_2^2[c_{12}(1)^2 + \cdots + c_{12}(n-1)^2]}{V_t(x_{t+n})} \quad (10.52)$$

RVC に関しては、次の関係が成立する。

$$0 \leqq RVC \leqq 1 \quad (10.53)$$
$$RVC(x \to y, n) + RVC(y \to y, n) = 1 \quad (10.54)$$
$$RVC(x \to x, n) + RVC(y \to x, n) = 1 \quad (10.55)$$

RVC は、ある変数の予測誤差の分散に占める各変数のイノベーションに基づく分散の相対的な比率を示している。これは、各分散の大きさ ($\sigma_j, j=1,2$)、その伝わり方 c_{ij}、および対象とする予測期間 (n) に依存する。もし RVC の値が大きければ、ある変数から他の変数への影響が大きいことを意味し、RVC の値

が小さければ，ある変数から他の変数への影響が小さいことを意味する。このような尺度に基づく分析は，**予測の分散分解**と呼ばれる。

このように，推定された VAR モデルに基づき，インパルス応答関数や分散分解によって分析を行う手続きは，Sims によって提唱され，**イノベーション会計** (innovation accounting) と呼ばれる[2]。インパルス応答関数や予測の分散分解は，各変数のイノベーションによって各変数の変動がどのような影響を受けるのかを理解するために用いられるので，このように呼ばれている。

10.3 構造的VAR

10.3.1 VAR モデルの 1 つの解釈

ここで，VAR モデルと経済モデル (構造モデル) との関連について考えてみよう。いま，経済の構造を表す構造モデルが次のように与えられているものとする[3]。

$$x_t = \phi_{10} - b_{12}y_t + \phi_{11}x_{t-1} + \phi_{12}y_{t-1} + \epsilon_{xt} \tag{10.56}$$

$$y_t = \phi_{20} - b_{21}x_t + \phi_{21}x_{t-1} + \phi_{22}y_{t-1} + \epsilon_{yt} \tag{10.57}$$

これらは，一定の経済理論に基づいて導き出される関係式であると考える。たとえば，(10.56) 式は IS 曲線であり，(10.57) 式は LM 曲線であると考えることもできよう。すると，ϵ_{xt} および ϵ_{yt} は，それぞれ，財市場と貨幣市場の確率的ショックを表しているものと考えられる。ここで，ϵ_{xt} および ϵ_{yt} については，次のような特徴を持つホワイトノイズであると仮定する（両者は無相関であることに注意）。

$$E(\epsilon_{xt}) = E(\epsilon_{yt}) = 0 \tag{10.58}$$

$$V(\epsilon_{xt}) = \sigma_x^2 \tag{10.59}$$

---

[2] Sims C. A. (1980) Macroeconomics and reality, *Econometrica*, **48**, 1-48.
[3] 以下の内容は，Enders, W. (2004) *Applied Econometric Time Series*, 2nd ed., John Wiley & Sons, Inc. Chapter 5 を参考にしている。

$$V(\epsilon_{yt}) = \sigma_y^2 \tag{10.60}$$

$$Cov(\epsilon_{xt}, \epsilon_{yt}) = E(\epsilon_{xt}\epsilon_{yt}) = 0 \tag{10.61}$$

(10.56) 式および (10.57) 式から成り立つシステムは，行列表現では次のように表わすことができる。

$$By_t = \Phi_0 + \Phi_1 y_{t-1} + \epsilon_t \tag{10.62}$$

ただし，

$$B = \begin{bmatrix} 1 & b_{12} \\ b_{21} & 1 \end{bmatrix}, \quad y_t = \begin{bmatrix} x_t \\ y_t \end{bmatrix}, \quad \Phi_0 = \begin{bmatrix} \phi_{10} \\ \phi_{20} \end{bmatrix}$$

$$\Phi_1 = \begin{bmatrix} \phi_{11} & \phi_{12} \\ \phi_{21} & \phi_{22} \end{bmatrix}, \quad \epsilon_t = \begin{bmatrix} \epsilon_{xt} \\ \epsilon_{yt} \end{bmatrix}$$

である。(10.62) 式の両辺に左から B^{-1} を掛けることにより，次式が得られる。

$$y_t = A_0 + A_1 y_{t-1} + u_t \tag{10.63}$$

ただし，

$$A_0 = B^{-1}\Phi_0, \quad A_1 = B^{-1}\Phi_1, \quad u_t = B^{-1}\epsilon_t$$

である。

(10.63) 式は，VAR(1) モデルである。ここで，$u_t = B^{-1}\epsilon_t$ であるので，次式が成立する。

$$u_{1t} = \frac{\epsilon_{xt} - b_{12}\epsilon_{yt}}{1 - b_{21}b_{12}} \tag{10.64}$$

$$u_{2t} = \frac{\epsilon_{yt} - b_{21}\epsilon_{xt}}{1 - b_{12}b_{21}} \tag{10.65}$$

つまり，u_{1t}, u_{2t} は，構造モデルにおける 2 つの撹乱項 $\epsilon_{xt}, \epsilon_{yt}$ の線形結合である。また，ϵ_{xt} と ϵ_{yt} とはホワイトノイズであるので，u_{1t} と u_{2t} とは平均 0, 一定の分散を持つ撹乱項であることが分かる。ただ，共分散については，次式が成立する。

$$Cov(u_{1t}, u_{2t}) = E(u_{1t}u_{2t})$$
$$= E\left[\frac{(\epsilon_{xt} - b_{12}\epsilon_{yt})(\epsilon_{yt} - b_{21}\epsilon_{xt})}{(1 - b_{12}b_{21})^2}\right]$$
$$= -\frac{b_{21}\sigma_x^2 + b_{12}\sigma_y^2}{(1 - b_{12}b_{21})^2} \quad (10.66)$$

一般に，(10.66) 式は 0 ではなく，2 つのショックは互いに相関を持っている。そこで，以下では，u_t の分散共分散行列を次のように書くことにする。

$$E(u_t u_t') = \Sigma = \begin{bmatrix} \sigma_1^2 & \sigma_{12} \\ \sigma_{21} & \sigma_2^2 \end{bmatrix} \quad (10.67)$$

ただし，$V(u_{it}) = \sigma_i^2, i = 1, 2, \sigma_{12} = \sigma_{21} = Cov(u_{1t}, u_{2t})$ である。このように，(10.63) 式で示される VAR モデルは，(10.62) 式で示される構造方程式から得られた一種の誘導系とみなすことができる。両者の基本的な相違点は，誤差項の間の相関である。構造方程式では，ショックの間の相関を考える必要はない。しかし，誘導系として導出された VAR モデルでは，誤差項の間に必然的に相関が発生することとなる。

10.3.2 ショックの識別と制約条件

ショックの識別： 前節での説明から明らかなように，構造モデルのショックと VAR モデルのショックとの間には $u_t = B^{-1}\epsilon_t$ が成立するので，この両編に左から B を掛けると次式を得る。

$$\epsilon_t = Bu_t \quad (10.68)$$

(10.68) 式を要素で表示すると次式が得られる。

$$\begin{bmatrix} \epsilon_{xt} \\ \epsilon_{yt} \end{bmatrix} = \begin{bmatrix} 1 & b_{12} \\ b_{21} & 1 \end{bmatrix} \begin{bmatrix} u_{1t} \\ u_{2t} \end{bmatrix} \quad (10.69)$$

経済分析において重要なのは，個別の構造的ショックである $\epsilon_{xt}, \epsilon_{yt}$ の x_t, y_t に対して与える影響である。そこで，推定される VAR モデルのショックである u_{1t}, u_{2t} から構造方程式のショックである $\epsilon_{xt}, \epsilon_{yt}$ を求める（識別する）ことが

必要であり，そのために必要な制約条件について考える。

(10.68) 式より次の関係が成立する。

$$E(\boldsymbol{\epsilon_t \epsilon'_t}) = E(\boldsymbol{B u_t u'_t B'}) = \boldsymbol{B} E(\boldsymbol{u_t u'_t}) \boldsymbol{B'} \tag{10.70}$$

したがって，

$$\boldsymbol{\Sigma_\epsilon} = \boldsymbol{B \Sigma B'} \tag{10.71}$$

ただし，

$$\boldsymbol{\Sigma_\epsilon} = E(\boldsymbol{\epsilon_t \epsilon'_t}) = \begin{bmatrix} V(\epsilon_{xt}) & 0 \\ 0 & V(\epsilon_{yt}) \end{bmatrix} \tag{10.72}$$

である（構造的ショックは無相関であることに注意）。

(10.71) 式を要素で表示すると次式が得られる。

$$\begin{bmatrix} V(\epsilon_{xt}) & 0 \\ 0 & V(\epsilon_{yt}) \end{bmatrix} = \begin{bmatrix} 1 & b_{12} \\ b_{21} & 1 \end{bmatrix} \begin{bmatrix} \sigma_1^2 & \sigma_{12} \\ \sigma_{21} & \sigma_2^2 \end{bmatrix} \begin{bmatrix} 1 & b_{21} \\ b_{12} & 1 \end{bmatrix} \tag{10.73}$$

ここで，VAR モデルの推定残差 $e_t = (e_{1t}, e_{2t})'$ を用いて，(10.73) 式の $\sigma_1^2, \sigma_{12}(=\sigma_{21}), \sigma_2^2$ を次のように置き換えると，

$$\hat{\sigma}_1^2 = \frac{1}{T} \sum_{t=1}^{T} e_{1t}^2, \quad \hat{\sigma}_2^2 = \frac{1}{T} \sum_{t=1}^{T} e_{2t}^2, \quad \hat{\sigma}_{12} = \hat{\sigma}_{21} = \frac{1}{T} \sum_{t=1}^{T} e_{1t} e_{2t}$$

(10.73) 式は次のように書ける。

$$\begin{bmatrix} V(\epsilon_{xt}) & 0 \\ 0 & V(\epsilon_{yt}) \end{bmatrix} = \begin{bmatrix} 1 & b_{12} \\ b_{21} & 1 \end{bmatrix} \begin{bmatrix} \hat{\sigma}_1^2 & \hat{\sigma}_{12} \\ \hat{\sigma}_{12} & \hat{\sigma}_2^2 \end{bmatrix} \begin{bmatrix} 1 & b_{21} \\ b_{12} & 1 \end{bmatrix} \tag{10.74}$$

(10.74) 式は次の 4 本の方程式から成り立つ。

$$V(\epsilon_{xt}) = \hat{\sigma}_1^2 + 2b_{12}\hat{\sigma}_{12} + b_{12}^2 \sigma_2^2 \tag{10.75}$$

$$0 = b_{21}\hat{\sigma}_1^2 + (1 + b_{12}b_{21})\hat{\sigma}_{12} + b_{12}\hat{\sigma}_2^2 \tag{10.76}$$

$$0 = b_{21}\hat{\sigma}_1^2 + (1 + b_{12}b_{21})\hat{\sigma}_{12} + b_{12}\hat{\sigma}_2^2 \tag{10.77}$$

$$V(\epsilon_{yt}) = b_{21}^2\hat{\sigma}_1^2 + 2b_{21}\hat{\sigma}_{12} + \sigma_2^2 \tag{10.78}$$

このシステムにおいて，未知数は $V(\epsilon_{xt}), V(\epsilon_{yt}), b_{12}, b_{21}$ の 4 個である．これに対して，方程式は，(10.75), (10.76), (10.77), (10.78) の 4 本あるように見えるが，($\hat{\sigma}_{12} = \hat{\sigma}_{21}$ なので) (10.76) 式と (10.77) 式は同じものであり，独立した方程式の数は 3 本しかない．したがって，構造モデルに 1 個の制約を置く必要がある．

一般的に，n 変数からなる VAR モデルにおいて，$\boldsymbol{B}$ には $(n^2 - n)$ 個の未知パラメーターが存在する（対角要素はすべて 1 であることに注意）。さらに，n 個の構造的ショック ($\epsilon_{it}, i = 1, 2, \cdots, n$) が存在するので，合計で n^2 個の未知パラメーターが存在する．これに対して，$\boldsymbol{\Sigma}$ は $(n^2 + n)/2$ 個の独立した要素を持つので方程式の数は，$(n^2 + n)/2$ 個である．したがって，$n^2 - (n^2 + n)/2 = (n^2 - n)/2$ 個の制約を置く必要がある．これは，VAR モデルの次数 (p) に関係なく成立する．この関係は，表 10.1 にまとめられている．

表 10.1　VAR モデルにおける制約

変数の数	2	3	4	$\cdots$	n
未知数の数	4	9	16	$\cdots$	n^2
方程式の数	3	6	10	$\cdots$	$(n^2 + n)/2$
制約の数	1	3	6	$\cdots$	$(n^2 - n)/2$

> **Point**　n 変数からなる VAR モデルから構造的ショックを識別するためには，構造モデルに $(n^2 - n)/2$ 個の制約を置く必要がある．

逐次的制約：逐次的制約 (recursive constraint) は，行列 $\boldsymbol{B}$ に関して対角要素より上の要素をすべて 0 と仮定するものである．つまり，(10.69) 式の例では，次のように $b_{12} = 0$ とおく．

$$\boldsymbol{B} = \begin{bmatrix} 1 & 0 \\ b_{21} & 1 \end{bmatrix} \tag{10.79}$$

3変数の場合には，次のようになる．

$$\boldsymbol{B} = \begin{bmatrix} 1 & 0 & 0 \\ b_{21} & 1 & 0 \\ b_{31} & b_{32} & 1 \end{bmatrix} \tag{10.80}$$

同時点の関係に着目すると，第1番目の変数は第1番目の構造的ショックにのみに依存し，第2番目の変数は第1番目と第2番目の構造的ショックに依存し，第3番目の変数は第1番目，第2番目，第3番目の構造的ショックに依存する．つまり，変数間の依存関係が順次1個ずつ（逐次的に）拡大することになる．その結果，システムの中で最も外生性の高いものが最初におかれ，もっと内生性の高いものが最後におかれることになる．つまり，変数の並べる順序がポイントとなることに注意する必要がある．

例題 10-3

2変量の VAR(1) モデルを推定した結果，最初の5期の残差が次のように得られた．

	$t=1$	$t=2$	$t=3$	$t=4$	$t=5$
e_{1t}	1.0	0.0	0.0	-1.0	0.0
e_{2t}	-1.0	0.0	0.0	1.0	0.0

(1) 残差の分散共分散行列を求めなさい．
(2) $b_{12} = 0$ の制約のもとで構造的ショックを識別しなさい．

例題 10-3 の解

(1) $\hat{\sigma}_1^2 = (1/5) \sum_{t=1}^{5} e_{1t}^2 = 2/5$, $\hat{\sigma}_2^2 = (1/5) \sum_{t=1}^{5} e_{2t}^2 = 2/5$, $\hat{\sigma}_{12} = \hat{\sigma}_{21} = (1/5) \sum_{t=1}^{5} e_{1t} e_{2t} = -2/5$ より，残差の分散共分散行列は次のようになる．

$$\hat{\boldsymbol{\Sigma}} = \begin{bmatrix} \hat{\sigma}_1^2 & \hat{\sigma}_{12} \\ \hat{\sigma}_{12} & \hat{\sigma}_2^2 \end{bmatrix} = \begin{bmatrix} 2/5 & -2/5 \\ -2/5 & 2/5 \end{bmatrix}$$

(2) $b_{12} = 0$ なので，(1) の結果を用いると次式が成立する．

$$\begin{bmatrix} V(\epsilon_{xt}) & 0 \\ 0 & V(\epsilon_{yt}) \end{bmatrix} = \begin{bmatrix} 1 & 0 \\ b_{21} & 1 \end{bmatrix} \begin{bmatrix} 2/5 & -2/5 \\ -2/5 & 2/5 \end{bmatrix} \begin{bmatrix} 1 & b_{21} \\ 0 & 1 \end{bmatrix}$$

したがって,

$$V(\epsilon_{xt}) = 2/5$$
$$0 = (2/5)b_{21} - 2/5$$
$$V(\epsilon_{yt}) = (2/5)b_{21}^2 - (4/5)b_{21} + 2/5$$

より,$V(\epsilon_{xt}) = 2/5, b_{21} = 1, V(\epsilon_{yt}) = 0$ となる。ここで,(10.68) 式の $\boldsymbol{u_t}$ を残差 $\boldsymbol{e_t}$ に置き換えると,$\epsilon_{xt}, \epsilon_{yt}$ に対して次式が成立する。

$$\begin{bmatrix} \epsilon_{xt} \\ \epsilon_{yt} \end{bmatrix} = \begin{bmatrix} 1 & 0 \\ b_{21} & 1 \end{bmatrix} \begin{bmatrix} e_{1t} \\ e_{2t} \end{bmatrix}$$

つまり,

$$\epsilon_{xt} = e_{1t}$$
$$\epsilon_{yt} = e_{1t} + e_{2t}$$

より,構造的ショックは次のように識別される。

	$t=1$	$t=2$	$t=3$	$t=4$	$t=5$
ϵ_{xt}	1.0	0.0	0.0	−1.0	0.0
ϵ_{yt}	0.0	0.0	0.0	0.0	0.0

■

応用例 10-1

例題 10-1 で用いられた日米の株価について VAR モデルの推定を行った(標本期間は 1970 年 1 月から 2005 年 12 月)。例題 10-1 の結果より,株価には単位根が含まれていることが分かっているので,株価の対数値に対して階差をとって分析を行った。なお,VAR の次数は AIC および SBIC いずれも 1 期が選択された。

日米のショックに対する両国の株価の反応についてイノベーション会計を行う。両国の構造的ショックを識別のために(アメリカ,日本)の順に変数を並べて逐次制約をおくと,次のインパルス応答関数が得られた(図の横軸は期間を示している)。

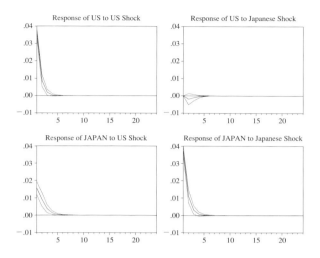

次に,予測の分散分解を行った結果は,次のとおりである。これは,日米の株価の変動に占める各国のショックの相対的分散寄与率 (RVC) を示したものである。この表から,アメリカの株価の変動に占める日本のショックは 1%未満であるのに対して,日本の株価の変動に占めるアメリカのショックの割合は 20%近くに上ることが分かる。

期間 (月)	アメリカの株価		日本の株価	
	アメリカの ショック	日本の ショック	アメリカの ショック	日本の ショック
1	100.00	0.00	14.88	85.12
2	99.72	0.28	17.76	82.24
6	99.62	0.38	18.39	81.61
12	99.62	0.38	18.39	81.61
18	99.62	0.38	18.39	81.61
24	99.62	0.38	18.39	81.61

■ 練習問題

解答は p. 229〜

練習 10-1 (→ 例題 10-1)

日米の景気循環の相互依存関係の分析を行う。対象は 1970 年 1 月から 2005 年 9

月であり，月次データを用いて分析を行った。景気を示す指標としては，鉱工業生産指数（Industrial Production: IPP, 季節調整済み）を用いた（出所：International Financial Statistics (International Monetary Fund)）。

(1) まず，両国の鉱工業生産指数（対数値）の単位根検定を ADF 検定を用いて行ったところ，次のような検定統計量を得た。なお，ADF 検定における拡張項の次数は，SBIC を用いて選択した。有意水準 5% で単位根の検定を行いなさい。

	回帰式における確定項の定式化	検定統計量 (t)
日本の IP	case 1: なし	1.693
	case 2: 定数項のみ	-1.757
	case 3: 定数項とタイムトレンド	-1.914
アメリカの IP	case 1: なし	2.761
	case 2: 定数項のみ	-0.638
	case 3: 定数項とタイムトレンド	-2.755

(2) 次に，(1) の結果を受けて，鉱工業生産指数（対数値）の階差を用いて 2 変量の VAR モデルの推定を行った。VAR のラグ次数は，SBIC に基づいて 3 期が選択された。日米の鉱工業生産指数の Granger の因果性検定を行ったところ，検定統計量（カイ自乗検定統計量, pF）が以下のように得られた。有意水準 5% で因果性の検定を行いなさい。

帰無仮説	検定統計量 (pF)
アメリカの IP $\not\to$ 日本の IP	16.807
日本の IP $\not\to$ アメリカの IP	4.247

練習 10-2 (→ 例題 10-2)

次の 3 変数からなるシステムを考える。

$$x_t = az_{t-2} + u_{1t}$$
$$y_t = bz_{t-1} + u_{2t}$$
$$z_t = u_{3t}$$

ここで，$u_{i,t}, (i=1,2,3)$ は，互いに無相関のホワイトノイズである。
  (1) このシステムにおいては，どのような因果関係が存在するか説明しなさい。
  (2) もし分析者が誤って z_t を含まずに分析を行うと，どのような問題が発生するか説明しなさい。

練習 10-3 (→ 例題 10-3)

2 変量の VAR(1) モデルを推定した結果，最初の 5 期の残差が次のように得られた。

	$t=1$	$t=2$	$t=3$	$t=4$	$t=5$
e_{1t}	0.0	1.0	0.0	0.0	-1.0
e_{2t}	0.0	-1.0	0.0	0.0	1.0

  (1) 残差の分散共分散行列を求めなさい。
  (2) $b_{21}=0$ の制約のもとで構造的ショックを識別しなさい。

練習 10-4

次の AR(1) モデルを考える。

$$y_t = 1.0 + 0.75 y_{t-1} + u_t$$

ただし，$u_t \sim \text{i.i.d.}(0, \sigma^2)$

時点 t に 1 単位の一時的ショックが発生したと仮定する ($\Delta u_t = 1$, $\Delta u_{t+1} = \Delta u_{t+2} = \cdots = 0$)。
  (1) y_t への影響を求めなさい。
  (2) y_{t+1} への影響を求めなさい。
  (3) y_{t+2} への影響を求めなさい。
  (4) y_{t+T} への影響を求めなさい。また，$T \to \infty$ のときの影響を求めなさい。

時点 t 以降に 1 単位の永続的ショックが発生したと仮定する ($\Delta u_t = \Delta u_{t+1} = \Delta u_{t+2} = \cdots = 1$)。
  (5) y_t への影響を求めなさい。
  (6) y_{t+1} への影響を求めなさい。
  (7) y_{t+2} への影響を求めなさい。
  (8) y_{t+T} への影響を求めなさい。また，$T \to \infty$ のときの影響を求めなさい。

練習 10-5

次の 3 変量 VAR(1) モデルを考える。

$$x_t = a_{10} + a_{11}x_{t-1} + a_{12}y_{t-1} + a_{13}z_{t-1} + u_{1t}$$
$$y_t = a_{20} + a_{21}x_{t-1} + a_{22}y_{t-1} + a_{23}z_{t-1} + u_{2t}$$
$$z_t = a_{30} + a_{31}x_{t-1} + a_{32}y_{t-1} + a_{33}z_{t-1} + u_{3t}$$

(1) 変数 y_t から変数 z_t への Granger の因果関係が成立するのはどのような場合か。

(2) 変数 z_t から変数 x_t への Granger の因果関係が成立するのはどのような場合か。

(3) 変数 x_t がブロック外生的であるのはどのような場合か。

第 11 章

共和分の分析

11.1 共和分とは

　共和分 (cointegration) とは，Engle と Granger によって導入された概念であり，長期均衡における経済変数の関係を示すものである[1]。共和分は，経済分析において幅広く適応することができる重要なアイデアである。非定常変数の間の均衡関係は，それらの確率的トレンドが互いに結びついていることを示している。この確率的トレンドの間のリンクによって，変数は共和分の関係を持つことになる。共和分の関係にある変数の動学的経路は，均衡関係からの乖離に対して一定の関係を持つ。共和分の関係にある変数を分析する場合には，階差形に基づく VAR を用いて分析を行うことは適切な方法であるとはいえない。その場合には，均衡からの乖離を示す誤差修正項を含む誤差修正モデルを用いて分析を行うことが望ましい。

　いま，変数 x_t, y_t の間の長期均衡が，

$$\beta_1 x_t + \beta_2 y_t = 0 \tag{11.1}$$

によって示されているものとする。このとき，長期均衡からの乖離（均衡誤差）

$$u_t = \beta_1 x_t + \beta_2 y_t \tag{11.2}$$

は，均衡関係が意味のあるものであるためには定常変数である必要がある。

---

[1] Engle R. F. and Granger, C.W.J. (1987) Cointegration and error correction: Representation, estimation, and testing, *Econometrica*, **35**, 143-159.

次の 2 つの条件が満たされているとき，x_t と y_t とは共和分の関係にあるといわれる。

(1)　x_t と y_t は 1 次の和分過程，I(1)，である。

(2)　x_t と y_t の線形結合 $(\beta_1 x_t + \beta_2 y_t)$ が定常過程，I(0)，となる関係が成立する。なお，$\boldsymbol{\beta} = (\beta_1, \beta_2)'$ は**共和分ベクトル** (cointegrating vector) と呼ばれる。

ここで，いくつかの点について注意をする必要がある。まず，共和分は，線型の関係のみを示している。また，もし $\boldsymbol{\beta}$ が共和分ベクトルであれば，任意の定数 k に対して，$k\boldsymbol{\beta}$ も共和分ベクトルである。通常は，いずれか 1 つの変数で正規化することが多い。経済分析では，各変数に対して単位根が 1 個だけ存在する場合が多く，以下でもその状況のもとで分析を行う。

例題 11-1

次のモデルを考える。

$$x_t = \alpha s_t + u_{1t}$$
$$y_t = \beta s_t + u_{2t}$$

ただし，u_{1t}, u_{2t} は互いに独立な定常過程であり，s_t は単位根過程である。このとき，x_t および y_t は共に I(1) 過程と I(0) 過程の和であるので，I(1) 過程である。

(1)　x_t と y_t との間に共和分の関係があることを確認しなさい。

(2)　x_t と y_t との間に共和分ベクトルを求めなさい。

例題 11-1 の解

(1)　$s_t = (1/\beta)(y_t - u_{2t})$ を x_t に代入して $x_t = \dfrac{\alpha}{\beta}(y_t - u_{2t}) + u_{1t}$。これを整理すると，$x_t - \dfrac{\alpha}{\beta} y_t = u_{1t} - \dfrac{\alpha}{\beta} u_{2t} \sim \mathrm{I}(0)$。したがって，$x_t$ と y_t との間に共和分の関係がある。

(2)　共和分ベクトルは $\left(1, -\dfrac{\alpha}{\beta}\right)'$ である。

11.2 共和分と誤差修正メカニズム

共和分の関係にある変数の基本的な特徴は，変数の時間経路が，長期均衡からの乖離によって示されるという点である。したがって，短期動学は，長期均衡からの乖離によって影響を受ける。これを簡単な例を用いて説明しよう。

いま，2変数 x_t, y_t を考え，これらがともに I(1) 変数であると仮定する。ここで，これらの変数に対して次の VAR(2) モデルを考える。

$$y_t = \Phi_1 y_{t-1} + \Phi_2 y_{t-2} + u_t, \quad t = 1, 2, \cdots, T \tag{11.3}$$

ただし，$y_t = (x_t, y_t)'$ であり，$u_t = (u_{1t}, u_{2t})'$ は誤差項のベクトルである。

(11.3) 式の両辺から y_{t-1} を引いて整理すると次式が得られる。

$$\begin{aligned}
\Delta y_t &= \Phi_1 y_{t-1} - y_{t-1} + \Phi_2 y_{t-2} + u_t \\
&= \Phi_1 y_{t-1} - y_{t-1} + \Phi_2 y_{t-1} - \Phi_2 y_{t-1} + \Phi_2 y_{t-2} + u_t \\
&= \Pi y_{t-1} + \Gamma_1 \Delta y_{t-1} + u_t
\end{aligned} \tag{11.4}$$

ただし，$\Pi = \Phi_1 + \Phi_2 - I$, $\Gamma_1 = -\Phi_2$ である。

ここで，(11.4) 式において左辺は定常である。右辺の第2項と第3項は定常であるので，右辺の第1項も定常である必要がある。ところが，右辺第1項には，x_{t-1} と y_{t-1} という非定常変数が含まれているために，これが定常となるためには，次の2つのいずれかが成立する必要がある。

Case 1: Π がゼロ行列である。この場合は，前章で説明を行った VAR モデルが適当可能な場合である。各変数の階差をとり，VAR モデルを適応すればよい。この場合には，x_t と y_t は共和分の関係にはない。

Case 2: Π と y_{t-1} とを掛け合わせたベクトルの各成分が定常である。この場合は，x_t と y_t との線形結合が定常性を満たしており，両者は共和分の関係にある。

Engle と Granger は，後者の場合に行列 Π を次のように分解できることを示した。

$$\Pi y_{t-1} = \alpha \beta' y_{t-1} = \alpha EC_{t-1} \qquad (11.5)$$

ただし,

$$\alpha = \begin{bmatrix} \alpha_1 \\ \alpha_2 \end{bmatrix}, \quad \beta = \begin{bmatrix} \beta_1 \\ \beta_2 \end{bmatrix}, \quad EC_t = \beta_1 x_t + \beta_2 y_t$$

である。ここで,α は調整係数ベクトルと呼ばれる。また,β は共和分ベクトルである。

(11.5) 式を (11.4) 式に代入すると次式が得られる。

$$\Delta y_t = \alpha EC_{t-1} + \Gamma_1 \Delta y_{t-1} + u_t \qquad (11.6)$$

(11.6) 式において,EC_{t-1} は誤差修正項 (error correction term) と呼ばれ,(11.6) 式は,ベクトル誤差修正モデル (vector error correction model: **VECM**) と呼ばれる。通常,共和分の関係は,長期均衡関係として理解される。つまり,(11.6) 式において,長期的（平均的）には,$\beta_1 x_t + \beta_2 y_t = 0$ という関係が成立しているが,実際には誤差修正項が長期均衡からの乖離として発生するという理解である。したがって,過去に発生した誤差を修正するようにシステムが変動するという意味で,誤差修正モデルと呼ばれる。このように,もし変数間に共和分の関係があれば,常に誤差修正モデルとして表現することが可能である。これは,**グランジャーの表現定理** (Granger's representation theorem) と呼ばれる。

したがって,現在の Δy_t の変動は,2つの要因で決まることになる。第1は,自身の過去の変動 (Δy_{t-1}) であり,第2は2変数間の長期均衡関係からの乖離 (EC_{t-1}) である。したがって,変数間に共和分の関係が成立するのであれば,階差形の VAR を用いることは適切とはいえず,誤差修正項を無視すると特定化の誤りを犯すこととなる。

11.3 Engle-Granger 検定

11.3.1 共和分ベクトルが既知の場合

共和分の検定に関しては，共和分ベクトルが既知の場合と未知の場合とで検定方法が異なる。まず，共和分ベクトル $(\beta_1, \beta_2)'$ が既知の場合には，単位根検定を応用して簡単に検定を行うことができる。いま，2 変数 x_t, y_t を考えると，次のようなステップで検定を行えばよい。

Step 1 各変数 (x_t, y_t) が単位根を持つかどうかを分析する。もし各変数が定常であれば，共和分の分析を行う必要がない。

Step 2 各変数に単位根があれば，既知の β_1, β_2 を利用して，長期均衡からの誤差 (u_t) を作成する。

$$u_t = \beta_1 x_t + \beta_2 y_t \tag{11.7}$$

Step 3 u_t に関して単位根検定を行う。ADF 検定の場合，帰無仮説と対立仮説は，それぞれ，次のとおりである。

$$H_0 : u_t \text{ は単位根を持つ（共和分の関係がない）} \tag{11.8}$$

$$H_A : u_t \text{ は単位根を持たない（共和分の関係がある）} \tag{11.9}$$

もし帰無仮説が採択されれば，長期均衡からの誤差 (u_t) は単位根を持つと判断でき，x_t と y_t とは，共和分の関係にはない。もし，帰無仮説が棄却できれば，長期均衡からの誤差 (u_t) は単位根を持たないと判断でき，x_t と y_t とは共和分の関係にある。なお，検定に際しては，Dickey-Fuller 分布表を用いればよい。

例題 11-2

購買力平価 (Purchasing Power Parity: PPP) は次の関係が成立していることを意味する。

$$p_t = e_t p_t^*$$

ここで，p_t は国内価格，e_t は自国通貨建て為替相場，p_t^* は外国価格である。両片の

対数をとって整理すると次式を得る。

$$\log(e_t) - \log(rp_t) = 0$$

ただし，$rp_t(=p_t/p_t^*)$ は相対価格である。つまり，PPP が成立していれば，$\log(e_t)$ と $\log(rp_t)$ とが $(1,-1)$ という既知の共和分ベクトルを持つ共和分の関係にある。そこで，1980 年から 2007 年の日本とアメリカの四半期データを用いて PPP の分析を行った。用いたデータは，日米の消費者物価指数と米ドル為替相場（期中平均）である（出所：International Financial Statistics, (International Monetary Fund)）。

(1) $\log(e_t)$ と $\log(rp_t)$ に対して，ADF 検定を行ったところ次の結果を得た。なお，ADF 検定における拡張項の次数は，SBIC を用いて選択した。有意水準 5% で単位根の検定を行いなさい。

変数	回帰式における確定項の定式化	検定統計量	p 値
$\log(e_t)$	case 1: なし	-0.872	0.336
	case 2: 定数項のみ	-1.509	0.525
	case 3: 定数項とタイムトレンド	-1.958	0.617
$\log(rp_t)$	case 1: なし	-0.514	0.492
	case 2: 定数項のみ	0.673	0.991
	case 3: 定数項とタイムトレンド	-2.303	0.428

(2) $\log(e_t) - \log(rp_t)$ に対して，ADF 検定を行ったところ次の結果を得た。なお，ADF 検定における拡張項の次数は，SBIC を用いて選択した。有意水準 5% で単位根の検定を行いなさい。

変数	回帰式における確定項の定式化	検定統計量	p 値
$\log(e_t) - \log(rp_t)$	case 1: なし	-0.233	0.600
	case 2: 定数項のみ	-1.571	0.494
	case 3: 定数項とタイムトレンド	-1.290	0.885

例題 11-2 の解

(1) $\log(e_t)$ に関して，case 1, case 2, case 3 のすべての場合において p 値が 0.05 よりも大きいので，有意水準 5% のもとで，「単位根を持つ」という帰無仮説は採

択される。$\log(rp_t)$ に関しても同様である。

(2) case 1, case 2, case 3 のすべての場合において p 値が 0.05 よりも大きいので，有意水準 5% のもとで，「単位根を持つ」という帰無仮説は採択される。つまり，$\log(e_t)$ と $\log(rp_t)$ は $(1, -1)$ の共和分ベクトルを持つ共和分の関係にはなく，PPP に対して否定的な結果を得たことになる。 ■

11.3.2 共和分ベクトルが未知の場合

Engle と Granger は，共和分ベクトルが未知の場合に共和分の検定を行う方法を提示した。この検定方法は，**Engle-Granger 検定**と呼ばれる。いま，2 変数 x_t, y_t を考えると，次のようなステップに基づいて分析を行う。

[Step 1] 各変数 (x_t, y_t) が単位根を持つかどうかを分析する。もし各変数が定常であれば，共和分の分析を行う必要がない。

[Step 2] 各変数に単位根があれば，長期均衡関係を推定する。ステップ 1 において，x_t と y_t とが I(1) 変数であれば，最小自乗法を用いて次の**共和分回帰式**を推定する。

$$y_t = \beta_0 + \beta_1 x_t + u_t \tag{11.10}$$

[Step 3] (11.10) 式の残差 e_t を求める。もし長期均衡からの残差であれば，これは定常となるはずであり，x_t と y_t とは共和分の関係にある。したがって，この残差に対して次の回帰式を設定し，単位根検定を行う。

$$\Delta e_t = \rho e_{t-1} + \epsilon_t \tag{11.11}$$

もちろん，(11.10) 式の残差に系列相関が残っているようであれば，拡張項を加えて，ADF 検定を応用すればよい。

$$\Delta e_t = \rho e_{t-1} + \sum_{i=1}^{p} \gamma_i \Delta e_{t-i} + \epsilon_t \tag{11.12}$$

いずれの場合においても，残差に対する回帰であるので，定数項（およびタイムトレンド）を含める必要はない。帰無仮説と対立仮説は，それぞれ，次のと

おりである．

$$H_0 : \rho = 0, \quad 単位根あり（共和分の関係がない） \tag{11.13}$$
$$H_A : \rho < 0, \quad 単位根なし（共和分の関係がある） \tag{11.14}$$

もし帰無仮説が棄却できなければ，残差は単位根を持つと判断でき，x_t と y_t とは，共和分の関係にはない．もし，帰無仮説が棄却できれば，残差は単位根を持たないと判断でき，x_t と y_t とは共和分の関係にある．

このプロセスは，まず残差 (e_t) を求め，それに対して単位根検定を応用するので，**2段階法 (2–step procedure)** とも呼ばれる．ここで注意しなければいけない点は，共和分の検定において，Dickey-Fuller 分布表を直接利用することができない点である．もし β_0, β_1 が既知であり，結果として u_t が知られているのであれば，通常の Dickey-Fuller 分布表を用いることができる．しかし，e_t は回帰式の推定結果より得られたものであり，分析者は真の誤差ではなく，推定残差のみしか分からないからである．表 11.1 は，Phillips と Ouliaris によって与えられた Engle-Granger 検定の臨界値を示している．

表 11.1 Engle-Granger 検定の臨界値

説明変数における $I(1)$ 変数の数 (p)	検定統計量が表中の数字より小さい確率（下側確率）	
	1%	5%
1	−3.96	−3.37
2	−4.31	−3.77
3	−4.73	−4.11
4	−5.07	−4.45
5	−5.28	−4.71

共和分回帰式：$y_t = \beta_0 + \beta_1 x_{1t} + \cdots + \beta_p x_{pt} + u_t$

出所：Phillips, P.C.B. and Ouliaris, S. (1990) Asymptotic properties of residual based tests for cointegration, *Econometrica*, **58**, 165-193.

> **Point** 共和分検定において，共和分ベクトルが未知の場合には，Dickey-Fuller 分布表は利用できない．

例題 11-3

1994 年第 1 四半期 2007 年第 4 四半期の日本の四半期データ（暦年）を用いて，消費 (c_t) と所得 (y_t) との間に共和分の関係があるかどうか分析を行う．用いたデータは，実質 GDP と実質民間最終消費支出（季節調整済み系列，出所：内閣府ホームページ）である．

(1) c_t と y_t に対して，ADF 検定を行ったところ次の結果を得た．なお，ADF 検定における拡張項の次数は，SBIC を用いて選択した．有意水準 5% で単位根の検定を行いなさい．

変数	回帰式における確定項の定式化	検定統計量	p 値
c_t	case 1: なし	2.804	0.999
	case 2: 定数項のみ	-0.369	0.907
	case 3: 定数項とタイムトレンド	-2.723	0.232
y_t	case 1: なし	3.615	1.000
	case 2: 定数項のみ	0.552	0.987
	case 3: 定数項とタイムトレンド	-1.010	0.934

(2) OLS で消費関数を推定したところ，次の結果を得た．

$$c_t = 42358.010 + 0.482 y_t, \quad R^2 = 0.960, \quad DW = 0.509$$
$$\quad\quad (6.200) \quad\quad (35.983)$$

ただし，括弧内の数字は t 値である．そこで，この残差 (e_t) に対して ADF 検定を行ったところ，検定統計量は -2.910 であった（拡張項の次数は SBIC で選択）．有意水準 5%で，消費と所得の間の共和分検定を行いなさい．

例題 11-3 の解

(1) c_t に関して，case 1, case 2, case 3 のすべての場合において p 値が 0.05 よりも大きいので，有意水準 5% のもとで，「単位根を持つ」という帰無仮説は採択される．(y_t) に関しても同様である．

(2) 表 11.1 より，有意水準 5% のもとでの臨界値は -3.37 である．$-3.37 < -2.910$ より，「単位根を持つ」という帰無仮説は採択される．つまり，消費と所得の間には共和分の関係はなく，推定された消費関数は「見せかけの回帰」を示している

にすぎない。

> **Point** 回帰分析の結果，t 値と R^2 は大きな値をとるが DW 比が小さな場合には，見せかけの回帰の可能性に要注意。

11.4 Johansen の方法

11.4.1 共和分ランク

　Engle-Granger 検定は，応用に適した方法であるが，いくつかの問題点も存在する。まず，しばしば直面する問題は，説明変数と被説明変数とを入れ替えることにより共和分検定の結果が変わることである。これは，共和分の検定を行ううえで，基準化を行う変数によって結果が変わるために，大きな問題となる。次に，3 変数以上の分析においては，2 つ以上の共和分が存在する可能性がある。Engle-Granger 検定では，このような問題に対して対処できない。そこで，Johansen は 2 段階法を避け，複数の共和分ベクトルの推定と検定を行うことのできる方法を提案した[2]。

　いま，n 変数からなるベクトル $\boldsymbol{y_t} = (y_{1t}, y_{2t}, \cdots, y_{nt})'$ に対して，次のモデルを考える。

$$\boldsymbol{y_t} = \boldsymbol{\Phi_1} \boldsymbol{y_{t-1}} + \boldsymbol{\Phi_2} \boldsymbol{y_{t-2}} + \cdots + \boldsymbol{\Phi_p} \boldsymbol{y_{t-p}} + \boldsymbol{u_t} \tag{11.15}$$

ただし，

$$E(\boldsymbol{u_t}) = \boldsymbol{0}, \quad E(\boldsymbol{u_t u_t'}) = \boldsymbol{\Omega}$$

である。(11.15) 式の両辺から $\boldsymbol{y_{t-1}}$ を引いて整理すると，次式を得る。

$$\Delta \boldsymbol{y_t} = \boldsymbol{\Pi} \boldsymbol{y_{t-1}} + \sum_{i=1}^{p-1} \boldsymbol{\Gamma_i} \Delta \boldsymbol{y_{t-i}} + \boldsymbol{u_t} \tag{11.16}$$

---

[2] Johansen, S. (1988) Statistical analysis of cointegration vectors, *Journal of Economic Dynacmics and Control*, **12**, 231-254. Johansen, S. and Juselius, K. (1990) Maximum likelihood estimation and inference on cointegration with application to the demand for money, *Oxford Bulletin of Economics and Statistics*, **52**, 169-209.

ただし，$\Pi = \sum_{i=1}^{p} \Phi_i - I$, $\Gamma_i = -\sum_{j=i+1}^{p} \Phi_j$ である。

ここで，Π のランクは独立した共和分ベクトルの数を表しており，次の3つのケースが存在する。

Case 1: $rank(\Pi) = n$: この場合には y_t の各要素はすべて定常である。

Case 2: $rank(\Pi) = r$, $(0 < r < n)$: この場合には，r 個の共和分ベクトルが存在する。

Case 3: $rank(\Pi) = 0$: この場合には，Π はゼロ行列となり，y_t の各要素は I(1) 変数である。

一般に，「行列 Π のランクは，ゼロでない固有値の数に等しい」ので，(11.16) 式を推定して求めた Π の固有値 $(\hat{\lambda}_i, i = 1, 2, \cdots, n)$ に基づいて共和分ランクの検定を行えばよい。

11.4.2 共和分ランクの検定

いま，2変数の場合について考える。行列 Π の固有値を大きさの順番に $\lambda_1 > \lambda_2$ と並べる。もし共和分の関係がなければ，Π のランクが0となり，固有値はすべて0である $(\lambda_1 = \lambda_2 = 0)$。その結果，$\log(1 - \lambda_1) = \log(1 - \lambda_2) = 0$ となる。もし共和分の関係が1個存在すればランクが1となり，第1番目の固有値に対しては，$0 < \lambda_1 < 1$ が成立するので $\log(1 - \lambda_1) < 0$ である。第2番目の固有値に対しては，$\lambda_2 = 0$ より $\log(1 - \lambda_2) = 0$ である。表 11.2 は，3変数の場合についてこのような関係をまとめたものである（$\log(1) = 0$ に注意）。

以上を踏まえて，共和分ランクの次数を決めるために，2つの検定方法が用いられる。第1は帰無仮説と対立仮説を次のように設定する。

$H_0 : r$ 個以下の共和分ベクトルが存在する。

$H_A : r$ 個より多くの共和分ベクトルが存在する。

この検定のためには次の統計量が用いられる。

$$\lambda_{trace} = -T \sum_{i=r+1}^{n} \log(1 - \hat{\lambda}_i) \qquad (11.17)$$

ただし，$\hat{\lambda}_i$ は固有値の推定値であり，$0 \leq r < n$ である。この検定方法は，r

表 11.2 ランクと固有値の関係 ($n=3$ のケース)

$rank(\Pi)=0$	$\Rightarrow$	$\lambda_1=0$	$\Rightarrow$	$\log(1-\lambda_1)=0$
		$\lambda_2=0$		$\log(1-\lambda_2)=0$
		$\lambda_3=0$		$\log(1-\lambda_3)=0$
$rank(\Pi)=1$	$\Rightarrow$	$0<\lambda_1<1$	$\Rightarrow$	$\log(1-\lambda_1)<0$
		$\lambda_2=0$		$\log(1-\lambda_2)=0$
		$\lambda_3=0$		$\log(1-\lambda_3)=0$
$rank(\Pi)=2$	$\Rightarrow$	$0<\lambda_1<1$	$\Rightarrow$	$\log(1-\lambda_1)<0$
		$0<\lambda_2<1$		$\log(1-\lambda_2)<0$
		$\lambda_3=0$		$\log(1-\lambda_3)=0$

個の共和分ベクトルが存在するという帰無仮説を，残りの $n-r$ 個の固有値 $\lambda_{r+1}=\cdots=\lambda_n$ が 0 であるという仮説検定で置き換えようとするものである．推定された固有値が 0 とは異なれば異なるほど，$\lambda_{trace}(r)$ 統計量の値は大きくなる（すべての $\hat{\lambda}_i=0$ であれば，$\lambda_{trace}(r)=0$ が成立することが明らかである）．このような検定は，**トレース検定** (trace test) と呼ばれる．

第 2 は，帰無仮説と対立仮説を次のように設定する．

$H_0:r$ 個の共和分ベクトルが存在する．

$H_A:r+1$ 個の共和分ベクトルが存在する．

この検定のためには次の統計量が用いられる．

$$\lambda_{max}=-T\log(1-\hat{\lambda}_{r+1}) \tag{11.18}$$

(11.18) 式で与えられる統計量は，共和分ベクトルの数が r 個であるという帰無仮説を，共和分ベクトルが $r+1$ 個であるという対立仮説に対して検定するものである．これは，共和分を追加的に 1 個考慮するモデルの冗長性の検定である．この検定は，**最大固有値検定** (maximum eigenvalue test) と呼ばれる．この場合にも，推定された固有値が 0 に近いほど，λ_{max} の値は小さくなる．

(11.17) 式と (11.18) 式から明らかなように，トレース検定と最大固有値検定とは互いに独立な検定ではない．一方の検定統計量が与えられると，他方の検定統計量も容易に計算できる．また，実際に検定を行う際には，「0 個の共和

分ベクトルが存在する」という帰無仮説から出発する．もし帰無仮説が棄却されると，順次，帰無仮説の共和分ベクトルの数を増やしていき，帰無仮説が採択されるところで検定を終了すればよい．

表 11.3 は，Johansen 検定の臨界値を示している．ここで，臨界値は，次の 2 つの要因に依存する．

表 11.3 Johansen 検定の臨界値

$n-r$	トレース検定 検定統計量が表中の数字より大きい確率（上側確率）		最大固有値検定 検定統計量が表中の数字より大きい確率（上側確率）	
	5%	1%	5%	1%
Case 1				
1	9.24	12.97	9.24	12.97
2	19.96	24.60	15.67	20.20
3	34.91	41.07	22.00	26.81
4	53.12	60.16	28.14	33.24
5	76.07	84.45	34.40	39.79
Case 2				
1	3.76	6.65	3.76	6.65
2	15.41	20.04	14.07	18.63
3	29.68	35.65	20.97	25.52
4	47.21	54.46	27.07	32.24
5	68.52	76.07	33.46	38.77
Case 3				
1	12.25	16.26	12.25	16.26
2	25.32	30.45	18.96	23.65
3	42.44	48.45	25.54	30.34
4	62.99	70.05	31.46	36.65
5	87.31	96.58	37.52	42.36

$n-r$ は，変数の数から共和分ベクトルの数を引いたランダム・ウォークの数である．

出所: Osterwald-Lenum M. (1992) A note with quantiles of the asymptotic distribution of the maximum likelihood cointegration rank test statistics, *Oxford Bulletin of Economics and Statistics*, **54**, 461-472.

(1) 帰無仮説のもとでの非定常な変数の数 $(n-r)$。

(2) 共和分ベクトルと決定項の部分。ここでは次の3つのケースを考慮した。

Case 1: y_t は確定的トレンド項を持たず，共和分ベクトルは定数項を含む場合。2 変数の場合は次のように書ける。

$$\Delta y_t = \begin{bmatrix} \alpha_1 \\ \alpha_2 \end{bmatrix} [\rho_0 + \beta_1 x_{t-1} + \beta_2 y_{t-1}] + \sum_{i=1}^{p-1} \Gamma_i \Delta y_{t-i} + u_t \quad (11.19)$$

Case 2: y_t は線形トレンドを持ち，共和分ベクトルは定数項を含む場合。2 変数の場合は次のように書ける。

$$\Delta y_t = \begin{bmatrix} \mu_1 \\ \mu_2 \end{bmatrix} + \begin{bmatrix} \alpha_1 \\ \alpha_2 \end{bmatrix} [\rho_0 + \beta_1 x_{t-1} + \beta_2 y_{t-1}] + \sum_{i=1}^{p-1} \Gamma_i \Delta y_{t-i} + u_t \quad (11.20)$$

ここで，$(\mu_1, \mu_2)'$ は階差である $\Delta y_t (= y_t - y_{t-1})$ に対する定数項であるので，y_t はタイムトレンドを持つことに注意。

Case 3: y_t と共和分ベクトルがともに線形トレンドを持つ場合。2 変数の場合は次のように書ける。

$$\Delta y_t = \begin{bmatrix} \mu_1 \\ \mu_2 \end{bmatrix} + \begin{bmatrix} \alpha_1 \\ \alpha_2 \end{bmatrix} [\rho_0 + \rho_1(t-1) + \beta_1 x_{t-1} + \beta_2 y_{t-1}]$$
$$+ \sum_{i=1}^{p-1} \Gamma_i \Delta y_{t-i} + u_t \quad (11.21)$$

例題 11-4

例題 11-3 と同じデータを用いて，Johansen 検定を行った。各ケースについて，検定統計量が次のように与えられている。有意水準 5% で共和分検定を行いなさい。

		case 1	case 2	case 3
トレース検定				
H_0	H_A			
$r = 0$	$r \geq 1$	14.291	7.251	18.881
$r \leq 1$	$r = 2$	6.146	0.001	2.946
最大固有値検定				
H_0	H_A			
$r = 0$	$r = 1$	8.145	7.250	15.935
$r = 1$	$r = 2$	6.146	0.001	2.946

例題 11-4 の解

表 11.3 より，有意水準 5% のもとで，トレース検定の臨界値は各ケースについて次のとおり。$H_0 : r = 0$ の場合，$n - r = 2 - 0 = 2$ に対して，case 1: 19.96, case 2: 15.41, case 3: 25.32。したがって，case 1: 14.291 < 19.96, case 2: 7.251 < 15.41, case 3: 18.881 < 25.32 より，いずれのケースについても検定統計量は臨界値よりも小さいので，「共和分ランクが 0 である（共和分の関係がない）」という帰無仮説は採択される。

同様に，有意水準 5% のもとで，最大固有値検定の臨界値は各ケースについて次のとおり。$H_0 : r = 0$ の場合，$n - r = 2 - 0 = 2$ に対して，case 1: 15.67, case 2: 14.07, case 3: 18.96。したがって，case 1: 8.145 < 15.67, case 2: 7.250 < 14.07, case 3: 15.935 < 18.96 より，いずれのケースについても検定統計量は臨界値よりも小さいので，「共和分ランクが 0 である（共和分の関係がない）」という帰無仮説は採択される。

これらの結果は，例題 11-3 の Engle-Granger 検定の結果と整合的である。 ■

11.5 共和分ベクトルの推定

2 変数 x_t, y_t に関して，次のシステムを考える。

$$y_t = \beta_0 + \beta_1 x_t + u_t \tag{11.22}$$

$$\Delta x_t = v_t \tag{11.23}$$

ただし，x_0 は所与，u_t と v_t とは互いに独立な確率変数と仮定する．(11.22) 式は，共和分回帰を示している．このようなシステムは，**triangular representation** と呼ばれる．

Case 1：u_t と v_t が同一時点のみの相関を持つ場合．

この場合には，説明変数と誤差項との相関を取り除くために，次の回帰式を考える．

$$y_t = \beta_0 + \beta_1 x_t + \gamma \Delta x_t + w_t \tag{11.24}$$

(11.24) 式は，**拡張された共和分回帰** (augmented cointegrating regression) と呼ばれる．(11.24) 式を OLS で推定すればよい．

Case 2：u_t と v_t が異時点間でも相関を持つ場合．

この場合には，(11.24) 式をさらに拡張し，説明変数として，過去と未来の Δx_t を加えた次式を考る．

$$y_t = \beta_0 + \beta_1 x_t + \sum_{i=-K}^{K} \gamma_i \Delta x_{t-i} + w_t \tag{11.25}$$

これを OLS で推定すればよい．この (11.25) 式に基づく回帰分析は，**動学的 OLS**(dynamic OLS) と呼ばれる．

11.6 数　学　注

共和分回帰における相関の除去

次のシステムを考え，

$$y_t = \beta_0 + \beta_1 x_t + u_t \tag{11.26}$$

$$\Delta x_t = v_t \tag{11.27}$$

誤差項について，以下の仮定をおく．

$$E(u_t) = E(v_t) = 0,$$
$$E(u_t u_s) = E(v_t v_s) = E(u_t v_s) = 0 \ (t \neq s),$$
$$E(u_t v_t) \neq 0$$

つまり,u_t と v_t は同一時点のみ相関を持つ.

この場合,(11.26) 式の誤差項 (u_t) と説明変数 (x_t) に関して,

$$\begin{aligned} Cov(u_t, x_t) &= Cov(u_t, x_0 + \Delta x_1 + \Delta x_2 + \cdots + \Delta x_t) \\ &= Cov(u_t, \Delta x_1 + \Delta x_2 + \cdots + \Delta x_t) \\ &= Cov(u_t, v_1 + v_2 + \cdots + v_t) \\ &= Cov(u_t, v_t) \end{aligned} \tag{11.28}$$

より,両者は相関を持つことが分かる.

この相関に対処するために,u_t を v_t に回帰させる.

$$u_t = \gamma v_t + w_t = \gamma \Delta x_t + w_t \tag{11.29}$$

ただし,$E(w_t) = 0, Cov(v_t, w_t) = Cov(\Delta x_t, w_t) = 0$。(11.29) 式を (11.26) 式に代入すると次式を得る.

$$y_t = \beta_0 + \beta_1 x_t + \gamma \Delta x_t + w_t \tag{11.30}$$

この場合,

$$\begin{aligned} Cov(\Delta x_s, w_t) &= Cov(v_s, u_t - \gamma v_t) \\ &= Cov(v_s, u_t) - \gamma Cov(v_s, v_t) \\ &= 0 \quad (s \neq t) \end{aligned} \tag{11.31}$$

が成立するので,(11.30) 式の誤差項 (w_t) と説明変数 (x_t) に関して,

$$\begin{aligned} Cov(w_t, x_t) &= Cov(w_t, x_0 + \Delta x_1 + \Delta x_2 + \cdots + \Delta x_t) \\ &= Cov(w_t, \Delta x_1 + \Delta x_2 + \cdots + \Delta x_t) \\ &= 0 \end{aligned} \tag{11.32}$$

より,両者は相関を持たないことが確認できる.

■ 練習問題

解答は p.231〜

練習 11-1 (→ 例題 11-1)

次のモデルを考える。

$$x_t = 0.5s_t + u_{1t}$$
$$y_t = 0.8s_t + u_{2t}$$

ただし，u_{1t}, u_{2t} は互いに独立な定常過程であり，s_t は単位根過程である。このとき，x_t および y_t は共に I(1) 過程と I(0) 過程の和であるので，I(1) 過程である。

(1) x_t と y_t との間に共和分の関係があることを確認しなさい。

(2) x_t と y_t との間に共和分ベクトルを求めなさい。

練習 11-2 (→ 例題 11-1)

次のモデルを考える。

$$x_t = 0.5s_{1t} + u_{1t}$$
$$y_t = 0.5s_{2t} + u_{2t}$$

ただし，u_{1t}, u_{2t} は互いに独立な定常過程であり，s_{1t}, s_{2t} は互いに独立な単位根過程である。このとき，x_t および y_t は共に I(1) 過程と I(0) 過程の和であるので，I(1) 過程である。このとき，x_t と y_t との間に共和分の関係があるか。

練習 11-3 (→ 例題 11-1)

次のモデルを考える。

$$x_t = 0.5s_{1t} + u_{1t}$$
$$y_t = 0.5s_{2t} + u_{2t}$$
$$z_t = s_{1t} + s_{2t} + u_{3t}$$

ただし，u_{1t}, u_{2t}, u_{3t} は互いに独立な定常過程であり，s_{1t}, s_{2t} は互いに独立な単位根過程である。

(1) 2 変数間の共和分関係はあるか。

(2) 3 変数間に共和分の関係はあるか。

(3) 共和分の関係がある場合，共和分ベクトルを求めなさい．

練習 11-4 (→ 例題 11-2)

金利の期間構造に関する期待仮説 (expectations hypothesis) は，次の関係が成立していることを意味する．

$$R_t - r_t = \mu + u_t$$

ここで，R_t は長期金利，r_t は短期金利，μ はタームプレミアム，u_t は定常な誤差項である．つまり，期待仮説が成立していれば，R_t と r_t とが $(1, -1)$ という既知の共和分ベクトルを持つ共和分の関係にある．そこで，1989 年 1 月から 2007 年 12 月の日本の月次データを用いて分析を行った．用いたデータは，長期金利としてはコールレートの 1ヶ月もの（期末値），短期金利としてはコールレートの 1 週間もの（期末値）である（出所：日本銀行ホームページ）．

(1) R_t と r_t に対して，ADF 検定を行ったところ次の結果を得た．なお，ADF 検定における拡張項の次数は，SBIC を用いて選択した．有意水準 5% で単位根の検定を行いなさい．

変数	回帰式における確定項の定式化	検定統計量	p 値
R_t	case 1: 定数項のみ	-1.236	0.659
	case 2: 定数項とタイムトレンド	-1.219	0.904
r_t	case 1: 定数項のみ	-1.792	0.384
	case 2: 定数項とタイムトレンド	-1.609	0.787

(2) $R_t - r_t$ に対して，ADF 検定を行ったところ次の結果を得た．なお，ADF 検定における拡張項の次数は，SBIC を用いて選択した．有意水準 5% で単位根の検定を行いなさい．

変数	回帰式における確定項の定式化	検定統計量	p 値
$R_t - r_t$	case 1: なし	-2.546	0.011
	case 2: 定数項のみ	-10.088	0.000
	case 3: 定数項とタイムトレンド	-10.391	0.000

練習 11-5 (→ 例題 11-3)

1994 年第 1 四半期 2007 年第 4 四半期の日本の四半期データ（暦年）を用いて，消費の対数値 ($\log(c_t)$) と所得の対数値 ($\log(y_t)$) との間に共和分の関係があるかどうか分析を行う。用いたデータは，実質 GDP と実質民間最終消費支出（季節調整済み系列，出所：内閣府ホームページ）である。

(1) $\log(c_t)$ と $\log(y_t)$ に対して，ADF 検定を行ったところ次の結果を得た。なお，ADF 検定における拡張項の次数は，SBIC を用いて選択した。有意水準 5% で単位根の検定を行いなさい。

変数	回帰式における確定項の定式化	検定統計量	p 値
$\log(c_t)$	case 1: なし	2.774	0.998
	case 2: 定数項のみ	-0.543	0.874
	case 3: 定数項とタイムトレンド	-2.957	0.154
$\log(y_t)$	case 1: なし	3.529	1.000
	case 2: 定数項のみ	0.304	0.977
	case 3: 定数項とタイムトレンド	-1.183	0.904

(2) OLS で消費関数を推定したところ，次の結果を得た。

$$\log(c_t) = 1.275 + 0.860 \log(y_t), \quad R^2 = 0.959, \quad DW = 0.520$$
$$\quad (4.028) \quad (35.682)$$

ただし，括弧内の数字は t 値である。そこで，この残差 (e_t) に対して ADF 検定を行ったところ，検定統計量は -2.622 であった（拡張項の次数は SBIC で選択）。有意水準 5%で，消費と所得の間の共和分検定を行いなさい。

練習 11-6 (→ 例題 11-4)

練習 11-5 と同じデータを用いて，Johansen 検定を行った。各ケースについて，検定統計量が次のように与えられている。有意水準 5% で共和分検定を行いなさい。

		case 1	case 2	case 3
ランク検定				
H_0	H_A			
$r = 0$	$r \geq 1$	14.499	19.426	19.502
$r \leq 1$	$r = 2$	6.190	3.346	3.359
最大固有値検定				
H_0	H_A			
$r = 0$	$r = 1$	8.308	16.079	16.143
$r = 1$	$r = 2$	6.190	3.346	3.359

第 12 章

非定常パネル分析

12.1 パネル単位根

パネルデータ $(y_{i,t})$ に関して,次の AR(1) 過程を考える。

$$y_{it} = \phi_i y_{i,t-1} + u_{it}, \quad i = 1, 2, \cdots, N, \ t = 1, 2, \cdots, T \quad (12.1)$$

ここで,N はクロスセクションの数を示し,T は時系列の標本期間を示す。u_{it} は定常的な誤差項である。(12.1) 式において,$\phi_i = 1$ であれば y_{it} は単位根を持ち,$|\phi_i| < 1$ であれば,y_{it} は単位根を持たない。

パネルデータにおいて,単位根検定を行う際には,ϕ_i に関して 2 つの定式化が可能である。第 1 は ϕ_i がクロスセクション全体を通して同一であるという仮定であり,第 2 は ϕ_i がクロスセクションごとに値が異なるという仮定である。

12.1.1 共通単位根による検定

Levin, Lin および Chu は,クロスセクションにおける ϕ_i はすべて等しい ($\phi_1 = \phi_2 = \cdots = \phi_N = \phi$) と仮定したもとでの,単位根の検定方法を提案した (**LLC 検定**)[1]。

次の ADF モデルを考える。

$$\Delta y_{it} = \rho y_{i,t-1} + \sum_{j=1}^{p_i} \gamma_{ij} \Delta y_{i,t-j} + \alpha_{mi} d_{mt} + u_{it}, \quad m = 1, 2, 3 \quad (12.2)$$

---

[1] Levin, A., Lin, C.F. and Chu, C. (2002) Unit root test in panel data: asymptotic and finite sample properties, *Journal of Econometrics*, **108**, 1-25.

ただし, $\rho = \phi - 1$, d_{mt} は確定的変数を含み, $d_{1t} = \{0\}$, $d_{2t} = \{1\}$, $d_{3t} = \{1, t\}$ である。つまり, $m=1$ の時は, $\alpha_{1i}d_{1t} = 0$, $m=2$ の時は, $\alpha_{2i}d_{2t} = \alpha_{2i}$, $m=3$ の時は $\alpha_{3i}d_{3t} = \alpha_{3i}^0 + \alpha_{3i}^1 t$ となる。ラグ次数 (p_i) についてはクロスセクションによって必ずしも同じ値をとるとは限らないことに注意する必要がある。

帰無仮説と対立仮説とは, それぞれ, 次のように示される。

$$H_0: \rho = 0 \tag{12.3}$$

$$H_A: \rho < 0 \tag{12.4}$$

帰無仮説のもとでは単位根が存在し, 対立仮説のもとでは単位根が存在しない。LLC 検定は以下のように行われる。

Step 1　LLC 検定では, $\Delta y_{i,t-j} (j = 1, 2, \cdots, p_i)$ と x_{it} を説明変数として, Δy_{it} と $y_{i,t-1}$ を被説明変数とするモデルの推定を行う。これら 2 つの回帰モデルで得られた残差を, それぞれ, e_{it}, v_{it} とする。

$$e_{it} = \Delta y_{it} - \sum_{j=1}^{p_i} \hat{\gamma}_{ij} \Delta y_{i,t-j} - \hat{\alpha}_{mi} d_{mt} \tag{12.5}$$

$$v_{it} = y_{it} - \sum_{j=1}^{p_i} \tilde{\gamma}_{ij} \Delta y_{i,t-j} - \tilde{\alpha}_{mi} d_{mt} \tag{12.6}$$

Step 2　次に e_{it}, v_{it} を (12.2) 式の ADF 回帰式から得られた標準誤差 (s_i) で基準化する。

$$\hat{e}_{it} = \frac{e_{it}}{s_i} \tag{12.7}$$

$$\hat{v}_{it} = \frac{v_{it}}{s_i} \tag{12.8}$$

$N\tilde{T}$ 個の観測値に基づき, 係数 ρ の推定量は次式より求められる。

$$\hat{e}_{it} = \rho \hat{v}_{i,t-1} + \eta_{it} \tag{12.9}$$

ただし, $\tilde{T} (= T - \sum_i p_i/N - 1)$ は各クロスセクション当たりの観測値の平均値を示している ($\sum_i p_i/N$ は各 ADF 回帰における平均的なラグ次数である)。

Step 3　(12.9) 式に Pool OLS を適応して $\hat{\rho}$ を求めると, 帰無仮説 (H_0:

$\rho = 0$) のもとで，t 統計量は次式で与えられる。

$$t = \frac{\hat{\rho}}{SE(\hat{\rho})} \tag{12.10}$$

LLC 統計量は (12.10) 式を修正して，次式で与えられる。

$$t^* = \frac{t - (N\tilde{T})S_N\hat{\sigma}^{-2}SE(\hat{\rho})\mu^*_{m\tilde{T}}}{\sigma^*_{m\tilde{T}}} \tag{12.11}$$

ただし，$S_N = (1/N)\sum_{i=1}^{n} s_i$，$\hat{\sigma}^2$ は (12.9) 式の誤差項 η_{it} の推定分散である。また，$\mu^*_{m\tilde{T}}$ と $\sigma^*_{m\tilde{T}}$ は平均と標準偏差に関する調整項である[2]。LLC 統計量は漸近的に標準正規分布に従う。

次のように判断すればよい。

$t^* \leqq N_\alpha(0,1)$ のとき，有意水準 $100\alpha\%$ で帰無仮説を棄却

$t^* > N_\alpha(0,1)$ のとき，有意水準 $100\alpha\%$ で帰無仮説を採択

ここで，$N_\alpha(0,1)$ は標準正規分布の下側 $100\alpha\%$ 点である。

12.1.2 個々の単位根による検定

IPS 検定

Im, Pesaran and Shin は，クロスセクションにおける ϕ_i は必ずしも同一ではないとの仮定のもとでパネル単位根の検定を行う方法を提示した（**IPS 検定**）[3]。IPS 検定は，個々の単位根検定を組み合わせて，パネル特有の単位根検定を行おうとするものである。

IPS 検定では，最初に各クロスセクションに対する個別の ADF 検定を行う。

$$\Delta y_{i,t} = \rho_i y_{i,t-1} + \sum_{j=1}^{p_i} \gamma_{ij} \Delta y_{i,t-j} + \alpha_{mi} d_{mt} + u_{i,t} \tag{12.12}$$

帰無仮説と対立仮説は，それぞれ，次のようになる。

$$H_0 : \rho_i = 0 \quad \text{for all} \quad i \tag{12.13}$$

---

[2] これらの値は，Levin, Lin and Chu (2002, Table 2) で示されている。
[3] Im, K.S., Pesaran, M.H. and Shin, Y. (2003) Testing for unit roots in heterogeneous panels, *Journal of Econometrics*, **115**, 53-74.

$$H_A : \begin{cases} \rho_i = 0 & \text{for} \quad i = 1, 2, \cdots, N_1 \\ \rho_i < 0 & \text{for} \quad i = N_1 + 1, N_1 + 2, \cdots, N \end{cases} \quad (12.14)$$

対立仮説は，クロスセクションごとに ρ_i の値が異なり，1 から N_1 のクロスセクションに関しては単位根が存在するが，$N_1 + 1$ から N のクロスセクションに関しては単位根が存在しないことを意味する．

個々の ADF 回帰の推定を行い，$\hat{\rho}_i$ に対する t 統計量の平均値を求める．

$$\bar{t}_N = \frac{\sum_{i=1}^{N} t_i}{N} \quad (12.15)$$

一般的に，(2.12) 式におけるラグ次数 (p_i) が幾つかのクロスセクションで 0 とならない場合，統計量，

$$W_{\bar{t}_N} = \frac{\sqrt{N}(\bar{t}_N - (1/N)\sum_{i=1}^{N} E(t_i))}{\sqrt{(1/N)\sum_{i=1}^{N} V(t_i)}} \quad (12.16)$$

が，漸近的に標準正規分布に従う [4]．

次のように判断すればよい．

$W_{\bar{t}_N} \leqq N_\alpha(0,1)$ のとき，有意水準 $100\alpha\%$ で帰無仮説を棄却

$W_{\bar{t}_N} > N_\alpha(0,1)$ のとき，有意水準 $100\alpha\%$ で帰無仮説を採択

ここで，$N_\alpha(0,1)$ は標準正規分布の下側 $100\alpha\%$ 点である．

Fisher 型検定

Maddala と Wu は，それぞれ，Fisher の考えに基づいて，個々の単位根検定から得られた p 値を組み合わせてパネル単位根検定を行う方法を提案した (**Fisher 型検定**) [5]．

Fisher 型検定では，最初に各クロスセクションに対する個別の ADF 検定を行う．

---

[4] $E(t_i)$ と $V(t_i)$ の値は，Im, Pesaran and Shin (2003, Table 1) で示されている．

[5] Maddala, G.S. and Wu, S. (1999) A comparative study of unit root tests with panel data and a New simple test, *Oxford Bulletin of Economics and Statistics*, **61**, 631-52. Fisher, R.A. (1932) *Statistical Methods for Research Workers*, 4th Edition, Oliver & Boyd: Edinburgh.

$$\Delta y_{i,t} = \rho_i y_{i,t-1} + \sum_{j=1}^{p_i} \gamma_{ij} \Delta y_{i,t-j} + \alpha_{mi} d_{mt} + u_{i,t} \quad (12.17)$$

帰無仮説と対立仮説は，それぞれ，次のようになる．

$$H_0 : \rho_i = 0 \quad \text{for all} \quad i \quad (12.18)$$

$$H_A : \begin{cases} \rho_i = 0 & \text{for} \quad i = 1, 2, \cdots, N_1 \\ \rho_i < 0 & \text{for} \quad i = N_1 + 1, N_1 + 2, \cdots, N \end{cases} \quad (12.19)$$

いま，各クロスセクションに対する個々の ADF 検定の p 値を π_i とする．Maddala と Wu は，

$$-2 \sum_{i=1}^{N} \log(\pi_i) \quad (12.20)$$

が漸近的に自由度 $2N$ のカイ自乗分布に従うことを示した．

次のように判断すればよい．

$-2 \sum_{i=1}^{N} \log(\pi_i) \geq \chi_{\alpha}^2(2N)$ のとき，有意水準 $100\alpha\%$ で帰無仮説を棄却

$-2 \sum_{i=1}^{N} \log(\pi_i) < \chi_{\alpha}^2(2N)$ のとき，有意水準 $100\alpha\%$ で帰無仮説を採択

ここで，$\chi_{\alpha}^2(2N)$ は自由度 $2N$ のカイ自乗分布の上側 $100\alpha\%$ 点である．

12.2 パネル共和分

12.2.1 共和分ベクトルが既知の場合

パネル分析においても共和分の関係を分析することができる．いま，変数 x_{it}, y_{it} は単位根を持つ非定常変数であり，これらの変数間の長期均衡が，

$$\beta_1 x_{it} + \beta_2 y_{it} = 0, \quad i = 1, 2, \cdots, N; \quad t = 1, 2, \cdots, T, \quad (12.21)$$

によって示されているものとする．このとき，長期均衡からの乖離（均衡誤差），

$$u_{it} = \beta_1 x_{it} + \beta_2 y_{it} \quad (12.22)$$

は，均衡関係が意味のあるものであるためには定常である必要がある．

パネル共和分の検定に関しては，共和分ベクトルが既知の場合と未知の場合とで検定方法が異なる．まず，共和分ベクトル $(\beta_1, \beta_2)'$ が既知の場合について考える．ここで，共和分のベクトルは，各クロスセクションに対して共通であると仮定する．この場合には，パネル単位根検定を応用して簡単に分析を行うことができる．

いま，2変数 x_{it}, y_{it} を考えると，次のようなステップで検定を行えばよい．

Step 1 各変数 (x_{it}, y_{it}) が単位根を持つかどうかを，パネル単位根検定に基づき分析する．もし各変数が定常であれば，パネル共和分の分析を行う必要がない．

Step 2 各変数に単位根があれば，既知の β_1, β_2 を利用して，長期均衡からの誤差 (u_{it}) を作成する．

$$u_{it} = \beta_1 x_{it} + \beta_2 y_{it} \tag{12.23}$$

Step 3 u_{it} に関して LLC 検定や IPS 等検定等のパネル単位根検定を行う．帰無仮説と対立仮説は，それぞれ，次のとおりである．

$$H_0 : u_{it} \text{ は単位根を持つ（共和分の関係がない）．} \tag{12.24}$$

$$H_A : u_{it} \text{ は単位根を持たない（共和分の関係がある）．} \tag{12.25}$$

もし帰無仮説が採択されれば，長期均衡からの誤差 (u_{it}) は単位根を持つと判断でき，x_{it} と y_{it} とは，共和分の関係にはない．もし，帰無仮説が棄却できれば，長期均衡からの誤差 (u_{it}) は単位根を持たないと判断でき，x_{it} と y_{it} とは共和分の関係にある．

例題 12-1

購買力平価 (Purchasing Power Parity: PPP) は次の関係が成立していることを意味する．

$$p_{it} = e_{it} p_t^*$$

ここで，p_{it} は第 i 国の国内価格，e_{it} は第 i 国の自国通貨建て為替相場，p_t^* は外国価格である．両片の対数をとって整理すると次式を得る．

$$\log(e_{it}) - \log(rp_{it}) = 0$$

ただし，$rp_{it}(=p_{it}/p_t^*)$ は第 i 国の相対価格である．つまり，PPP が成立していれば，$\log(e_{it})$ と $\log(rp_{it})$ とが $(1,-1)$ という既知の共和分ベクトルを持つ共和分の関係にある．そこで，1980 年から 2007 年のイギリス，オーストラリア，カナダ，日本およびユーロ地域のデータを用いて PPP の分析を行った．用いたデータは，p_{it} として各国の消費者物価指数，e_{it} として各国の対米ドル為替相場，および p_t^* としてアメリカの消費者物価指数である（すべて四半期，期中平均）（出所：International Financial Statistics, (International Monetary Fund)）．

(1) $\log(e_t)$ と $\log(rp_t)$ に対して，パネル単位根検定を行ったところ次の結果を得た．確定項の定式化としては，固定効果を考慮に入れて分析を行った．なお，拡張項の次数は，SBIC を用いて選択した．有意水準 5% で単位根の検定を行いなさい．

変数	検定方法	検定統計量	p 値
$\log(e_{it})$	LLC 検定	3.456	1.000
	IPS 検定	3.213	0.999
	Fisher 型検定	8.076	0.622
$\log(rp_{it})$	LLC 検定	2.040	0.979
	IPS 検定	3.377	1.000
	Fisher 型検定	1.411	0.999
$\Delta\log(e_{it})$	LLC 検定	-6.827	0.000
	IPS 検定	-6.817	0.000
	Fisher 型検定	61.290	0.000
$\Delta\log(rp_{it})$	LLC 検定	-5.946	0.000
	IPS 検定	-7.977	0.000
	Fisher 型検定	73.719	0.000

(2) $\log(e_{it}) - \log(rp_{it})$ に対して，パネル単位根検定を行ったところ次の結果を得た．確定項の定式化としては，固定効果を考慮に入れて分析を行った．なお，拡

張項の次数は，SBIC を用いて選択した．有意水準 5% で単位根の検定を行いなさい．

変数	検定方法	検定統計量	p 値
$\log(e_{it}) - \log(rp_{it})$	LLC 検定	3.122	0.999
	IPS 検定	3.764	1.000
	Fisher 型検定	0.972	1.000

例題 12-1 の解

(1) $\log(e_{it})$ に関して，case 1, case 2, case 3 のすべての場合において p 値が 0.05 よりも大きいので，有意水準 5% のもとで，「単位根を持つ」という帰無仮説は採択される．$\log(rp_{it})$ に関しても同様である．

$\Delta\log(e_{it})$ に関して，case 1, case 2, case 3 のすべての場合において p 値が 0.05 よりも小さいので，有意水準 5% のもとで，「単位根を持つ」という帰無仮説は棄却される．$\Delta\log(rp_{it})$ に関しても同様である．

したがって，$\log(e_{it})$ と $\log(rp_{it})$ は，ともに単位根を 1 個持つ非定常変数であると判断できる．

(2) case 1, case 2, case 3 のすべての場合において p 値が 0.05 よりも大きいので，有意水準 5% のもとで，「単位根を持つ」という帰無仮説は採択される．つまり，$\log(e_{it})$ と $\log(rp_{it})$ は $(1, -1)$ の共和分ベクトルを持つ共和分の関係にはなく，PPP に対して否定的な結果を得たことになる． ∎

12.2.2　共和分ベクトルが未知の場合

Engle-Granger 検定によれば，回帰残差が定常であれば変数間には共和分の関係があり，残差が非定常であれば変数間には共和分の関係がない．Pedroni は Engle-Granger 検定を拡張し，パネル共和分の検定を行う方法を提示した（**Pedroni 検定**）[6]．

いま，次の回帰式を考える．

---

[6] Pedroni, P. (1999) Critical values for cointegration tests in heterogeneous panels with multiple regressors, *Oxford Bulletin of Economics and Statistics*, **61**, 653-70.

$$y_{it} = \beta_{0i} + \beta_{1i}x_{it} + u_{it} \tag{12.26}$$
$$i = 1, 2 \cdots, N; \quad t = 1, 2, \cdots, T$$

ここで，x_{it} と y_{it} は，単位根を含む I(1) 変数である。Pedroni 検定の特徴は，(12.26) 式の回帰係数がクロスセクションによって異なると仮定されている点にある。次のステップに基づいて検定を行う。

Step 1　各変数 (x_{it}, y_{it}) が単位根を持つかどうかを，パネル単位根検定に基づいて分析する。もし各変数が定常であれば，共和分の分析を行う必要はない。

Step 2　各変数に単位根があれば，長期均衡関係を推定する。Step 1 において x_{it}, y_{it} とが I(1) 変数であれば，最小自乗法を用いて次の共和分回帰を推定する。

$$y_{it} = \beta_{0i} + \beta_{1i}x_{it} + u_{it} \tag{12.27}$$

Step 3　(12.27) 式の残差を e_i で示し，残差が単位根が含むかどうかを検定する。そのために，次の回帰式を考える。

$$\Delta e_{it} = \rho_i e_{i,t-1} + \sum_{j=1}^{p_i} \gamma_{ij} \Delta e_{i,t-j} + \epsilon_{it} \tag{12.28}$$

帰無仮説は，

$$H_0 : \rho_i = 0 \tag{12.29}$$

である。つまり，帰無仮説のもとでは変数間に共和分の関係はない。

対立仮説として Pedroni は次の 2 種類を考えた。第 1 は自己回帰係数の同質性を仮定するものである（これは, within-dimension-based tests または panel cointegration tests と呼ばれる）。

$$H_A : \quad \rho_i = \rho < 0 \quad \text{for all} \quad i \tag{12.30}$$

第 2 は，自己回帰係数の異質性を認めるものである（これは, between-dimension-based tests または group mean panel cointegration tests と呼ばれる）。

$$H_A : \quad \rho_i < 0 \quad \text{for all} \quad i \tag{12.31}$$

いずれの場合においても，基準化された統計量は漸近的に標準正規分布に従う．

12.3 パネル共和分ベクトルの推定

2 変数 x_t, y_t に関して，次のシステムを考える．

$$y_{it} = \alpha_i + \beta_i x_{it} + u_{it} \tag{12.32}$$

$$\Delta x_{it} = v_{it} \tag{12.33}$$

ただし，x_0 は所与，u_{it} と v_{it} とは互いに独立な確率変数と仮定する．(12.32) 式は，パネル共和分回帰を示している．

まず，各クロスセクションに対して，過去と未来の Δx_{it} を説明変数として加えた次の動学的 OLS(dynamic OLS) を考える．

$$y_{it} = \alpha_i + \beta_i x_{it} + \sum_{j=-K}^{K} \gamma_j \Delta x_{it-j} + w_{it} \tag{12.34}$$

これから得られる β_i の推定量と t 値を，それぞれ，$\hat{\beta}_{Di}, t(\hat{\beta}_{Di})$ とする．**group mean dynamic OLS estimator** とその t 値は，それぞれ，次式で与えられる．

$$\hat{\beta}_{GD} = \frac{1}{N} \sum_{i=1}^{N} \hat{\beta}_{Di} \tag{12.35}$$

$$t(\hat{\beta}_{GD}) = N^{-1/2} \sum_{i=1}^{N} t(\hat{\beta}_{Di}) \tag{12.36}$$

■ 練習問題

解答は p.233〜

練習 12-1 (→ 例題 12-1)

購買力平価 (Purchasing Power Parity: PPP) は次の関係が成立していることを意

味する.

$$p_{it} = e_{it} p_t^*$$

ここで,p_{it} は第 i 国の国内価格,e_{it} は第 i 国の自国通貨建て為替相場,p_t^* は外国価格である.両片の対数をとって整理すると次式を得る.

$$\log(e_{it}) - \log(rp_{it}) = 0$$

ただし,$rp_{it}(=p_{it}/p_t^*)$ は第 i 国の相対価格である.つまり,PPP が成立していれば,$\log(e_{it})$ と $\log(rp_{it})$ とが $(1,-1)$ という既知の共和分ベクトルを持つ共和分の関係にある.そこで,1980 年から 2007 年のイギリス,カナダ,日本およびユーロ地域のデータを用いて PPP の分析を行った.用いたデータは,p_{it} として各国の消費者物価指数,e_{it} として各国の対米ドル為替相場,および p_t^* としてアメリカの消費者物価指数である(すべて月次データ)(出所:International Financial Statistics, (International Monetary Fund)).

(1) $\log(e_t)$ と $\log(rp_t)$ に対して,パネル単位根検定を行ったところ次の結果を得た.確定項の定式化としては,固定効果を考慮に入れて分析を行った.なお,拡張項の次数は,SBIC を用いて選択した.有意水準 5% で単位根の検定を行いなさい.

変数	検定方法	検定統計量	p 値
$\log(e_{it})$	LLC 検定	2.2461	0.9877
	IPS 検定	2.5315	0.9943
	Fisher 型検定	2.6452	0.9546
$\log(rp_{it})$	LLC 検定	-0.9277	0.1768
	IPS 検定	0.7524	0.7741
	Fisher 型検定	6.3598	0.6070

変数	検定方法	検定統計量	p 値
$\Delta \log(e_{it})$	LLC 検定	-15.0144	0.0000
	IPS 検定	-15.3655	0.0000
	Fisher 型検定	184.4230	0.0000
$\Delta \log(rp_{it})$	LLC 検定	-22.9546	0.0000
	IPS 検定	-20.3232	0.0000
	Fisher 型検定	250.4830	0.0000

(2) $\log(e_{it}) - \log(rp_{it})$ に対して，パネル単位根検定を行ったところ次の結果を得た。確定項の定式化としては，固定効果を考慮に入れて分析を行った。なお，拡張項の次数は，SBIC を用いて選択した。有意水準 5% で単位根の検定を行いなさい。

変数	検定方法	検定統計量	p 値
$\log(e_{it}) - \log(rp_{it})$	LLC 検定	1.5302	0.9370
	IPS 検定	2.4379	0.9926
	Fisher 型検定	1.7085	0.9887

練習問題の解答

第1章

練習 1-1 の解

(1) 両辺の対数をとると，
$$\log(y) = \log(\beta_0) + \beta_1 x$$
となる。ここで，$a = \log(\beta_0)$, $y = \log(y)$ とすると次式を得る。
$$y = a + \beta_1 x$$

(2) $z = 1/y$, $w = 1/x$ とすると次式を得る。
$$z = \beta_1 + \beta_0 w$$

練習 1-2 の解

(1) 次の表を作成する。

	x_i	y_i	$x_i - \bar{x}$	$y_i - \bar{y}$	$(x_i - \bar{x})^2$	$(y_i - \bar{y})^2$	$(x_i - \bar{x})(y_i - \bar{y})$
	1	2	-1	-4	1	16	4
	2	5	0	-1	0	1	0
	3	11	1	5	1	25	5
和	6	18	0	0	2	42	9
	$\bar{x}=2$	$\bar{y}=6$					

したがって，$\hat{\beta}_1 = \dfrac{\sum(x_i - \bar{x})(y_i - \bar{y})}{\sum(x_i - \bar{x})^2} = \dfrac{9}{2} = 4.5$, $\hat{\beta}_0 = \bar{y} - \hat{\beta}_1 \bar{x} = 6 - 4.5 \times 2 = -3.0$

(2) $\hat{y}_1 = -3.0 + 4.5 \times 1 = 1.5$, $\hat{y}_2 = -3.0 + 4.5 \times 2 = 6.0$, $\hat{y}_3 = -3.0 + 4.5 \times 3 = 10.5$

練習 1-3 の解

練習 1-2 より，$e_1 = y_1 - \hat{y}_1 = 2.0 - 1.5 = 0.5$, $e_2 = y_2 - \hat{y}_2 = 5.0 - 6.0 = -1.0$, $e_3 = y_3 - \hat{y}_3 = 11.0 - 10.5 = 0.5$

(1) $\sum e_i = 0.5 - 1.0 + 0.5 = 0.0$

(2) $\sum e_i x_i = 0.5 \times 1.0 - 1.0 \times 2.0 + 0.5 \times 3.0 = 0.0$

(3)　$\sum e_i \hat{y}_i = 0.5 \times 1.5 - 1.0 \times 6.0 + 0.5 \times 10.5 = 0.0$

練習 1-4 の解

$$R^2 = \frac{\hat{\beta}_1^2 \sum(x_i - \bar{x})^2}{\sum(y_i - \bar{y})^2} = \frac{4.5^2 \times 2}{42} = 0.964$$

$\sum(x_i - \bar{x})(y_i - \bar{y}) = 9 > 0$ なので，

$$r = \sqrt{R^2} = 0.982$$

練習 1-5 の解

(1)　次の表を作成する。

	x_i	y_i	x_i^2	y_i^2	$x_i y_i$
	1	2	1	4	2
	2	5	4	25	10
	3	11	9	121	33
和	6	18	14	150	45
	$\bar{x} = 2$	$\bar{y} = 6$			

したがって，$\hat{\beta} = \dfrac{\sum x_i y_i}{\sum x_i^2} = \dfrac{45}{14}$

(2)　$\hat{y}_1 = \dfrac{45}{14} \times 1 = \dfrac{45}{14},\ \hat{y}_2 = \dfrac{45}{14} \times 2 = \dfrac{90}{14},\ \hat{y}_3 = \dfrac{45}{14} \times 3 = \dfrac{135}{14}$

(3)　$e_1 = y_1 - \hat{y}_1 = 2 - \dfrac{45}{14} = -\dfrac{17}{14},\ e_2 = y_2 - \hat{y}_2 = 5 - \dfrac{90}{14} = -\dfrac{20}{14},$
$e_3 = y_3 - \hat{y}_3 = 11 - \dfrac{135}{14} = \dfrac{19}{14},\ \sum e_i = -\dfrac{17}{14} - \dfrac{20}{14} + \dfrac{19}{14} = -\dfrac{18}{14} = -\dfrac{9}{7}$

練習 1-6 の解

(1)　次の表を作成する。

	x_i	y_i	x_i^2	y_i^2	$x_i y_i$
	-1	-4	1	16	4
	0	-1	0	1	0
	1	5	1	25	5
和	0	0	2	42	9
	$\bar{x}=0$	$\bar{y}=0$			

したがって $\hat{\beta} = \dfrac{\sum x_i y_i}{\sum x_i^2} = \dfrac{9}{2}$

(2) $\hat{y}_1 = \dfrac{9}{2} \times -1 = -\dfrac{9}{2}, \hat{y}_2 = \dfrac{9}{2} \times 0 = 0, \hat{y}_3 = \dfrac{9}{2} \times 1 = \dfrac{9}{2}$

(3) $e_1 = y_1 - \hat{y}_1 = -4 - \left(-\dfrac{9}{2}\right) = \dfrac{1}{2}$, $e_2 = y_2 - \hat{y}_2 = -1 - 0 = -1$,

$e_3 = y_3 - \hat{y}_3 = 5 - \dfrac{9}{2} = \dfrac{1}{2}, \sum e_i = \dfrac{1}{2} - 1 + \dfrac{1}{2} = 0$

コメント：この問題では，x_i と y_i の各値が，練習 1-2 の x_i と y_i の各値の平均からの偏差となっている。

<u>練習 1-7 の解</u>

(1) 残差自乗和は $RSS = \sum(y_i - \hat{\beta}_0)^2$ である。したがって，$\dfrac{dRSS}{d\hat{\beta}_0} = -2\sum(y_i - \hat{\beta}_0) = 0$ より，$\hat{\beta}_0 = \dfrac{1}{n}\sum y_i$ で与えられる。

(2) $\hat{\beta}_0 = \dfrac{1}{n}\sum y_i = \dfrac{1}{3}(-1 + 3 + 7) = 3.0$

(3) $e_1 = y_1 - \hat{y}_1 = -1 - 3 = -4, e_2 = y_2 - \hat{y}_2 = 3 - 3 = 0, e_3 = y_3 - \hat{y}_3 = 7 - 3 = 4, \sum e_i = -4 + 0 + 4 = 0$

第 2 章

<u>練習 2-1 の解</u>

(1) 残差自乗和は $RSS = \sum e_i^2 = \sum(y_i - \hat{\beta}x_i)^2$ で与えられる。そこで，

$$\dfrac{dRSS}{d\hat{\beta}} = -2\sum(y_i - \hat{\beta}x_i)x_i = 0$$

より，$\hat{\beta} = \dfrac{\sum x_i y_i}{\sum x_i^2}$ を得る。

(2)　$E(\hat{\beta}) = E\left(\dfrac{\sum x_i y_i}{\sum x_i^2}\right) = E\left[\dfrac{\sum x_i(\beta x_i + u_i)}{\sum x_i^2}\right] = \beta + \dfrac{\sum x_i E(u_i)}{\sum x_i^2} = \beta$

したがって，$\hat{\beta}$ は不偏推定量である。

練習 2-2 の解

(1)　$\hat{\beta} = \dfrac{1}{n}\sum_{i=1}^{n} y_i = \bar{y}$

(2)　$E(\hat{\beta}) = \dfrac{1}{n}\sum_{i=1}^{n} E(y_i) = \dfrac{1}{n}\sum_{i=1}^{n} E(\beta + u_i) = \beta$

(3)　$E(\hat{\beta}) = E(\bar{y}) = \beta,\ V(\hat{\beta}) = V(\bar{y}) = \dfrac{1}{n}\sigma^2$ より

$$\lim_{n\to\infty} E(\hat{\beta}) = \lim_{n\to\infty} \beta = \beta$$
$$\lim_{n\to\infty} V(\hat{\beta}) = \lim_{n\to\infty} \dfrac{1}{n}\sigma^2 = 0$$

したがって，$\mathrm{plim}\hat{\beta} = \beta$

(4)　$E(\tilde{\beta}) = E\left(\dfrac{1}{n-1}\sum_{i=1}^{n} y_i\right) = E\left(\dfrac{n}{n-1}\dfrac{1}{n}\sum_{i=1}^{n} y_i\right) = \dfrac{n}{n-1}E(\bar{y}) = \dfrac{n}{n-1}\beta \neq \beta$

(5)　$\mathrm{plim}\tilde{\beta} = \mathrm{plim}\dfrac{n}{n-1}\bar{y} = \lim\dfrac{1}{1-1/n}\mathrm{plim}\bar{y} = \beta$。したがって，$\mathrm{plim}\tilde{\beta} = \beta$

練習 2-3 の解

(1)　$b = \dfrac{y_n - y_1}{x_n - x_1} = \dfrac{\beta_0 + \beta_1 x_n + u_n - (\beta_0 + \beta_1 x_1 + u_1)}{x_n - x_1} = \beta_1 + \dfrac{u_n - u_1}{x_n - x_1}$

より，
$E(b) = E\left(\beta_1 + \dfrac{u_n - u_1}{x_n - x_1}\right) = \beta_1 + \dfrac{E(u_n - u_1)}{x_n - x_1} = \beta_1$

(2)　$V(b) = E[(b - \beta_1)^2] = E\left[\left(\dfrac{u_n - u_1}{x_n - x_1}\right)^2\right] = \dfrac{2\sigma^2}{(x_n - x_1)^2}$

(3)　$\hat{\beta}_1$ と b はともに線形不偏推定量なので，Gauss-Markov の定理より，$V(\hat{\beta}_1) < V(b)$ である。

練習 2-4 の解

(1)　$\dfrac{\sum (x_i - \bar{x})(y_i - \bar{y})}{\sum (x_i - \bar{x})^2}$

(2)　β_1

(3) $\tilde{\beta}_1 = \dfrac{y_n + y_{n-1} - y_2 - y_1}{x_n + x_{n-1} - x_2 - x_1}$

$= \dfrac{\beta_1(x_n + x_{n-1} - x_2 - x_1) + u_n + u_{n-1} - u_2 - u_1}{x_n + x_{n-1} - x_2 - x_1}$

$= \beta_1 + \dfrac{u_n + u_{n-1} - u_2 - u_1}{x_n + x_{n-1} - x_2 - x_1}$

$E(\tilde{\beta}_1) = \beta_1$

(4) $V(\tilde{\beta}_1) = E\left[\left(\dfrac{u_n + u_{n-1} - u_2 - u_1}{x_n + x_{n-1} - x_2 - x_1}\right)^2\right] = \dfrac{4\sigma^2}{(x_n + x_{n-1} - x_2 - x_1)^2}$

(5) Gauss-Markov の定理より，$V(\hat{\beta}_1) < V(\tilde{\beta}_1)$

練習 2-5 の解

(1) $\tilde{x} = \dfrac{1}{n-1} \sum_{i=1}^n x_i = \dfrac{n}{n-1} \dfrac{1}{n} \sum_{i=1}^n x_i = \dfrac{n}{n-1} \bar{x}$

$E(\tilde{x}) = \dfrac{n}{n-1} E(\bar{x}) = \dfrac{n}{n-1} \mu$

(2) $V(\tilde{x}) = \left(\dfrac{n}{n-1}\right)^2 V(\bar{x}) = \dfrac{n^2}{n^2 - 2n + 1} \dfrac{\sigma^2}{n} = \dfrac{n}{n^2 - 2n + 1} \sigma^2$

(3) $\lim_{n \to \infty} E(\tilde{x}) = \lim \dfrac{1}{1 - 1/n} \mu = \mu$

(4) $\lim_{n \to \infty} V(\tilde{x}) = \lim \dfrac{1/n}{1 - 2/n + 1/n^2} \sigma^2 = 0$

(5) ②

練習 2-6 の解

各 x_i に対する確率密度関数 $f(x_i)$ の積は次のように与えられる。

$$f(x_1)f(x_2)\cdots f(x_n) = \prod_{i=1}^n \dfrac{1}{\sqrt{2\pi\sigma^2}} \exp\left[-\dfrac{1}{2\sigma^2}(x_i - \mu)^2\right]$$

$$= \dfrac{1}{(2\pi\sigma^2)^{n/2}} \exp\left[-\dfrac{1}{2\sigma^2} \sum_{i=1}^n (x_i - \mu)^2\right]$$

したがって，尤度関数を最大にする未知パラメーターに対する推定量は，次の対数尤度関数を最大化することによって求められる。

$$L(\hat{\mu}, \hat{\sigma}^2) = -\dfrac{n}{2}\ln(2\pi) - \dfrac{n}{2}\ln(\hat{\sigma}^2) - \dfrac{1}{2\hat{\sigma}^2} \sum_{i=1}^n (x_i - \hat{\mu})^2$$

したがって，

$$\frac{\partial L}{\partial \hat{\mu}} = \frac{1}{\hat{\sigma}^2} \sum (x_i - \hat{\mu}) = 0$$

$$\frac{\partial L}{\partial \hat{\sigma}^2} = -\frac{n}{2\hat{\sigma}^2} + \frac{n}{2\hat{\sigma}^4} \sum (x_i - \hat{\mu})^2 = 0$$

より，次の最尤推定量が得られる。

$$\hat{\mu} = \frac{1}{n} \sum x_i = \bar{x}, \quad \hat{\sigma}^2 = \frac{\sum (x_i - \hat{\mu})^2}{n}$$

練習 2-7 の解

(1) $|t| = \left|\dfrac{0.280}{0.143}\right| = 1.958 < t_{0.025}(40) = 2.021$ より，帰無仮説は採択される。

(2) $|t| = \left|\dfrac{0.945}{0.009}\right| = 105.00 > t_{0.025}(40) = 2.021$ より，帰無仮説は棄却される。

練習 2-8 の解

(1) $|t| = \left|\dfrac{-1.736}{0.297}\right| = 5.845 > t_{0.025}(32) = 2.037$ より，帰無仮説は棄却される。

(2) $|t| = \left|\dfrac{1.024}{0.047}\right| = 21.787 > t_{0.025}(32) = 2.037$ より，帰無仮説は棄却される。

(3) 1.024%

練習 2-9 の解

(1) $0.000 < 0.050$ より，帰無仮説は棄却される。
(2) $0.000 < 0.050$ より，帰無仮説は棄却される。
(3) R^2 を比べると (2) のほうが値が大きいので，(2) のモデルのほうが当てはまりがより良いと考えられる。

練習 2-10 の解

(1) $\hat{\beta}_1 = \dfrac{\sum (x_i - \bar{x})(y_i - \bar{y})}{\sum (x_i - \bar{x})^2}$
(2) $(1/10)$ 倍
(3) $(1/k)$ 倍

第 3 章

練習 3-1 の解

(1) 自由度は，$DF = n - p - 1 = 43 - 2 - 1 = 40$ である。$|t| = \left|\dfrac{0.865}{0.015}\right| = 57.667 > t_{0.025}(40) = 2.021$ より，帰無仮説は棄却される。

(2) $|t| = \left|\dfrac{-0.0104}{0.0017}\right| = 6.118 > t_{0.025}(40) = 2.021$ より，帰無仮説は棄却される。

練習 3-2 の解

(1) $\bar{R}^2 = -0.08$
(2) $R^2 = 0.67$

練習 3-3 の解

(1) $|t| = \left|\dfrac{-0.0104}{0.0017}\right| = 6.118 > t_{0.025}(40) = 2.021$ より，金利の係数は統計的に有意である。

(2) $|t| = \left|\dfrac{-0.0091}{0.0020}\right| = 4.550 > t_{0.025}(40) = 2.021$ より，金利の係数は統計的に有意である。

(3) $|t| = \left|\dfrac{-0.0113}{0.0036}\right| = 3.139 > t_{0.025}(39) = 2.023$, $|t| = \left|\dfrac{-0.0011}{0.0037}\right| = 0.297 < t_{0.025}(39) = 2.023$

したがって，金利の係数は，r^S は有意水準 5% で統計的に有意であるが，r^L は有意水準 5% で統計的に有意ではない。また，r^L 係数は符号条件も満たしていない。

(4) コールレートと国債流通利回りの間の多重共線性があることが原因と考えられる。

練習 3-4 の解

(1) 残差自乗和 $S = \sum e_i^2 = \sum(y_i - b_1 x_i)^2$ より次式を得る。$\dfrac{\partial S}{\partial b_1} = -2\sum(y_i - b_1 x_i)x_{i1} = 0$

したがって，$b_1 = \dfrac{\sum x_i y_i}{\sum x_i^2}$

(2) $E(b_1) = E\left(\dfrac{\sum x_i y_i}{\sum x_i^2}\right) = E\left[\dfrac{\sum x_i(\beta_0 + \beta_1 x_i + u_i)}{\sum x_i^2}\right] = \beta_0 \dfrac{\sum x_i}{\sum x_i^2} + \beta_1 + $

$$\frac{\sum x_i E(u_i)}{\sum x_{i1}^2} = \beta_0 \frac{\sum x_i}{\sum x_i^2} + \beta_1$$

したがって，$\sum x_i \neq 0$ であれば b_1 は不偏推定量ではない．

練習 3-5 の解

(1) β_1, β_2 の最小自乗推定量を，それぞれ，b_1, b_2 とする．残差自乗和 $S = \sum (y_i - b_1 x_{i1} - b_2 x_{i2})^2$ より，

$$\frac{\partial S}{\partial b_1} = -2 \sum (y_i - b_1 x_{i1} - b_2 x_{i2}) x_{i1} = 0$$

$$\frac{\partial S}{\partial b_2} = -2 \sum (y_i - b_1 x_{i1} - b_2 x_{i2}) x_{i2} = 0$$

となるので，整理すると次式を得る．

$$\sum x_{i1} y_i = b_1 \sum x_{i1}^2 + b_2 \sum x_{i1} x_{i2}$$

$$\sum x_{i2} y_i = b_1 \sum x_{i1} x_{i2} + b_2 \sum x_{i2}^2$$

これを解いて b_1 は次のように得られる．

$$b_1 = \frac{\sum x_{i1} y_i \sum x_{i2}^2 - \sum x_{i2} y_i \sum x_{i1} x_{i2}}{\sum x_{i1}^2 \sum x_{i2}^2 - (\sum x_{i1} x_{i2})^2}$$

(2)

$$\begin{aligned}
E(b_1) &= E\left[\frac{\sum x_{i1} y_i \sum x_{i2}^2 - \sum x_{i2} y_i \sum x_{i1} x_{i2}}{\sum x_{i1}^2 \sum x_{i2}^2 - (\sum x_{i1} x_{i2})^2}\right] \\
&= E\left[\frac{\sum x_{i1}(\beta_1 x_{i1} + u_i) \sum x_{i2}^2 - \sum x_{i2}(\beta_1 x_{i1} + u_i) \sum x_{i1} x_{i2}}{\sum x_{i1}^2 \sum x_{i2}^2 - (\sum x_{i1} x_{i2})^2}\right] \\
&= \beta_1 + \frac{\sum x_{i1} E(u_i) \sum x_{i2}^2 - \sum x_{i2} E(u_i) \sum x_{i1} x_{i2}}{\sum x_{i1}^2 \sum x_{i2}^2 - (\sum x_{i1} x_{i2})^2} \\
&= \beta_1
\end{aligned}$$

したがって，b_1 は不偏推定量である．

第 4 章

練習 4-1 の解

Step 1 まず，無制約回帰モデル，

$$y_i = \beta_0 + \beta_1 x_{i1} + \beta_2 x_{i2} + \beta_3 x_{i3} + u_i$$

練習問題の解答 **219**

に基づいて推定を行い，残差自乗和 (RSS^u) を計算する．ここでの回帰係数の数は，4 である．

Step 2 制約を考慮に入れると，回帰モデルは，

$$y_i = x_{i1} + x_{i2} + \beta_3 x_{i3} + u_i$$

と書け，これはさらに，

$$y_i - x_{i1} - x_{i2} = \beta_3 x_{i3} + u_i$$

となる．そこで，$y_i = y_i - x_{i1} - x_{i2}$ と定義し，次の回帰モデルを考える．

$$y_i = \beta_3 x_{i3} + u_i$$

このモデルの推定を行い，残差自乗和 (RSS^r) を計算する．

Step 3 無制約モデルの回帰係数の数が 4 であり，制約付きのモデルの回帰係数の数が 1 であるので，制約の数は $q = 4 - 1 = 3$ である．

Step 4 検定統計量 F，

$$F = \frac{(RSS^r - RSS^u)/3}{RSS^u/(n-4)}$$

を計算する．これは，自由度 $(3, n-4)$ の F 分布に従うので，F 分布表を用いて，帰無仮説の検定を行う．

練習 4-2 の解

Step 1 まず，無制約の回帰モデル，

$$y_i = \beta_0 + \beta_1 x_{i1} + \beta_2 x_{i2} + u_i$$

に基づいて推定を行い，残差自乗和 (RSS^u) を計算する．ここでの回帰係数の数は，3 である．

Step 2 制約を考慮に入れると，回帰モデルは，

$$y_i = \beta_0 + \beta_1 (x_{i1} + x_{i2}) + u_i$$

となるので，このモデルの推定を行い，残差自乗和 (RSS^r) を計算する．

Step 3 無制約のモデルの回帰係数の数が 3 であり，制約付きのモデルの回帰係数の数が 2 であるので，制約の数は $q = 3 - 2 = 1$ である．

Step 4 検定統計量 F，

$$F = \frac{(RSS^r - RSS^u)/1}{RSS^u/(n-3)}$$

を計算する．これは，自由度 $(1, n-3)$ の F 分布に従うので，F 分布表を用いて，帰無仮説の検定を行う．

練習 4-3 の解

$$F = \frac{0.9981/2}{(1-0.9981)/(43-3)} = 10506.32 > F_{0.05}(2, 40) = 3.23$$

したがって，帰無仮説は棄却される．

練習 4-4 の解

(1) 自由度は，$DF = n - p - 1 = 34 - 2 - 1 = 31$ である．$|t| = \left|\dfrac{0.2025}{0.0190}\right| = 10.658 > t_{0.025}(31) = 2.040$ より，帰無仮説は棄却される．

(2) $|t| = \left|\dfrac{7.29 \times 10^{-6}}{1.20 \times 10^{-6}}\right| = 6.075 > t_{0.025}(31) = 2.040$ より，帰無仮説は棄却される．

(3) $F = \dfrac{0.9902/2}{(1-0.9902)/(34-3)} = 1566.13 > F_{0.05}(2, 31) \cong 3.32$

したがって，帰無仮説は棄却される．ここでは $F_{0.05}(2.31)$ の値を $F_{0.05}(2.30)$ の値で近似している．

練習 4-5 の解

(1) 自由度は $DF = n - p - 1 = 43 - 3 - 1 = 39$

$$t = \left|\frac{-2.386}{0.911}\right| = 2.619 > t_{0.025}(39) = 2.023$$

したがって，帰無仮説は棄却される．

(2)
$$t = \left|\frac{0.157}{0.059}\right| = 2.661 > t_{0.025}(39) = 2.023$$

したがって，帰無仮説は棄却される．

(3) 検定統計量は $F(2, 39)$ に従う．また，$0.000 < 0.05$ より，帰無仮説は有意水準 5% で棄却される．

練習 4-6 の解

(1) $0.730/0.051 = 14.31$
(2) 自由度 17 の t 分布
(3) 2.110
(4) $2.110 < 14.31$ なので，帰無仮説を棄却

(5) $-0128/0.043 = -2.98$
(6) 自由度 17 の t 分布
(7) -1.333
(8) $-2.977 < -1.333$ なので，帰無仮説を棄却
(9) まず R^2 を求める．

$$0.95 = \frac{(20-1)R^2 - 2}{20 - 2 - 1} \text{ より，} \quad R^2 = 0.955$$

$$F = \frac{0.955/2}{(1-0.955)/(20-3)} = 180.389$$

(10) 自由度 $(2, 17)$ の F 分布
(11) 3.59
(12) $180.389 > 3.59$ なので，帰無仮説を棄却

第 5 章

練習 5-1 の解

(1) 両辺を $\sqrt{x_i}$ で割ると次式を得る．$\dfrac{y_i}{\sqrt{x_i}} = \beta_0 \dfrac{1}{\sqrt{x_i}} + \beta_1 \dfrac{x_i}{\sqrt{x_i}} + \dfrac{u_i}{\sqrt{x_i}}$．すると，$E(\dfrac{u_i}{\sqrt{x_i}}) = \dfrac{1}{\sqrt{x_i}} E(u_i) = 0$, $E[(\dfrac{u_i}{\sqrt{x_i}})^2] = \dfrac{1}{x_i} E(u_i^2) = \sigma^2$ となり，分散の均一性が保たれる．

(2) 両辺を $x_i^{1/4}$ で割ると次式を得る．$\dfrac{y_i}{x_i^{1/4}} = \beta_0 \dfrac{1}{x_i^{1/4}} + \beta_1 \dfrac{x_i}{x_i^{1/4}} + \dfrac{u_i}{x_i^{1/4}}$．すると，$E(\dfrac{u_i}{x_i^{1/4}}) = \dfrac{1}{x_i^{1/4}} E(u_i) = 0$, $E[(\dfrac{u_i}{x_i^{1/4}})^2] = \dfrac{1}{x_i^{1/2}} E(u_i^2) = \sigma^2$ となり，分散の均一性が保たれる．

練習 5-2 の解

$nR^2 = 1.092 < \chi_{0.05}^2(2) = 5.991$ より，帰無仮説は採択される．

練習 5-3 の解

Step 1 回帰モデル，

$$y_i = \beta_0 + \beta_1 x_{i1} + \beta_2 x_{i2} + u_i, \quad i = 1, 2, \cdots, n$$

を OLS で推定し，その結果得られる残差を $e_i (i = 1, 2, \cdots, n)$ とする．

Step 2 残差に対して次の補助回帰を考える．

$$e_i^2 = \gamma_0 + \gamma_1 x_{i1} + \gamma_2 x_{i2} + \gamma_3 x_{i1}^2 + \gamma_4 x_{i2}^2 + \gamma_5 x_{i1} x_{i2} + v_i$$

これを OLS で推定し，決定係数 (R^2) を求める。ここで，補助回帰の説明変数としては，もとの回帰モデルの説明変数，説明変数の自乗項，説明変数の交差項を考える。

Step 3 帰無仮説と対立仮説を考える。

$$H_0 : \gamma_1 = \gamma_2 = \gamma_3 = \gamma_4 = \gamma_5 = 0 \text{ (均一分散)}$$

$$H_A : \gamma_1 \neq 0 \text{ or } \gamma_2 \neq 0 \text{ or } \gamma_3 \neq 0 \text{ or } \gamma_4 \neq 0 \text{ or } \gamma_5 \neq 0 \text{ (不均一分散)}$$

<u>練習 5-4 の解</u>
$nR^2 = 6.48 < \chi^2_{0.05}(5) = 11.071$ より，帰無仮説は採択される。

<u>練習 5-5 の解</u>
(1b) 式の右辺に (1a) を代入すると，

$$\begin{aligned}
m_t^s &= w_1(\beta_0 + \beta_1 y_t + u_t) + w_2(\beta_0 + \beta_1 y_{t-1} + u_{t-1}) \\
&\quad + w_3(\beta_0 + \beta_1 y_{t-2} + u_{t-2}) + w_4(\beta_0 + \beta_1 y_{t-3} + u_{t-3}) \\
&= (w_1 + w_2 + w_3 + w_4)\beta_0 + \beta_1(w_1 y_t + w_2 y_{t-1} + w_3 y_{t-2} + w_4 y_{t-3}) \\
&\quad + (w_1 u_t + w_2 u_{t-1} + w_3 u_{t-2} + w_4 u_{t-3}) \\
&= \beta_0 + \beta_1 y_t^s + v_t
\end{aligned}$$

ただし，$v_t = w_1 u_t + w_2 u_{t-1} + w_3 u_{t-2} + w_4 u_{t-3}$ となる。したがって，

$$E(v_t) = 0$$
$$E(v_t^2) = (w_1^2 + w_2^2 + w_3^2 + w_4^2)\sigma^2$$
$$E(v_t v_{t-s}) \begin{cases} (w_2 w_1 + w_3 w_2 + w_4 w_3)\sigma^2 & s = 1 \\ (w_3 w_1 + w_4 w_2)\sigma^2 & s = 2 \\ w_4 w_1 \sigma^2 & s = 3 \\ 0 & s > 3 \end{cases}$$

となり，誤差項に系列相関が生じることが分かる。

<u>練習 5-6 の解</u>
$T = 40$, $p = 2$ なので，$DW = 1.003 < d_{L0} = 1.198$ より，帰無仮説は棄却される。

<u>練習 5-7 の解</u>
case 1: $0.68 < d_{L0} = 0.946$ より，帰無仮説は棄却される。

case 2: $1.214 = d_{L0} < 1.50 < d_{U0} = 1.650$ より，判断できない．
case 3: $1.720 = d_{U0} < 1.80$ より，帰無仮説は採択される．

第 6 章

練習 6-1 の解
$Cov(x_i, u_i) = Cov(x_i^*, u_i) = Cov(x_i^*, u_i^* + w_i) = 0$．したがって，被説明変数に観測誤差があっても最小自乗推定量の一致性は満たされる．

練習 6-2 の解
(2a) 式，(2b) 式，および (2c) 式より次式を得る．
$$r_i = \frac{\alpha - \beta_0}{\beta_1} - \frac{u_i}{\beta_1}$$
したがって，利子率も確率変数となる．このモデルにおいては，
$$Cov(r_i, u_i) = -E(\frac{u_i^2}{\beta_1}) = -\frac{\sigma^2}{\beta_1} \neq 0$$
となり，$Cov(r_i, u_i) = 0$ が成立しないことが分かる．

練習 6-3 の解
予測誤差を v_t とすると，(3b) 式より次のように書くことができる．
$$\pi_t = E(\pi_t | I_{t-1}) + v_t \tag{3c}$$
$$E(v_t) = 0, \quad E(v_t^2) = \sigma_v^2, \quad E(v_t v_s) = 0 \quad (t \neq s)$$
(3c) 式を (3a) 式に代入すると次式を得る．
$$r_t = \beta_0 + \beta_1(\pi_t - v_t) = \beta_0 + \beta_1 \pi_t + w_t$$
ただし，$w_t = u_t - \beta_1 v_t$ である．したがって，このモデルは説明変数に観測誤差のあるモデルとなっており，(3c) 式より π_t は v_t を含むので，$Cov(\pi_t, w_t) = 0$ が成立しないことが明らかである．

練習 6-4 の解
(1) まず，誤差項 (u_t) は標準的仮定を満たしている．他方，モデルより，y_{t-1} は $u_{t-1}, u_{t-2}, \cdots$ に依存するが，u_t には依存しないことが分かる．したがって，説明変数と誤差項の間には相関を持たず，OLS 推定量は一致性を持つ．
(2) まず，誤差項には系列相関があり，u_t は u_{t-1} に依存する．他方，モデルより，

y_{t-1} は $u_{t-1}, u_{t-2}, \cdots$ に依存する。したがって、説明変数と誤差項の間は相関を持つので OLS 推定量は一致性を持たない。

練習 6-5 の解
(1) ④
(2) ②
(3) ②
(4) ④

第 7 章

練習 7-1 の解
(1) $\bar{x} = (-2+2+0+4+2+6)/6 = 2$, $\bar{y} = (1+2+2+4+3+8)/6 = 3.33$ より,

$$S_{xx} = (-2-2)^2 + (2-2)^2 + (0-2)^2 + (4-2)^2$$
$$+ (2-2)^2 + (6-2)^2 = 40$$
$$S_{xy} = (-2-2)(1-3.33) + (2-2)(2-3.33) + (0-2)(2-3.33)$$
$$+ (4-2)(4-3.33) + (2-2)(3-3.33) + (6-2)(8-3.33)$$
$$= 32$$

したがって、$\hat{\beta}_1^{Pool} = S_{xy}/S_{xx} = 0.8$

(2) $\bar{x}_1 = (-2+2)/2 = 0$, $\bar{x}_2 = (0+4)/2 = 2$, $\bar{x}_3 = (2+6)/2 = 4$, $\bar{y}_1 = (1+2)/2 = 1.5$, $\bar{y}_2 = (2+4)/2 = 3$, $\bar{y}_3 = (3+8)/2 = 5.5$, より,

$$S_{xx}^W = (-2-0)^2 + (2-0)^2 + (0-2)^2 + (4-2)^2$$
$$+ (2-4)^2 + (6-4)^2 = 24$$
$$S_{xy}^W = (-2-0)(1-1.5) + (2-0)(2-1.5) + (0-2)(2-3)$$
$$+ (4-2)(4-3) + (2-4)(3-5.5) + (6-4)(8-5.5)$$
$$= 16$$

したがって、$\hat{\beta}_1^W = S_{xy}^W / S_{xx}^W = 0.67$

(3)

$$S_{xx}^B = 2 \times [(0-2)^2 + (2-2)^2 + (4-2)^2] = 16$$
$$S_{xy}^B = 2 \times [(0-2)(1.5-3.33) + (2-2)(3-3.33) + (4-2)(5.5-3.33)] = 16$$

したがって，$\hat{\beta}_1^B = S_{xy}^B / S_{xx}^B = 1.0$

練習 7-2 の解
(1) F 統計量は，自由度 $(6, 139)$ の F 分布に従う．
(2) 検定統計量の確率値が 0.05 より小さいので，$F > F_{0.05}(6, 139)$ となり，帰無仮説は棄却される．

練習 7-3 の解
(1) 自由度 1 のカイ自乗分布に従う．
(2) 検定統計量の値が 0.05 より小さいので，$m > \chi^2_{0.05}(1)$ となり，帰無仮説は棄却される．

第 8 章

練習 8-1 の解

$$E(y_t) = E(u_t + \theta u_{t-1} + \theta_2 u_{t-2}) = 0,$$
$$V(y_t) = E[(u_t + \theta_1 u_{t-1} + \theta_2 u_{t-2})^2] = (1 + \theta_1^2 + \theta_2^2)\sigma^2$$
$$Cov(y_t, y_{t-1}) = E(y_t y_{t-1})$$
$$= E[(u_t + \theta_1 u_{t-1} + \theta_2 u_{t-2})(u_{t-1} + \theta_1 u_{t-2} + \theta_2 u_{t-3})]$$
$$= (\theta_1 + \theta_1 \theta_2)\sigma^2$$
$$Cov(y_t, y_{t-2}) = E(y_t y_{t-2})$$
$$= E[(u_t + \theta_1 u_{t-1} + \theta_2 u_{t-2})(u_{t-2} + \theta_1 u_{t-3} + \theta_2 u_{t-4})]$$
$$= \theta_2 \sigma^2$$
$$Cov(y_t, y_{t-s}) = 0, \quad s > 2$$
$$Corr(y_t, y_{t-s}) = \begin{cases} 1 & s = 0 \\ \dfrac{Cov(y_t, y_{t-1})}{V(y_t)} = \dfrac{\theta_1 + \theta_1 \theta_2}{1 + \theta_1^2 + \theta_2^2} & s = 1 \\ \dfrac{Cov(y_t, y_{t-2})}{V(y_t)} = \dfrac{\theta_2}{1 + \theta_1^2 + \theta_2^2} & s = 2 \\ 0 & s > 2 \end{cases}$$

練習 8-2 の解

$$E(y_t) = E(5 + u_t - 0.25 u_{t-1}) = 5$$
$$V(y_t) = E[(y_t - E(y_t))^2] = E[(u_t - 0.25 u_{t-1})^2] = (17/16)\sigma^2$$
$$Cov(y_t, y_{t-1}) = Cov(y_t, y_{t-1}) = E[(y_t - E(y_t))(y_{t-1} - E(y_{t-1}))]$$

$$= E(u_t - 0.25u_{t-1})(u_{t-1} - 0.25u_{t-2})]$$
$$= (-1/4)\sigma^2$$
$$Cov(y_t, y_{t-2}) = 0 \quad \text{for} \quad s \geq 2$$
$$Corr(y_t, y_{t-s}) = 1 \quad \text{for} \quad s = 0$$
$$= -4/17 \quad \text{for} \quad s = 1$$
$$= 0 \quad \text{for} \quad s \geq 2$$

練習 8-3 の解

(1) $E(y_t) = E(u_t - 0.5u_{t-1}) = 0$, $V(y_t) = E[(u_t - 0.5u_{t-1})^2] = E(u_t^2 + 0.25u_{t-1}^2 - u_t u_{t-1}) = 1.25\sigma^2$

(2) $E_{t-1}(y_t) = E_{t-1}(u_t - 0.5u_{t-1}) = -0.5u_{t-1}$, $V_{t-1}(y_t) = E_{t-1}[(y_t - E_{t-1}(y_t))^2] = E_{t-1}(u_t^2) = \sigma^2$

練習 8-4 の解

(1) 両辺の期待値を取ると次式を得る。$E(y_t) = -1.0 + 0.5E(y_{t-1})$。ここで，$y_t$ は定常性の条件を満たしているので，$E(y_t) = E(y_{t-1}) = \cdots = \bar{y}$ とおくと，$\bar{y} = 1.0 + 0.5\bar{y}$ より，$\bar{y} = \dfrac{-1.0}{1-0.5} = -2.0$

両辺の分散を計算すると次式を得る。$V(y_t) = 0.5^2 V(y_{t-1}) + \sigma^2$。$y_t$ は定常性の条件を満たしているので，$V(y_t) = V(y_{t-1}) = \cdots = S^2$ とおくと，$S^2 = 0.5^2 S^2 + \sigma^2$ より，$S^2 = \dfrac{\sigma^2}{1 - 0.25} = \dfrac{4}{3}\sigma^2$

(2) $E_{t-1}(y_t) = E_{t-1}[-1.0 + 0.5y_{t-1} + u_t] = -1.0 + 0.5y_{t-1}$, $V_{t-1}(y_t) = E_{t-1}[(y_t - E_{t-1}(y_t))^2] = E_{t-1}(u_t^2) = \sigma^2$

練習 8-5 の解

(1) AR(1) モデルの推定に用いたパラメーターは，定数項を含めて 2 個であるので，$Q(30)^*$ は漸近的に自由度 $28(=30-2)$ のカイ自乗分布に従う。
(2) $35.005 < \chi_{0.05}(28) = 41.337$ なので，帰無仮説は採択される。
(3) AR(2) モデルの推定に対して用いたパラメーターは，定数項を含めて 3 個であるので，$Q(30)^*$ は漸近的に自由度 $27(=30-3)$ のカイ自乗分布に従う。
(4) $36.448 < \chi_{0.05}(27) = 40.113$ なので，帰無仮説は採択される。

練習 8-6 の解

(1) $-4.340 < -4.338$ より AR(1) モデルに対する AIC の値が AR(2) モデルに対する AIC の値よりも小さいので，AR(1) が選択される。

(2) $-4.308 < -4.289$ より AR(1) モデルに対する SBIC の値が AR(2) モデルに対する SBIC の値よりも小さいので，AR(1) が選択される。

練習 8-7 の解

(1) $y_{t+1} = 2.0 + \frac{1}{4}y_t + u_{t+1}$ より，$E_t(y_{t+1}) = 2.0\left(\frac{1}{4}\right)y_t$

(2) $y_{t+2} = 2.0 + \frac{1}{4}y_{t+1} + u_{t+2} = 2.0\left(1 + \frac{1}{4}\right) + \left(\frac{1}{4}\right)^2 y_t + \frac{1}{4}u_{t+1} + u_{t+2}$ より，$E_t(y_{t+2}) = 2.0\left(1 + \frac{1}{4}\right) + \left(\frac{1}{4}\right)^2 y_t$

(3) $y_{t+3} = 2.0 + \left(\frac{1}{4}\right)y_{t+2} + u_{t+3} = 2.0\left(1 + \frac{1}{4} + \left(\frac{1}{4}\right)^2\right) + \left(\frac{1}{4}\right)^3 y_t + \left(\frac{1}{4}\right)^2 u_{t+1} + \frac{1}{4}u_{t+2} + u_{t+3}$ より，$E_t(y_{t+3}) = 2.0\left(1 + \frac{1}{4} + \left(\frac{1}{4}\right)^2\right) + \left(\frac{1}{4}\right)^3 y_t$

(4) $y_{t+T} = 2.0 + \frac{1}{4}y_{t+T} + u_{t+T} = 2.0\left(1 + \frac{1}{4} + \left(\frac{1}{4}\right)^2 + \cdots + \left(\frac{1}{4}\right)^{T-1}\right) + \left(\frac{1}{4}\right)^T y_t + \left(\frac{1}{4}\right)^{T-1} u_{t+1} + \left(\frac{1}{4}\right)^{T-2} u_{t+2} + \cdots + u_{t+T}$ より，$E_t(y_{t+T}|I_t) = 2.0\left(1 + \frac{1}{4} + \left(\frac{1}{4}\right)^2 + \cdots + \left(\frac{1}{4}\right)^{T-1}\right) + \left(\frac{1}{4}\right)^T y_T$

練習 8-8 の解

(1) $y_{t+1} = \phi_0 + \phi_1 y_t + u_{t+1}$ より，$E_t(y_{t+1}) = \phi_0 + \phi_1 y_t$, $e_{t+1|t} = y_{t+1} - E_t(y_{t+1}) = u_{t+1}$, $\text{MSE}(\hat{y}_{t+1|t}) = E_t(u_{t+1}^2) = \sigma^2$

(2) $y_{t+2} = \phi_0 + \phi_1 y_{t+1} + u_{t+2} = \phi_0(1 + \phi_1) + \phi_1^2 y_t + \phi_1 u_{t+1} + u_{t+2}$ より，$E_t(y_{t+2}) = \phi_0(1 + \phi_1) + \phi_1^2 y_t$, $e_{t+2|t} = y_{t+2} - E_t(y_{t+2}) = \phi_1 u_{t+1} + u_{t+2}$, $\text{MSE}(\hat{y}_{t+2|t}) = E_t[(\phi_1 u_{t+1} + u_{t+2})^2] = (1 + \phi_1^2)\sigma^2$

(3) $y_{t+3} = \phi_0 + \phi_1 y_{t+2} + u_{t+3} = \phi_0(1 + \phi_1 + \phi_1^2) + \phi_1^3 y_t + \phi_1^2 u_{t+1} + \phi_1 u_{t+2} + u_{t+3}$ より，$E_t(y_{t+3}) = \phi_0(1 + \phi_1 + \phi_1^2) + \phi_1^3 y_t$, $e_{t+3|t} = y_{t+3} - E_t(y_{t+3}) = \phi_1^2 u_{t+1} + \phi_1 u_{t+2} + u_{t+3}$, $\text{MSE}(\hat{y}_{t+3|t}) = E_t[(\phi_1^2 u_{t+1} + \phi_1 u_{t+2} + u_{t+3})^2] = (1 + \phi_1^2 + \phi_1^4)\sigma^2$

(4) $y_{t+T} = \phi_0 + \phi_1 y_{t+T} + u_{t+T} = \phi_0(1 + \phi_1 + \phi_1^2 + \cdots + \phi_1^{T-1}) + \phi_1^T y_t + \phi_1^{T-1} u_{t+1} + \phi_1^{T-2} u_{t+2} + \cdots + u_{t+T}$ より，$E(y_{t+T}|I_t) = \phi_0(1 + \phi_1 + \phi_1^2 + \cdots + \phi_1^{T-1}) + \phi_1^T y_t$, $e_{t+T|t} = y_{t+T} - E_t(y_{t+T}) = \phi_1^{T-1} u_{t+1} + \phi_1^{T-2} u_{t+2} + \cdots + u_{t+T}$, $\text{MSE}(\hat{y}_{t+T|t}) = E_t[(\phi_1^{T-1} u_{t+1} + \phi_1^{T-2} u_{t+2} + \cdots + u_{t+T})^2] = (1 + \phi_1^2 + \phi_1^4 + \cdots + \phi_1^{T-1})\sigma^2$

(5) $\lim_{T \to \infty} E(y_{t+T}|I_t) = \frac{\phi_0}{1 - \phi_1}$, $\lim_{T \to \infty} \text{MSE} = \frac{\sigma^2}{1 - \phi_1^2}$

注）将来の予測値は無条件期待値に収束する。このような性質は「平均回帰的 (**mean reverting**)」と呼ばれる。

第 9 章

練習 9-1 の解
(1) $y_t = 20t + y_0 + u_1 + u_2 + \cdots + u_t$ なので, $E(y_t) = E(20t + y_0 + u_1 + u_2 + \cdots + u_t) = 20t + y_0$
(2) $V(y_t) = E[\{y_t - E(y_t)\}^2] = E[(u_1 + u_2 + \cdots + u_t)^2] = t\sigma^2$
(3) $E_{t-1}(y_t) = E_{t-1}(20 + y_{t-1} + u_t) = 20 + y_{t-1}$ または, $E_{t-1}(y_t) = 20t + y_0 + u_1 + \cdots + u_{t-1}$
(4) $V_{t-1}(y_t) = E_{t-1}[\{y_t - E_{t-1}(y_t)\}^2] = E_{t-1}(u_t^2) = \sigma^2$

練習 9-2 の解
case 1: 表 9.1 より，標本の大きさが 500 の時の臨界値は -1.95 である。$-1.95 < 0.347$ より,「単位根を持つ」という帰無仮説は採択される。
case 2: 表 9.1 より，標本の大きさが 500 の時の臨界値は -2.87 である。$-2.87 < -1.783$ より,「単位根を持つ」という帰無仮説は採択される。
case 3: 表 9.1 より，標本の大きさが 500 の時の臨界値は -3.42 である。$-3.42 < -2.375$ より,「単位根を持つ」という帰無仮説は採択される。

練習 9-3 の解
case 1: 表 9.2 より，臨界値は 0.463 である。$0.463 < 2.528$ より,「単位根はない」という帰無仮説は棄却される。
case 2: 表 9.1 より，臨界値は 0.146 である。$0.146 < 0.361$ より,「単位根はない」という帰無仮説は棄却される。

練習 9-4 の解
case 1: $0.998 > 0.05$ より，有意水準 5% で帰無仮説は採択される。
case 2: $0.999 > 0.05$ より，有意水準 5% で帰無仮説は採択される。
case 3: $0.873 > 0.05$ より，有意水準 5% で帰無仮説は採択される。

練習 9-5 の解
(1) $y_{t+1} = 2.0 + 5y_t + u_{t+1}$ より, $E_t(y_{t+1}) = 2.0 + 5y_t$
(2) $y_{t+2} = 2.0 + y_{t+1} + u_{t+2} = 2.0 + (2.0 + y_t + u_{t+1}) + u_{t+2} = 2.0 \times 2 + y_t + u_{t+1} + u_{t+2}$ より, $E_t(y_{t+2}) = 4.0 + y_t$

(3) $y_{t+3} = 2.0 + y_{t+2} + u_{t+3} = 2.0 + \{2.0 + (2.0 + y_t + u_{t+1}) + u_{t+2}\} + u_{t+3} = 2.0 \times 3 + y_t + u_t + u_{t+1} + u_{t+2}$ より, $E_t(y_{t+3}) = 6.0 + y_t$

(4) $E_t(y_{t+T}) = 2.0 \times T + y_t$

第10章

練習 10-1 の解

(1) 第9章の Dickey-Fuller 分布表より，有意水準 5% のもとでの臨界値は，case 1, case 2, case 3 に対して，それぞれ，$-1.95, -2.87, -3.42$ である（T=500で近似している）。

日本の鉱工業生産指数については以下のとおりである。

case 1: $-1.95 < 1.693$ より「単位根がある」という帰無仮説は採択される。
case 2: $-2.87 < -1.757$ より「単位根がある」という帰無仮説は採択される。
case 3: $-3.42 < -1.914$ より「単位根がある」という帰無仮説は採択される。

アメリカの鉱工業生産指数については以下のとおりである。

case 1: $-1.95 < 2.761$ より「単位根がある」という帰無仮説は採択される。
case 2: $-2.87 < -0.638$ より「単位根がある」という帰無仮説は採択される。
case 3: $-3.42 < -2.755$ より「単位根がある」という帰無仮説は採択される。

したがって，両国の鉱工業生産指数はともに単位根を持つことが明らかとなった。

(2) 検定統計量は自由度3のカイ自乗分布に従い，その 5% 点は 7.815 である。まず，$7.815 < 16.807$ より「アメリカの鉱工業差生産指数から日本の鉱工業生産指数への因果関係がない」という帰無仮説は有意水準 5% で棄却される。次に，$4.247 < 7.815$ より「日本の鉱工業生産指数からアメリカの鉱工業生産指数への因果関係がない」という帰無仮説は有意水準 5% で採択される。以上より，アメリカの景気から日本の景気への一方向の因果関係があることが分かる。

練習 10-2 の解

(1) 変数 z_t から変数 x_t への因果関係と，変数 z_t から変数 y_t への因果関係が存在する。

(2) 第2式より，$z_{t-1} = (1/b)y_t - (1/b)u_{2t}$ となり，これを1期ずらして第1式に代入すると，$x_t = (a/b)y_{t-1} + u_{1t} - (a/b)u_{2,t-1}$ を得る。また，第2式と第3式より，$y_t = bu_{3,t-1} + u_{2t}$ を得る。したがって，システムは次の2本の式にまとめることができる。

$$x_t = (a/b)y_{t-1} + u_{1t} - (a/b)u_{2,t-1}$$
$$y_t = bu_{3,t-1} + u_{2t}$$

これから明らかなように，このシステムにおいては，変数 y_t から変数 x_t への因果関係のみが存在することになり，本来は存在しない因果関係が検出される可能性があるわけである．

練習 10-3 の解

(1) $\hat{\sigma}_1^2 = (1/5)\sum_{t=1}^{5} e_{1t}^2 = 2/5$, $\hat{\sigma}_2^2 = (1/5)\sum_{t=1}^{5} e_{2t}^2 = 2/5$, $\hat{\sigma}_{12} = \hat{\sigma}_{21} = (1/5)\sum_{t=1}^{5} e_{1t}e_{2t} = -2/5$ より次式を得る．

$$\hat{\Sigma} = \begin{bmatrix} \hat{\sigma}_1^2 & \hat{\sigma}_{12} \\ \hat{\sigma}_{12} & \hat{\sigma}_2^2 \end{bmatrix} = \begin{bmatrix} 2/5 & -2/5 \\ -2/5 & 2/5 \end{bmatrix}$$

(2) $b_{21} = 0$ なので，(1) の結果を用いると次式が成立する．

$$\begin{bmatrix} V(\epsilon_{xt}) & 0 \\ 0 & V(\epsilon_{yt}) \end{bmatrix} = \begin{bmatrix} 1 & b_{12} \\ 0 & 1 \end{bmatrix} \begin{bmatrix} 2/5 & -2/5 \\ -2/5 & 2/5 \end{bmatrix} \begin{bmatrix} 1 & 0 \\ b_{12} & 1 \end{bmatrix}$$

したがって，

$$V(\epsilon_{xt}) = (2/5)b_{12}^2 - (4/5)b_{12} + 2/5$$
$$0 = (2/5)b_{12} - 2/5$$
$$V(\epsilon_{yt}) = 2/5$$

より，$V(\epsilon_{xt}) = 0, b_{12} = 1, V(\epsilon_{yt}) = 2/5$ となる．したがって，$\epsilon_{xt}, \epsilon_{yt}$ に対して次式が成立する．

$$\begin{bmatrix} \epsilon_{xt} \\ \epsilon_{yt} \end{bmatrix} = \begin{bmatrix} 1 & b_{12} \\ 0 & 1 \end{bmatrix} \begin{bmatrix} e_{1t} \\ e_{2t} \end{bmatrix}$$

つまり，

$$\epsilon_{xt} = e_{1t} + e_{2t}$$
$$\epsilon_{yt} = e_{2t}$$

より，構造的ショックは次のように識別される．

	$t=1$	$t=2$	$t=3$	$t=4$	$t=5$
e_{1t}	0.0	0.0	0.0	0.0	0.0
e_{2t}	0.0	−1.0	0.0	0.0	1.0

練習 10-4 の解

(1) $y_t = 1.0 + 0.75 y_{t-1} + u_t$ より，$\Delta u_t = 1$ のとき，$\Delta y_t = 1.0$

(2) $y_{t+1} = 1.0 + 0.75 y_t + u_{t+1} = 1(1 + 0.75) + 0.75^2 y_{t-1} + u_{t+1} + 0.75 u_t$ より，$\Delta u_t = 1$ のとき，$\Delta y_{t+1} = 0.75$

(3) $y_{t+2} = 1.0 + 0.75 y_{t+1} + u_{t+2} = 1(1 + 0.75 + 0.75^2) + 0.75^3 y_{t-1} + u_{t+2} + 0.75 u_{t+1} + 0.75^2 u_t$ より，$\Delta u_t = 1$ のとき，$\Delta y_{t+2} = 0.75^2 = 0.5625$

(4) 以上より，$\Delta u_t = 1$ のとき，$\Delta y_{t+T} = 0.75^T$。したがって，$\Delta y_{t+T} \to 0$ $(T \to \infty)$

(5) $y_t = 1.0 + 0.75 y_{t-1} + u_t$ より，$\Delta u_t = 1$ のとき，$\Delta y_t = 1.0$

(6) $y_{t+1} = 1.0 + 0.75 y_t + u_{t+1} = 1(1 + 0.75) + 0.75^2 y_{t-1} + u_{t+1} + 0.75 u_t$ より，$\Delta u_t = \Delta u_{t+1} = 1$ のとき，$\Delta y_{t+1} = 1 + 0.75 = 1.75$

(7) $y_{t+2} = 1.0 + 0.75 y_{t+1} + u_{t+2} = 1(1 + 0.75 + 0.75^2) + 0.75^3 y_{t-1} + u_{t+2} + 0.75 u_{t+1} + 0.75^2 u_t$ より，$\Delta u_t = \Delta u_{t+1} = \Delta u_{t+2} = 1$ のとき，$\Delta y_{t+2} = 1 + 0.75 + 0.75^2 = 2.3125$

(8) 以上より，$\Delta u_t = \Delta u_{t+1} = \Delta u_{t+2} = \cdots = 1$ のとき，$\Delta y_{t+T} = 1 + 0.75^2 + \cdots + 0.75^T$。したがって，$\Delta y_{t+T} \to \dfrac{1}{1 - 0.75} = 4.0$ $(T \to \infty)$

練習 10-5 の解

(1) $a_{32} \neq 0$

(2) $a_{13} \neq 0$

(3) $a_{21} = a_{31} = 0$

第 11 章

練習 11-1 の解

(1) $y_t = \dfrac{0.8}{0.5}(x_t - u_{1t}) + u_{2t}$ より，$x_t - \dfrac{5}{8} y_t = u_{1t} - \dfrac{5}{8} u_{2t} \sim \mathrm{I}(0)$ なので，x_t と y_t との間に共和分の関係がある。

(2) 共和分ベクトルは $\left(1, -\dfrac{5}{8}\right)'$ である。

練習 11-2 の解

この場合，任意の定数 k に対して，$x_t + k y_t \sim \mathrm{I}(1)$ となり，x_t と y_t との間に共和分の関係はない。

練習 11-3 の解

(1) 2 変数間に共和分の関係はない。

(2) $z_t = 2(x_t - u_{1t}) + 2(y_t - u_{2t}) + u_{3t} = 2x_t - 2u_{1t} + 2y_t - 2u_{2t} + u_{3t}$ より，$z_t - 2x_t - 2y_t = -2u_{1t} - 2u_{2t} + u_{3t} \sim I(0)$。したがって，3変数間に共和分の関係は存在する。

(3) 共和分ベクトルは，$(-2, -2.1)'$である。

注）練習 11-2 と 11-3 は，沖本 (2010) を参考にしている。

練習 11-4 の解

(1) R_t に関して，case 1, case 2 の両方の場合において p 値が 0.05 よりも大きいので，有意水準 5% のもとで，単位根を持つという帰無仮説は採択される。r_t に関しても同様である。

(2) case 1, case 2, case 3 のすべての場合において p 値が 0.05 よりも小さいので，有意水準 5% のもとで，単位根を持つという帰無仮説は棄却される。つまり，R_t と r_t が $(1, -1)$ の共和分ベクトルを持つ共和分の関係にはある。これは期待仮説に肯定的な結果である。

練習 11-5 の解

(1) $\log(c_t)$ に関して，case 1, case 2, case 3 のすべての場合において p 値が 0.05 よりも大きいので，有意水準 5% のもとで,「単位根を持つ」という帰無仮説は採択される。$\log(y_t)$ に関しても同様である。

(2) 表 11.1 より，有意水準 5% のもとでの臨界値は -3.37 である。$-3.37 < -2.622$ より，単位根があるという帰無仮説は採択される。つまり，消費の対数値と所得の対数値の間には共和分の関係はなく，推定された消費関数は「見せかけの相関」を示しているにすぎない。

練習 11-6 の解

表 11.3 の臨界値に基づき，有意水準 5% のもとで帰無仮説が棄却される場合を $*$ で示すと，次の結果が得られる。

		case 1	case 2	case 3
ランク検定				
H_0	H_A			
$r=0$	$r \geq 1$	14.499	19.426*	19.502
$r \leq 1$	$r=2$	6.190	3.346	3.359
最大固有値検定				
H_0	H_A			
$r=0$	$r=1$	8.308	16.079*	16.143
$r=1$	$r=2$	6.190	3.346	3.359

したがって，ランク検定と最大固有値検定いずれの場合でも，case2 において 1 個の共和分ベクトルが存在するという結果を得る。

第 12 章

練習 12-1 の解

(1) $\log(e_{it})$ に関して，case 1, case 2, case 3 のすべての場合において p 値が 0.05 よりも大きいので，有意水準 5% のもとで，「単位根を持つ」という帰無仮説は採択される。$\log(rp_{it})$ に関しても同様である。

$\Delta\log(e_{it})$ に関して，case 1, case 2, case 3 のすべての場合において p 値が 0.05 よりも小さいので，有意水準 5% のもとで，「単位根を持つ」という帰無仮説は棄却される。$\Delta\log(rp_{it})$ に関しても同様である。

したがって，$\log(e_{it})$ と $\log(rp_{it})$ は，ともに単位根を 1 個持つ非定常変数であると判断できる。

(2) case 1, case 2, case 3 のすべての場合において p 値が 0.05 よりも大きいので，有意水準 5% のもとで，「単位根を持つ」という帰無仮説は採択される。つまり，$\log(e_{it})$ と $\log(rp_{it})$ は $(1,-1)$ の共和分ベクトルを持つ共和分の関係にはなく，PPP に対して否定的な結果を得たことになる。

参考文献

　本書を読まれた読者が，さらに勉強を勧めていくうえで参考になると思われる文献を，いくつか例としてあげておく（もちろん，本書もこれらの著作に負うところが大きい）。

〈統計学の学習〉

　豊田利久・大谷一博・小川一夫・長谷川光・谷﨑久志 (2010)『基本統計学（第 3 版）』（東洋経済新報社）

　森棟公夫 (1990)『統計学入門』（新世社）

　田中勝人 (2011)『基礎コース　統計学』（新世社）

〈経済データの解説〉

　小巻泰之 (2001)『経済のことが面白いほど分かる本（統計データの読み方編）』中経出版

〈計量ソフトの解説〉

　縄田和満 (1998)『EXCEL による回帰分析入門』（朝倉書店）

　縄田和満（2006）『TSP による計量経済分析入門（第 2 版）』（朝倉書店）

　滝川好夫・前田洋樹 (2004)『EViews で計量経済学入門』（日本評論社）

　松浦克己・コリンマッケンジー（2005）『EViews による計量経済学入門』（東洋経済新報社）

　筒井淳也（2007）『Stata で計量経済学入門』（ミネルヴァ書房）

〈回帰分析（第 1 章から第 6 章）〉

　山本勲 (2015)『実証分析のための計量経済学』（中央経済社）

　蓑谷千凰彦 (1997)『計量経済学』（東洋経済新報社）

　森棟公夫（1999）『計量経済学』（東洋経済新報社）

　Maddala, G.S. (2001) *Introduction to Econometrics*, 3rd. Edition, John Wiley & Sons, Inc.（佐伯親良訳（2004）『マダラ計量経済分析の方法』エコノミスト社）

　難波明生（2015）『計量経済学講義』（日本評論社）

　末石直也（2015）『計量経済学　ミクロデータ分析へのいざない』（日本評論社）

　大森裕浩（2017）『コア・テキスト　計量経済学』（新世社）

〈パネルデータの分析（第 7 章）〉

樋口美雄・太田清・新保一成 (2006) 『入門パネルデータによる経済分析』（日本評論社）

北村行伸 (2005) 『パネルデータ分析』（岩波書店）

Baltagi, B.H. (2005) *Econometric Analysis of Panel Data*, 3rd. Edition, John Wiley & Sons, Inc.

Wooldridge, J.M. (2002) *Econometric Analysis of Cross Section and Panel Data*, The MIT Press: Cambridge.

Hsiao, C. (2003) *Analysis of Panel Data*, 2nd ed., Cambridge University Press,（国友直人訳 (2007)『ミクロ計量経済学の方法：パネルデータ分析』東洋経済新報社）

〈時系列分析（第 8 章から第 11 章）〉

森棟公夫（1999）『計量経済学』（東洋経済新報社）

山本拓 (1988) 『経済の時系列分析』（創文社）

宮尾龍蔵 (2006) 『マクロ金融政策の時系列分析』（日本経済新聞社）

沖本竜義（2010）『経済・ファイナンスデータの計量時系列分析』（朝倉書店）

Enders, W. (2004) *Applied Econometric Time Series*, 2nd. ed., John Wiley & Sons, Inc.

Maddala, G. S. and Kim, I.-M. (1998) *Unit Roots, Cointegration, and Structural Change*, Cambridge University Press, Cambridge.

Hamilton, J. D. (1994) *Time Series Analysis*, Princeton University Press: Princeton.（沖本竜義・井上智夫訳 (2006)『時系列解析（上）定常過程編』『時系列解析（下）非定常／応用定常過程編』（シーエーピー出版））

〈非定常パネル時系列分析（第 12 章）〉

Baltagi, B.H. (2005) *Econometric Analysis of Panel Data*, 3rd. ed., John Wiley & Sons, Inc. Chapter 12.

〈全般〉

蓑谷千凰彦・縄田和満・和合肇編（2007）『ハンドブック計量経済学』（朝倉書店）

Hayashi, F. (2000) *Econometrics*, Princeton University Press: Princeton.

ギリシャ文字

読み方	大文字	小文字	読み方	大文字	小文字
アルファ	A	α	ニュー	N	ν
ベータ	B	β	クシー [a]	Ξ	ξ
ガンマ	Γ	γ	オミクロン	O	o
デルタ	Δ	δ	パイ	Π	π
イプシロン	E	ϵ	ロー	R	ρ
ゼータ	Z	ζ	シグマ	Σ	σ
イータ	H	η	タウ	T	τ
シータ	Θ	θ	ウプシロン [b]	Υ	υ
イオタ	I	ι	ファイ	Φ	ϕ
カッパ	K	κ	カイ	X	χ
ラムダ	Λ	λ	プサイ	Ψ	ψ
ミュー	M	μ	オメガ	Ω	ω

a:「グザイ」とも読む。b:「ユプシロン」とも読む。

和記号

1 和記号とは

いま，$x_1, x_2, \cdots, x_n$ が与えられたとき，和記号 ($\sum_{i=1}^n$) を次のように定義する．

$$\sum_{i=1}^n x_i = x_1 + x_2 + \cdots + x_n$$

また，誤解のない場合には，$\sum_{i=1}^n$ を単に $\sum$ と書くこともある．

和記号の性質

$\{x_i\}, \{y_i\}$ が与えられたとき，$\sum$ に関して以下の性質がある．

(i) $\quad \sum_{i=1}^n k = nk \quad$ (k は定数)
(ii) $\quad \sum_{i=1}^n k x_i = k \sum_{i=1}^n x_i$
(iii) $\quad \sum_{i=1}^n (x_i + y_i) = \sum_{i=1}^n x_i + \sum_{i=1}^n y_i$

以上の性質より，次のように計算を行えばよいことが分かる．

$$\sum_{i=1}^n x_i^2 = x_1^2 + x_2^2 + \cdots + x_n^2$$

$$\sum_{i=1}^n x_i y_i = x_1 y_1 + x_2 y_2 + \cdots + x_n y_n$$

$$\sum_{i=1}^n (x_i + y_i)^2 = \sum_{i=1}^n (x_i^2 + 2 x_i y_i + y_i^2) = \sum_{i=1}^n x_i^2 + 2 \sum_{i=1}^n x_i y_i + \sum_{i=1}^n y_i^2$$

2 和記号を用いた計算

和記号を用いると複雑な計算を簡単に行うことができる．標本平均は，

$$\bar{x} = \frac{1}{n}(x_1 + x_2 + \cdots + x_n) = \frac{1}{n} \sum_{i=1}^n x_i$$

となる．

平均からの偏差の和は，

$$\sum_{i=1}^n (x_i - \bar{x}) = \sum_{i=1}^n x_i - \sum_{i=1}^n \bar{x} = \sum_{i=1}^n x_i - n\bar{x} = 0$$

となる(ここで最後の部分は,標本平均の性質より $\sum x_i = n\bar{x}$ を用いた)。

標本平均からの偏差の自乗和は,

$$\sum_{i=1}^{n}(x_i - \bar{x})^2 = \sum_{i=1}^{n}(x_i^2 - 2x_i\bar{x} + \bar{x}^2)$$
$$= \sum_{i=1}^{n} x_i^2 - 2\bar{x}\sum_{i=1}^{n} x_i + n\bar{x}^2$$
$$= \sum_{i=1}^{n} x_i^2 - 2n\bar{x}^2 + n\bar{x}^2$$
$$= \sum_{i=1}^{n} x_i^2 - n\bar{x}^2 \quad \left(= \sum_{i=1}^{n} x_i^2 - \frac{1}{n}(\sum_{i=1}^{n} x_i)^2\right)$$

標本平均からの偏差の積和は次のようになる。

$$\sum_{i=1}^{n}(x_i - \bar{x})(y_i - \bar{y}) = \sum_{i=1}^{n}(x_iy_i - \bar{x}y_i - \bar{y}x_i + \bar{x}\bar{y})$$
$$= \sum_{i=1}^{n} x_iy_i - \bar{x}\sum y_i - \bar{y}\sum x_i + n\bar{x}\bar{y}$$
$$= \sum_{i=1}^{n} x_iy_i - n\bar{x}\bar{y} - n\bar{x}y + n\bar{x}\bar{y}$$
$$= \sum_{i=1}^{n} x_iy_i - n\bar{x}\bar{y} \quad \left(= \sum_{i=1}^{n} x_iy_i - \frac{1}{n}\sum_{i=1}^{n} x_i \sum_{i=1}^{n} y_i\right)$$

ここで,第2式から第3式への導出には,$\sum_{i=1}^{n} x_i = n\bar{x}, \sum_{i=1}^{n} y_i = n\bar{y}$ を用いた。

標本平均からの偏差の積和に関連して,次の関係が成立する。

$$\sum_{i=1}^{n}(x_i - \bar{x})y_i = \sum_{i=1}^{n}(x_iy_i - \bar{x}y_i) = \sum_{i=1}^{n} x_iy_i - \bar{x}\sum y_i$$
$$= \sum_{i=1}^{n} x_iy_i - n\bar{x}\bar{y} = \sum_{i=1}^{n}(x_i - \bar{x})(y_i - \bar{y})$$

$$\sum_{i=1}^{n} x_i(y_i - \bar{y}) = \sum_{i=1}^{n}(x_iy_i - \bar{y}x_i) = \sum_{i=1}^{n} x_iy_i - \bar{y}\sum x_i$$
$$= \sum_{i=1}^{n} x_iy_i - n\bar{y}\bar{x} = \sum_{i=1}^{n}(x_i - \bar{x})(y_i - \bar{y})$$

3 二重和

$\{x_{ij}\}$ $(i = 1, 2, \cdots, n, j = 1, 2, \cdots, m)$ が与えられたとき，二重和記号 ($\sum_{i=1}^n \sum_{j=1}^m$) を次のように定義する。

$$\sum_{i=1}^n \sum_{j=1}^m x_{ij} = x_{11} + x_{21} + \cdots + x_{n1}$$
$$+ x_{12} + x_{22} + \cdots + x_{n2}$$
$$+ \cdots\cdots\cdots\cdots$$
$$+ x_{nm} + x_{nm} + \cdots + x_{nm}$$

また，誤解の無い場合には，$\sum_{i=1}^n \sum_{j=1}^m$ を単に $\sum\sum$ と書くこともある。

$x_i (i = 1, 2, \cdots, n)$ と $y_j (j = 1, 2, \cdots, m)$ の二重和については，次の関係が成立する。

$$\sum_{i=1}^n \sum_{j=1}^m x_i y_j = \sum_{i=1}^n x_i (y_1 + y_2 + \cdots + y_m)$$
$$= (x_1 + x_2 + \cdots + x_n)(y_1 + y_2 + \cdots + y_m)$$
$$= \sum_{i=1}^n x_i \sum_{j=1}^m y_j$$

統計学の復習

1 確率変数
1.1 離散型確率変数

実現する値に確率がついている変数を確率変数と呼ぶ。そのうち、実数の不連続な点しかとり得ない確率変数を離散型確率変数と呼ぶ。いま、離散型確率変数を X で表し、X は $x_1, x_2, \cdots, x_n$ の値を、それぞれ、$f(x_1), f(x_2), \cdots, f(x_n)$ の確率でとるものとする。そのとき、$f(x_i)$ を確率変数 X の確率関数 (probability function) と呼ぶ。

確率関数について、次の性質が成立する。

$$f(x_i) \geq 0, \quad i = 1, 2, ..., n$$

$$\sum_i f(x_i) = 1$$

ただし、総和記号 $\sum_i$ は、$\sum_{i=1}^n$ を表す。

1.2 連続型確率変数

確率変数の実現値が連続した値（任意の実数値）をとる場合、この確率変数を連続型確率変数と呼ぶ。連続型確率変数が区間 $[a, b]$ に入る確率 $P(a \leq x \leq b)$ は、次のように与えられる。

$$P(a \leq x \leq b) = \int_a^b f(x)dx$$

ここで、関数 $f(x)$ は、離散型確率変数の場合の確率関数に対応する関数で、確率密度関数 (probability density function) と呼ばれる。

確率密度関数について、次の性質が成立する。

$$f(x) \geq 0$$

$$\int_{-\infty}^{\infty} f(x)dx = 1$$

1.3 分布関数

確率変数 X が a 以下となる確率 $P(x \leq a)$ を $F(a)$ で表し，$F(a)$ を累積分布関数または単に分布関数 (distribution function) と呼ぶ。

離散型確率変数に対しては，次のようになる。

$$F(a) = \sum_{x_i \leq a} f(x_i)$$

連続型確率変数に対しては，次のようになる。

$$F(a) = \int_{-\infty}^{a} f(x)$$

また，定義により $F(-\infty) = 0, F(\infty) = 1$ が成立する。

2 平均と分散

確率変数の平均 (mean) と分散 (variance) を，それぞれ，$E(X), V(X)$ で表す。離散型確率変数に対して，次のようになる。

$$E(X) = \mu = \sum_i x_i f(x_i)$$
$$V(X) = \sigma^2 = E[(X-\mu)^2] = \sum_i (x_i - \mu)^2 f(x_i)$$

また分散の正の平方根は標準偏差 (standard deviation) と呼ばれる。なお，連続型確率変数については，$\sum$ 記号を積分記号に置き換えることによって同様に議論できる。以下では，直感的に理解しやすい離散型確率変数を中心に議論を行う。

分散に関して，次の関係が成立する。

$$V(X) = E[(X-\mu)^2] = E(X^2) - \mu^2$$

3 複数個の確率変数の分布

3.1 同時確率分布

2つ以上の離散型確率変数を考える。いま，その数を 2 個として，それらを X, Y で表す。X, Y がそれぞれ特定の値をとるとき，それに対応して 1 個の確率が与えられるとする。その確率を，

$$P(X = x_i, Y = y_j) = f(x_i, y_j), \quad i = 1, 2, \cdots, n, \quad j = 1, 2, \cdots, m$$

で表し,同時確率関数 (joint probability function) と呼ぶ.

3.2 周辺分布

2 つの確率変数 X, Y に対して,Y がとる値に依存せず,X が x_i という値をとる確率を表した $f(x_i)$ を,確率変数 X の周辺分布 (marginal distribution) と呼ぶ.同様に,$f(y_j)$ を確率変数 Y の周辺分布と呼ぶ.したがって,次の関係が成立する.

$$f(x_i) = \sum_j f(x_i, y_j)$$
$$f(y_j) = \sum_i f(x_i, y_j)$$

3.3 条件付分布

離散型確率変数 X, Y に対して,Y がある特定の値 y_j をとったという条件のもとで,$X = x_i$ となる確率は,次のように与えられる.

$$f(x_i|y_j) = \frac{f(x_i, y_j)}{f(y_j)}$$

このとき,$f(x_i|y_j)$ を $Y = y_j$ を与えたときの X の条件付確率関数と呼ぶ.

3.4 統計的独立

確率変数 X, Y の同時確率分布に対して,

$$f(x_i, y_j) = f(x_i)f(y_j)$$

が成立するとき,2 つの確率変数 X, Y は,(統計的に) 独立であるという.

確率変数 X, Y が独立ならば,条件付確率について次の関係が成立する.

$$f(x_i|y_j) = \frac{f(x_i, y_j)}{f(y_j)} = \frac{f(x_i)f(y_j)}{f(y_j)} = f(x_i)$$

4 共分散と相関係数

確率変数 X, Y に対して,共分散 $Cov(X, Y)$ と相関係数 ρ_{xy} とは,それぞれ,次のように定義される.

$$Cov(X, Y) = E[(X - \mu_x)(Y - \mu_y)] = E(XY) - \mu_x \mu_y$$
$$\rho_{xy} = \frac{Cov(X, Y)}{\sigma_x \sigma_y}$$

もし確率変数 X と Y とが独立ならば，$Cov(X,Y) = 0$ となる。しかし，逆はいえない。

5 平均，分散，共分散に関する基本公式

基本公式 1 確率変数 X に対して，次の関係が成立する（a,b は定数）。

$$E(a \pm bX) = a \pm bE(X)$$

基本公式 2 確率変数 X に対して，次の関係が成立する（a,b は定数）。

$$V(a \pm bX) = b^2 V(X)$$

基本公式 3 確率変数 X, Y に対して，次の関係が成立する（a,b は定数）。

$$E(aX \pm bY) = aE(X) \pm bE(Y)$$

基本公式 4 確率変数 X, Y に対して，次の関係が成立する（a,b は定数）。

$$V(aX \pm bY) = a^2 V(X) + b^2 V(Y) \pm 2ab Cov(X,Y)$$

基本公式 5 確率変数 X, Y が独立であれば，次の関係が成立する（a,b は定数）。

$$V(aX \pm bY) = a^2 V(X) + b^2 V(Y)$$

6 正規分布

連続型確率変数 X が確率密度関数，

$$f(x) = \frac{1}{\sqrt{2\pi\sigma^2}} exp[-\frac{1}{2}(\frac{x-\mu}{\sigma})^2], \quad -\infty < x < \infty$$

を持つとき，X は正規分布 (normal distribution) に従うという。ただし，μ は平均であり，σ^2 は分散である。平均 μ，分散 σ^2 の正規分布を $N(\mu, \sigma^2)$ と表し，確率変数 X が正規分布 $N(\mu, \sigma^2)$ に従うことを，

$$X \sim N(\mu, \sigma^2)$$

と表す。

$X \sim N(\mu, \sigma^2)$ のとき，

$$Z = \frac{X - \mu}{\sigma}$$

は，$N(0,1)$ に従う．これをとくに，標準正規分布と呼ぶ．

正規分布に従う確率変数の線形結合は，正規分布に従う．たとえば，

$$X_1 \sim N(\mu_1, \sigma_1^2), \quad X_2 \sim N(\mu_2, \sigma_2^2)$$

のとき，

$$aX_1 \pm bX_2 \sim N(a\mu_1 \pm b\mu_2, a^2\sigma_1^2 + b^2\sigma_2^2 \pm 2abCov(X_1, X_2))$$

である．ただし，a, b は定数である．

7 カイ自乗分布

連続型確率変数 X が確率密度関数，

$$f(x) = \frac{1}{2^{m/2}\Gamma(m/2)} x^{m/2-1} e^{-m/2}, \quad x > 0$$

を持つとき，X は，自由度 m のカイ自乗分布に従うという．ここで，$\Gamma(\alpha)$ は，

$$\Gamma(\alpha) = \int_0^\infty u^{\alpha-1} e^{-u} du$$

で表記されるガンマ関数である．自由度 m のカイ自乗分布を $\chi^2(m)$ と表し，確率変数 X がカイ自乗分布 $\chi^2(m)$ に従うことを，

$$X \sim \chi^2(m)$$

と表す．

自由度 m のカイ自乗分布に従う確率変数 X の平均と分散は，それぞれ，次のように与えられる．

$$E(X) = m$$
$$V(X) = 2m$$

$Z_1, Z_2, \cdots, Z_m$ を相互に独立に標準正規分布 $N(0,1)$ に従う確率変数とするとき，各変数の自乗和

$$W = \sum_{i=1}^{m} Z_i^2$$

は，自由度 m のカイ自乗分布に従う．

いま，$W_1, W_2, \cdots, W_k$ を相互に独立に，それぞれ，$\chi^2(m_1), \chi^2(m_2), \cdots, \chi^2(m_k)$ に従う確率変数とするとき，それらの和 $\sum_{i=1}^{k} W_i$ は，$\chi^2(m_1 + m_2 + \cdots, +m_k)$ に従う．これをカイ自乗分布の再生性 (reproductive property) と呼ぶ．

平均 μ，分散 σ^2 の正規分布に従う母集団 (正規母集団) からの大きさ n の無作為標本を $X_1, X_2, \cdots, X_n$ とする．このとき次の関係が成立する．

$$\sum_{i=1}^{n} \left(\frac{X_i - \bar{X}}{\sigma} \right)^2 \left(= \frac{(n-1)S^2}{\sigma^2} \right) \sim \chi^2(n-1)$$

ただし，$\bar{X} = \sum_{i=1}^{n} X_i$ は標本平均，$S^2 = \frac{1}{n-1} \sum_{i=1}^{n}(X_i - \bar{X})^2$ は標本 (不偏) 分散である．

8 t 分布

連続型確率変数 X が確率密度関数，

$$f(x) = \frac{\Gamma((m+1)/2)}{\Gamma(m/2)\sqrt{m\pi}}(1 + \frac{x^2}{m})^{-(m+1)/2}, \quad -\infty < x < \infty$$

を持つとき，X は，自由度 m の t 分布に従うという．自由度 m の t 分布を $t(m)$ と表し，確率変数 X が t 分布 $t(m)$ に従うことを，

$$X \sim t(m)$$

と表す．

自由度 m の t 分布に従う確率変数 X の平均と分散は，それぞれ，次のように与えられる．

$$E(X) = 0, \quad m > 1$$

$$V(X) = \frac{m}{m-2}, \quad m > 2$$

Z を標準正規分布 $N(0,1)$, W を自由度 m のカイ自乗分布 $\chi^2(m)$ に従う確率変数とし，Z と W とは互いに統計的に独立であるとする．このとき，

$$T = \frac{Z}{\sqrt{W/m}}$$

は，自由度 m の t 分布に従う。

平均 μ, 分散 σ^2 の正規母集団からの大きさ n の無作為標本を $X_1, X_2, \cdots, X_n$ とする。このとき次の関係が成立する。

$$\frac{\bar{X} - \mu}{\sqrt{S^2/n}} \sim t(n-1)$$

9　F 分布

連続型確率変数 X が確率密度関数，

$$f(x) = \frac{1}{B(m_1/2, m_2/2)} \left(\frac{m_1}{m_2}\right)^{m_1/2} \left(\frac{m_1}{m_2}x + 1\right)^{-(m_1+m_2)/2} x^{m_1/2-1}, \quad x > 0$$

を持つとき，X は，自由度 m_1, m_2 の F 分布に従うという。ここで，$B(\alpha_1, \alpha_2)$ は次のように定義されるベータ関数である。

$$B(\alpha_1, \alpha_2) = \frac{\Gamma(\alpha_1)\Gamma(\alpha_2)}{\Gamma(\alpha_1 + \alpha_2)}$$

自由度 m_1, m_2 の F 分布を $F(m_1, m_2)$ と表し，確率変数 X が F 分布 $F(m_1, m_2)$ に従うことを，

$$X \sim F(m_1, m_2)$$

と表す。

自由度 m_1, m_2 の F 分布に従う確率変数 X の平均と分散は，それぞれ，次のように与えられる。

$$E(X) = \frac{m_2}{m_2 - 2}, \quad m_2 > 2$$

$$V(X) = \frac{2m_2^2(m_1 + m_2 - 2)}{m_1(m_2 - 2)^2(m_2 - 4)}, \quad m_2 > 4$$

W_1, W_2 を，それぞれ，自由度 m_1, m_2 のカイ自乗分布に従い，互いに独立な確率変数とするとき，

$$F = \frac{W_1/m_1}{W_2/m_2}$$

は，自由度 m_1, m_2 の F 分布に従う．

確率変数 X が自由度 m_1, m_2 の F 分布に従うならば，$1/X$ は自由度 m_2, m_1 の F 分布に従う．

t 分布と F 分布の関連性について，次の関係が成立する．

$$T^2 = \frac{Z^2/1}{W/m}$$

は，自由度 $1, m$ の F 分布 $F(1, m)$ に従う．

正規母集団からの 2 つの独立な無作為標本を考える．それぞれの標本の大きさを n_1, n_2，標本分散を S_1^2, S_2^2 で表す．このとき次の関係が成立する．

$$\frac{S_1^2}{S_2^2} \sim F(n_1 - 1, n_2 - 1)$$

分布表

標準正規分布表

$$\alpha = P(Z > z_\alpha) = \int_{z_\alpha}^{\infty} f(z)dz$$

z_α	.00	.01	.02	.03	.04	.05	.06	.07	.08	.09
0.0	.500	.496	.492	.488	.484	.480	.476	.472	.468	.464
0.1	.460	.456	.452	.448	.444	.440	.436	.433	.429	.425
0.2	.421	.417	.413	.409	.405	.401	.397	.394	.390	.386
0.3	.382	.378	.375	.371	.367	.363	.359	.356	.352	.348
0.4	.345	.341	.337	.334	.330	.326	.323	.319	.316	.312
0.5	.309	.305	.302	.298	.295	.291	.288	.284	.281	.278
0.6	.274	.271	.268	.264	.261	.258	.255	.251	.248	.245
0.7	.242	.239	.236	.233	.230	.227	.224	.221	.218	.215
0.8	.212	.209	.206	.203	.201	.198	.195	.192	.189	.187
0.9	.184	.181	.179	.176	.174	.171	.169	.166	.164	.161
1.0	.159	.156	.154	.152	.149	.147	.145	.142	.140	.138
1.1	.136	.134	.131	.129	.127	.125	.123	.121	.119	.117
1.2	.115	.113	.111	.109	.108	.106	.104	.102	.100	.099
1.3	.097	.095	.093	.092	.090	.089	.087	.085	.084	.082
1.4	.081	.079	.078	.076	.075	.074	.072	.071	.069	.068
1.5	.067	.066	.064	.063	.062	.061	.059	.058	.057	.056
1.6	.055	.054	.053	.052	.051	.050	.049	.048	.047	.046
1.7	.045	.044	.043	.042	.041	.040	.039	.038	.038	.037
1.8	.036	.035	.034	.034	.033	.032	.031	.031	.030	.029
1.9	.029	.028	.027	.027	.026	.026	.025	.024	.024	.023
2.0	.023	.022	.022	.021	.021	.020	.020	.019	.019	.018
2.1	.018	.017	.017	.017	.016	.016	.015	.015	.015	.014
2.2	.014	.014	.013	.013	.013	.012	.012	.012	.011	.011
2.3	.011	.010	.010	.010	.010	.009	.009	.009	.009	.008
2.4	.008	.008	.008	.008	.007	.007	.007	.007	.007	.006
2.5	.006	.006	.006	.006	.006	.005	.005	.005	.005	.005
2.6	.005	.005	.004	.004	.004	.004	.004	.004	.004	.004
2.7	.004	.003	.003	.003	.003	.003	.003	.003	.003	.002
2.8	.003	.003	.002	.002	.002	.002	.002	.002	.002	.002
2.9	.002	.002	.002	.002	.002	.002	.002	.002	.001	.001
3.0	.001	.001	.001	.001	.001	.001	.001	.001	.001	.001

α	0.4	0.3	0.2	0.1	0.05	0.025	0.01	0.005
z_α	0.253	0.524	0.842	1.282	1.645	1.960	2.326	2.576

カイ自乗分布表

$\alpha = P(\chi^2 > \chi_\alpha^2(n))$ となる $\chi_\alpha^2(n)$ の値 (n は自由度)

n	\multicolumn{8}{c}{α}
	0.995	0.990	0.975	0.950	0.050	0.025	0.010	0.005
1	0.00004	0.00016	0.00098	0.00393	3.841	5.024	6.635	7.879
2	0.0100	0.0201	0.0506	0.1026	5.991	7.378	9.210	10.597
3	0.0717	0.1148	0.2158	0.3518	7.815	9.348	11.345	12.838
4	0.207	0.297	0.484	0.711	9.488	11.143	13.277	14.860
5	0.412	0.554	0.831	1.145	11.071	12.833	15.086	16.750
6	0.676	0.872	1.237	1.635	12.592	14.449	16.812	18.548
7	0.989	1.239	1.690	2.167	14.067	16.013	18.475	20.278
8	1.344	1.646	2.180	2.733	15.507	17.535	20.090	21.955
9	1.735	2.088	2.700	3.325	16.919	19.023	21.666	23.589
10	2.156	2.558	3.247	3.940	18.307	20.483	23.209	25.188
11	2.603	3.053	3.816	4.575	19.675	21.920	24.725	26.757
12	3.074	3.571	4.404	5.226	21.026	23.337	26.217	28.300
13	3.565	4.107	5.009	5.892	22.362	24.736	27.688	29.819
14	4.075	4.660	5.629	6.571	23.685	26.119	29.141	31.319
15	4.601	5.229	6.262	7.261	24.996	27.488	30.578	32.801
16	5.142	5.812	6.908	7.962	26.296	28.845	32.000	34.267
17	5.697	6.408	7.564	8.672	27.587	30.191	33.409	35.719
18	6.265	7.015	8.231	9.390	28.869	31.526	34.805	37.156
19	6.844	7.633	8.907	10.117	30.144	32.852	36.191	38.582
20	7.434	8.260	9.591	10.851	31.410	34.170	37.566	39.997
21	8.034	8.897	10.283	11.591	32.671	35.479	38.932	41.401
22	8.643	9.542	10.982	12.338	33.924	36.781	40.289	42.796
23	9.260	10.196	11.689	13.091	35.173	38.076	41.638	44.181
24	9.886	10.856	12.401	13.848	36.415	39.364	42.980	45.559
25	10.520	11.524	13.120	14.611	37.653	40.647	44.314	46.928
26	11.160	12.198	13.844	15.379	38.885	41.923	45.642	48.290
27	11.808	12.879	14.573	16.151	40.113	43.194	46.963	49.645
28	12.461	13.565	15.308	16.928	41.337	44.461	48.278	50.993
29	13.121	14.257	16.047	17.708	42.557	45.722	49.588	52.336
30	13.787	14.954	16.791	18.493	43.773	46.979	50.892	53.672
40	20.707	22.164	24.433	26.509	55.759	59.342	63.691	66.766
50	27.991	29.707	32.357	34.764	67.505	71.420	76.154	79.490
60	35.535	37.485	40.482	43.188	79.082	83.298	88.379	91.952
70	43.275	45.442	48.758	51.739	90.531	95.023	100.425	104.215
80	51.172	53.540	57.153	60.392	101.879	106.629	112.329	116.321
90	59.196	61.754	65.647	69.126	113.145	118.136	124.116	128.299
100	67.328	70.065	74.222	77.930	124.342	129.561	135.807	140.169

t 分布表

$\alpha = P(t > t_\alpha(n))$ となる $t_\alpha(n)$ の値 (n は自由度)

n	\multicolumn{5}{c}{α}
	0.100	0.050	0.025	0.010	0.005
1	3.078	6.314	12.706	31.821	63.657
2	1.886	2.920	4.303	6.965	9.925
3	1.638	2.353	3.182	4.541	5.841
4	1.533	2.132	2.776	3.747	4.604
5	1.476	2.015	2.571	3.365	4.032
6	1.440	1.943	2.447	3.143	3.707
7	1.415	1.895	2.365	2.998	3.499
8	1.397	1.860	2.306	2.896	3.355
9	1.383	1.833	2.262	2.821	3.250
10	1.372	1.812	2.228	2.764	3.169
11	1.363	1.796	2.201	2.718	3.106
12	1.356	1.782	2.179	2.681	3.055
13	1.350	1.771	2.160	2.650	3.012
14	1.345	1.761	2.145	2.624	2.977
15	1.341	1.753	2.131	2.602	2.947
16	1.337	1.746	2.120	2.583	2.921
17	1.333	1.740	2.110	2.567	2.898
18	1.330	1.734	2.101	2.552	2.878
19	1.328	1.729	2.093	2.539	2.861
20	1.325	1.725	2.086	2.528	2.845
21	1.323	1.721	2.080	2.518	2.831
22	1.321	1.717	2.074	2.508	2.819
23	1.319	1.714	2.069	2.500	2.807
24	1.318	1.711	2.064	2.492	2.797
25	1.316	1.708	2.060	2.485	2.787
26	1.315	1.706	2.056	2.479	2.779
27	1.314	1.703	2.052	2.473	2.771
28	1.313	1.701	2.048	2.467	2.763
29	1.311	1.699	2.045	2.462	2.756
30	1.310	1.697	2.042	2.457	2.750
31	1.309	1.696	2.040	2.453	2.744
32	1.309	1.694	2.037	2.449	2.738
33	1.308	1.692	2.035	2.445	2.733
34	1.307	1.691	2.032	2.441	2.728
35	1.306	1.690	2.030	2.438	2.724
36	1.306	1.688	2.028	2.434	2.719
37	1.305	1.687	2.026	2.431	2.715
38	1.304	1.686	2.024	2.429	2.712
39	1.304	1.685	2.023	2.426	2.708
40	1.303	1.684	2.021	2.423	2.704
60	1.296	1.671	2.000	2.390	2.660
120	1.289	1.658	1.980	2.358	2.617
∞	1.282	1.645	1.960	2.326	2.576

F 分布表の上側 5%点

$P(F > F_{0.05}(m_1, m_2)) = 0.05$ となる $F_{0.05}(m_1, m_2)$ の値 (m_1, m_2 は自由度)

						m_1				
	1	2	3	4	5	6	7	8	9	10
1	161	200	216	225	230	234	237	239	241	242
2	18.5	19.0	19.2	19.2	19.3	19.33	19.36	19.37	19.38	19.39
3	10.1	9.55	9.28	9.12	9.01	8.94	8.88	8.84	8.81	8.78
4	7.71	6.94	6.59	6.39	6.26	6.16	6.09	6.04	6.00	5.96
5	6.61	5.79	5.41	5.19	5.05	4.95	4.88	4.82	4.78	4.74
6	5.99	5.14	4.76	4.53	4.39	4.28	4.21	4.15	4.10	4.06
7	5.59	4.74	4.35	4.12	3.97	3.87	3.79	3.73	3.68	3.63
8	5.32	4.46	4.07	3.84	3.69	3.58	3.50	3.44	3.39	3.34
9	5.12	4.26	3.86	3.63	3.48	3.37	3.29	3.23	3.18	3.13
10	4.96	4.10	3.71	3.48	3.33	3.22	3.14	3.07	3.02	2.98
11	4.84	3.98	3.59	3.36	3.20	3.09	3.01	2.95	2.90	2.85
12	4.75	3.89	3.49	3.26	3.11	3.00	2.91	2.85	2.80	2.75
13	4.67	3.81	3.41	3.18	3.03	2.92	2.83	2.77	2.71	2.67
14	4.60	3.74	3.34	3.11	2.96	2.85	2.76	2.70	2.65	2.60
m_2 15	4.54	3.68	3.29	3.06	2.90	2.79	2.71	2.64	2.59	2.54
16	4.49	3.63	3.24	3.01	2.85	2.74	2.66	2.59	2.54	2.49
17	4.45	3.59	3.20	2.96	2.81	2.70	2.61	2.55	2.49	2.45
18	4.41	3.55	3.16	2.93	2.77	2.66	2.58	2.51	2.46	2.41
19	4.38	3.52	3.13	2.90	2.74	2.63	2.54	2.48	2.42	2.38
20	4.35	3.49	3.10	2.87	2.71	2.60	2.51	2.45	2.39	2.35
21	4.32	3.47	3.07	2.84	2.68	2.57	2.49	2.42	2.37	2.32
22	4.30	3.44	3.05	2.82	2.66	2.55	2.46	2.40	2.43	2.30
23	4.28	3.42	3.03	2.80	2.64	2.53	2.44	2.37	2.32	2.27
24	4.26	3.40	3.01	2.78	2.62	2.51	2.42	2.36	2.30	2.25
25	4.24	3.39	2.99	2.76	2.60	2.49	2.40	2.34	2.28	2.24
26	4.23	3.37	2.98	2.74	2.59	2.47	2.39	2.32	2.27	2.22
27	4.21	3.35	2.96	2.73	2.57	2.46	2.37	2.31	2.25	2.20
28	4.20	3.34	2.95	2.71	2.56	2.45	2.36	2.29	2.24	2.19
29	4.18	3.33	2.93	2.70	2.55	2.43	2.35	2.28	2.22	2.18
30	4.17	3.32	2.92	2.69	2.53	2.42	2.33	2.27	2.21	2.16
40	4.08	3.23	2.84	2.61	2.45	2.34	2.25	2.18	2.12	2.08
60	4.00	3.15	2.76	2.53	2.37	2.25	2.17	2.10	2.04	1.99
120	3.92	3.07	2.68	2.45	2.29	2.17	2.09	2.02	1.96	1.91
∞	3.84	3.00	2.60	2.37	2.21	2.10	2.01	1.94	1.88	1.83

注: m_1 は分子の自由度, m_2 は分母の自由度

F 分布表の上側 1%点

$P(F > F_{0.01}(m_1, m_2)) = 0.01$ となる $F_{0.01}(m_1, m_2)$ の値 (m_1, m_2 は自由度)

		\multicolumn{10}{c}{m_1}
		1	2	3	4	5	6	7	8	9	10
	1	4052	5000	5403	5625	5764	5859	5928	5981	6022	6056
	2	98.5	99.0	99.2	99.2	99.3	99.33	99.34	99.36	99.38	99.40
	3	34.1	30.8	29.5	28.7	28.2	27.91	27.67	27.49	27.34	27.23
	4	21.2	18.0	16.7	16.0	15.5	15.21	14.98	14.80	14.66	14.54
	5	16.3	13.3	12.1	11.4	11.0	10.67	10.45	10.27	10.15	10.05
	6	13.8	10.9	9.78	9.15	8.75	8.47	8.26	8.10	7.98	7.87
	7	12.3	9.55	8.45	7.85	7.46	7.19	7.00	6.84	6.71	6.62
	8	11.3	8.65	7.59	7.01	6.63	6.37	6.19	6.03	5.91	5.82
	9	10.6	8.02	6.99	6.42	6.06	5.80	5.62	5.47	5.35	5.26
	10	10.0	7.56	6.55	5.99	5.64	5.39	5.20	5.06	4.94	4.85
	11	9.65	7.21	6.22	5.67	5.32	5.07	4.89	4.74	4.63	4.54
	12	9.33	6.93	5.95	5.41	5.06	4.82	4.64	4.50	4.39	4.30
	13	9.07	6.70	5.74	5.21	4.86	4.62	4.44	4.30	4.19	4.10
	14	8.86	6.51	5.56	5.04	4.69	4.46	4.28	4.14	4.03	3.94
m_2	15	8.68	6.36	5.42	4.89	4.56	4.32	4.14	4.00	3.89	3.80
	16	8.53	6.23	5.29	4.77	4.44	4.20	4.03	3.89	3.78	3.69
	17	8.40	6.11	5.18	4.67	4.34	4.10	3.93	3.79	3.68	3.59
	18	8.29	6.01	5.09	4.58	4.25	4.01	3.84	3.71	3.60	3.51
	19	8.18	5.93	5.01	4.50	4.17	3.94	3.77	3.63	3.52	3.43
	20	8.10	5.85	4.94	4.43	4.10	3.87	3.70	3.56	3.46	3.37
	21	8.02	5.78	4.87	4.37	4.04	3.81	3.64	3.51	3.40	3.31
	22	7.95	5.72	4.82	4.31	3.99	3.76	3.59	3.45	3.35	3.26
	23	7.88	5.66	4.76	4.26	3.94	3.71	3.54	3.41	3.30	3.21
	24	7.82	5.61	4.72	4.22	3.90	3.67	3.50	3.36	3.26	3.17
	25	7.77	5.57	4.68	4.18	3.85	3.63	3.46	3.32	3.22	3.13
	26	7.72	5.53	4.64	4.14	3.82	3.59	3.42	3.29	3.18	3.09
	27	7.68	5.49	4.60	4.11	3.78	3.56	3.39	3.26	3.15	3.06
	28	7.64	5.45	4.57	4.07	3.75	3.53	3.36	3.23	3.12	3.03
	29	7.60	5.42	4.54	4.04	3.73	3.50	3.33	3.20	3.09	3.00
	30	7.56	5.39	4.51	4.02	3.70	3.47	3.30	3.17	3.07	2.98
	40	7.31	5.18	4.31	3.83	3.51	3.29	3.12	2.99	2.89	2.80
	60	7.08	4.98	4.13	3.65	3.34	3.12	2.95	2.82	2.72	2.63
	120	6.85	4.79	3.95	3.48	3.17	2.96	2.79	2.66	2.56	2.47
	∞	6.63	4.61	3.78	3.32	3.02	2.80	2.64	2.51	2.41	2.32

注: m_1 は分子の自由度, m_2 は分母の自由度

索　引

1 階の自己回帰過程 ……………… 75
1 次の和分過程 …………………… 136
2 段階最小自乗法 ………………… 96
2 段階法 (2−step procedure) ……… 184

AIC ………………………………… 128
augmented Dickey-Fuller 検定 …… 140
Box-Pierce 検定 …………………… 126
Cochrane-Orcutt 法 ………………… 77
Dickey-Fuller 検定 ………………… 140
Dickey-Fuller 分布 ………………… 140
Durbin-Watson 検定 ……………… 77
Durbin-Watson 比 ………………… 78
d 次の和分過程 …………………… 136
Engle-Granger 検定 ……………… 183
Fisher 型検定 ……………………… 202
Gauss-Markov の定理 ………… 19, 31
Granger 検定 ……………………… 155
Granger の因果関係 ……………… 153
group mean dynamic OLS
　estimator ………………………… 208
Hausman 検定 …………………… 114
IPS 検定 …………………………… 201
Ljung-Box 検定 …………………… 126
LLC 検定 ………………………… 199
OLS 推定量 ………………………… 69
Pedroni 検定 ……………………… 206
p 値 ………………………………… 26

RVC ………………………………… 165
SBIC ……………………………… 128
triangular representation ………… 192
t 値 ………………………………… 26
VECM ……………………………… 180
VMA 表現 …………………… 160, 161
White 検定 ………………………… 71

あ

アンバランスなパネルデータ …… 103

い

一致推定量 …………………… 20, 90
一致性 ……………………………… 90
移動平均過程 ……………………… 118
イノベーション会計 ……………… 166
インパルス応答関数 ……………… 161

か

回帰係数 …………………………… 1
回帰係数の有意性の検定 ………… 26
回帰残差 …………………………… 3
回帰式 ……………………………… 1
回帰の標準誤差 …………………… 41
階差演算子 ………………………… 136
拡張された共和分回帰 …………… 192
確定項 ……………………………… 140
撹乱項 ……………………………… 1

確率過程 ·· 117
確率収束 ··· 20, 90
確率値 ·· 26
加重最小自乗法 ···································· 70
過少定式化 ·· 48
過剰定式化 ·· 48
仮説検定 ·· 25
かばん検定 ·· 126
完全な多重共線性 ······························ 45

き

帰無仮説を棄却 ···································· 26
帰無仮説を採択する ···························· 26
共分散定常的 ······························ 117, 151
共和分 ·· 177
共和分回帰式 ······································ 183
共和分ベクトル ·································· 178
均一分散 ·· 69

く

グループ内推定量 ······························ 106
グランジャーの表現定理 ················ 180
グループ間推定量 ······························ 106
グループ間変動 ·································· 105
グループ内変動 ·································· 105

け

系列相関 ·· 74
決定係数 ·· 8

こ

構造変化 ·· 62
誤差項 ·· 1
誤差修正項 ·· 180

固定効果 ·· 109
固定効果モデル ·································· 109
個別効果 ·· 109
コレログラム ······································ 118

さ

最小自乗推定量 ······························· 4, 40
最小自乗法 ·· 4
最大固有値検定 ·································· 188
最尤推定量 ·· 28
最尤法 ·· 28
最良線形不偏推定量 ···························· 19
残差 ·· 3, 39
残差自乗和 ······································· 4, 40
残差分散 ··· 22, 41

し

自己回帰移動平均過程 ···················· 118
自己回帰過程 ······································ 118
自己共分散関数 ·································· 118
自己相関 ·· 74
自己相関関数 ······································ 118
指定変数 ·· 1
弱定常性 ·· 117
重回帰分析 ·· 39
重回帰モデル ·· 39
修正 Box-Pierce 検定 ······················ 126
自由度 ·· 22
自由修正済み決定係数 ······················ 44
弱定常的 ·· 151
診断 ·· 125

す

推定回帰式 ······································· 3, 39

推定値 ····································· 5

せ

正規方程式 ································· 4
説明変数 ··································· 1
線形 ······································· 2
全変動 ····································· 8

そ

操作変数 ·································· 94
操作変数法 ································ 94
相対的分散寄与率 ······················ 165

た

対数尤度関数 ····························· 28
多重共線性 ································ 45
ダミー変数 ································ 61
ダミー変数最小自乗法 ················ 111
単位根 ··································· 135
単純回帰分析 ······························ 1
単純回帰モデル ···························· 1
単純正規回帰モデル ····················· 23
単純相関係数 ···························· 51

ち

逐次的制約 ······························ 170
調整係数ベクトル ······················ 180

つ

通常最小自乗推定量 ···················· 69

て

定式化の誤り ···························· 47
定常性 ··································· 117

定常的 ··························· 117, 151

と

動学的 OLS ···························· 192
ドリフト項 ······························ 136
トレース検定 ···························· 188

は

バランスしたパネルデータ ··········· 103
反転可能性の条件 ······················ 124

ひ

被説明変数 ································ 1
標準誤差 ································· 23
標本相関係数 ····························· 9
標本の大きさ ······························ 1

ふ

プール OLS 推定量 ···················· 104
不均一分散 ································ 69
不偏推定量 ······························· 17
ブロック外生性 ························· 158

へ

平均自乗誤差 ··························· 129
ベクトル移動平均表現 ················ 160
ベクトル誤差修正モデル ············· 180
ベクトル自己回帰モデル ············· 151
偏相関係数 ······························· 51
変量効果 ································ 109
変量効果モデル ························· 109

ほ

ホワイトノイズ ························· 118

み

見せかけの回帰·····················146

ゆ

有意·····························26
有効推定量························19
尤度関数··························28

よ

予測値····························3
予測の分散分解··············164, 166

ら

ラグ演算子······················119
ラグ多項式······················119
ランダムウオーク················137

り

理論値····························3
臨界値···························26

る

累積的インパルス応答関数··········163

〈著者紹介〉

羽森　茂之（はもり　しげゆき）
1959年　京都府に生まれる
1991年　デューク大学大学院修了（Ph.D）
現　在　神戸大学大学院経済学研究科・教授

主な著作
Hidden Markov Models: Application to Financial Economics（Kluwer Academic Publishers, 2004年, 共著）, *Empirical Techniques in Finance*（Springer, 2005年, 共著）, *The European Sovereign Debt Crisis and Its Impacts on Financial Markets*（Routledge, 2015年, 共著）, 他

ベーシック計量経済学（第2版）

2009年 2月25日　第1版第1刷発行
2015年10月 5日　第1版第9刷発行
2018年 3月10日　第2版第1刷発行
2022年10月10日　第2版第5刷発行

著　者　羽　森　茂　之
発行者　山　本　　　継
発行所　㈱中央経済社
発売元　㈱中央経済グループ
　　　　パブリッシング

〒101-0051　東京都千代田区神田神保町1-31-2
電話 03（3293）3371（編集代表）
　　 03（3293）3381（営業代表）
https://www.chuokeizai.co.jp
印　刷／三美印刷㈱
製　本／㈲井上製本所

© 2018
Printed in Japan

＊頁の「欠落」や「順序違い」などがありましたらお取り替えいたしますので発売元までご送付ください。（送料小社負担）

ISBN 978-4-502-25571-7　C 3033

JCOPY〈出版者著作権管理機構委託出版物〉　本書を無断で複写複製（コピー）することは、著作権法上の例外を除き、禁じられています。本書をコピーされる場合は事前に出版者著作権管理機構（JCOPY）の許諾を受けてください。
JCOPY〈https://www.jcopy.or.jp　eメール：info@jcopy.or.jp〉

ベーシック＋プラス
Basic Plus

ミクロ経済学の基礎

マクロ経済学の基礎

経営学入門

経営管理論

財政学

公共経済学

企業統治論

技術経営

金融論

金融政策

人的資源管理

国際人的資源管理

日本経済論

地域政策

消費者行動論

物流論

いま新しい時代を切り開く基礎力と応用力を
兼ね備えた人材が求められています。
このシリーズは，各学問分野の基本的な知識や
標準的な考え方を学ぶことにプラスして，
一人ひとりが主体的に思考し，行動できるような
「学び」をサポートしています。

中央経済社

Let's START!
学びにプラス！
成長にプラス！
ベーシック＋で
はじめよう！